人類的な危機と「21世紀型ファシズム」

ウィリアム・I・ロビンソン

松下 冽 監訳

太田和宏・岩佐卓也・山根健至 翻訳

グローバル警察国家

THE GLOBAL POLICE STATE

William I. Robinson

花伝社

【凡例】

・〔 〕内の語句は、訳者による補足である。なお、（ ）、［ ］は原著のものである。
・既訳書のある文献からの引用については、既訳書の訳文を参照したが、適宜、変更を加えた。
・原文がイタリック書体で強調された語句には、傍点をふった（ただし、書名をのぞく）。
・注における同じ書籍の繰り返しの表記は原著通りである。
・TCC、WEFなどの略称で表記された機関は、全体の初出時にのみ正式名を表記した。巻頭の「頭字語（略語一覧）」もご参照いただきたい。

カール・マルクスは、私たちの肉体的ニーズが充足されるとともに、私たち人間のニーズが取り組まれる世界を望んでいた。ウィリアム・ロビンソンが輪郭を描いているように、その世界は今や現実的な可能性となっている。あるいは、それは私たちの目の前で具体化しているもう一つの世界である。すなわち、「グローバル警察国家」は狭く集中された資本に支配され、見捨てられた「余剰な人類」は何とか生き残ろうとしている。選択は私たちの手にある。より重大な選択はほとんどないだろう。

ノーム・チョムスキー
マサチューセッツ工科大学（ＭＩＴ）研究所名誉教授
『誰が世界を支配しているのか？』（*Who Rules the World?*）

ロビンソンは、ファシズムが生き返っていると恐れているすべての人々に力強い理論的首尾一貫性を与えている。また、抑圧自体が蓄積の本質的なエンジンに発展してきたという重要な展開を付け加えている。

マイク・デイヴィス
『スラムの惑星』（*Planet of Slams*）、*Set the Night on Fire: Los Angeles in the Sixties*（共著）

過去20年の間、ウィリアム・ロビンソンはグローバル資本主義とグローバル化の動態についての最も重要な分析者の一人であった。彼は21世紀の「グローバル警察国家」の出現に関心を払っている。不平等の拡大や気候崩壊、収奪された人びとによる激しくなる移民の移動、こうしたことの当然の結果として、「グローバル警察国家」は発展してきた。ロビンソンが警告しているように、大規模な剥奪とともに激しい抑圧や警備活動、潜在的な戦争がやってくる。ロビンソンは公正な世界を求める動きに関心を持つ広範な読者に明確かつ緊急性をもって執筆している。

キーアンガ・ヤマッタ・テイラー
プリンストン大学アフリカ系アメリカ人研究教授
From #BlackLives Matter to Black Liberation

グローバル警察国家——人類的な危機と「21世紀型ファシズム」◆目次

謝辞　4

頭字語（略語一覧）　6

日本語版序文
コロナウイルス・パンデミックとグローバル警察国家　7

序論
ジョージ・オーウェルは誤解していた　12

第1章
グローバル資本主義とその危機　23

第2章
野蛮な不平等――社会統制という至上命令《インペラティブ》　79

第3章
軍事的蓄積と抑圧による蓄積　129

第4章
未来をめぐる闘争　199

解題
ウィリアム・I・ロビンソン「理論」の発展とその精神　251

監訳者あとがき　289

索引／注　(2)

謝辞

謝辞とは、創造的仕事の集合的性格を認識することである。知的労働は他のどのような形態の仕事とも異なっていない。すなわち、知的労働は集団的であり、社会的労働過程の一部である。ここでの適切な謝辞は、この研究の背後にある、より直接的な集団的労働に関する三つのレベルを含んでいる。

第一に、フィードバックや他の形態の刺激の提供に、より直接貢献してきた人びとである。第二に、私の考えに意見を述べてきた人びと、あるいは、特に資本主義の危機やグローバル警察国家に関する現在の仕事で取り上げられたテーマについて、私が研究し、執筆してきたこの数年間に、あれこれと支援のあった人びとである。第三に、数十年にわたり私自身の知的・政治的発展に、また私の出版活動に貢献してくれた多くの人びとである。最後のカテゴリーは、文字どおり数百人の人びとが含まれる。このリストはあまりに多数で取り上げることはできない。これらの友人、同志、同僚の多くは、これまでの著書や論文の謝辞の箇所で言及してきた。現在、私ができるのは、支援とコメントを通じて最近の仕事により直接的に貢献した人々や私が不注意にも初期の謝辞から落とした人びとのうちの何人かを述べること、である。アルファベットの順で、以下の人びとである。ビクトル・アクニャ、ポウル・アルメイダ、ミルナ・アロンソ、ユセフ・ベイカー、マリオ・バレラ、パトリック・ボンド、クリス・チェイス・ダン、ウィルマ・ダナウエイ、ビル・フレッチャー・ジュニア、ネイサン・ガリード、フェリペ・ゴンサレス、グレイト・トランジション・イニシアティブ（GTI）とその会長、ポール・ラスキン、ジェリー・ハリス、ヒロコ・イノウエ、ローズマリー・リー、ピーター・マクラーレン、スティーブン・ミラー、マルセロ・オロスコ、ピーター・フィリップス、サルバドル・ランヘル、ファン・マヌエル・サンドバル、スアン・サントス、オスカル・ソト、マーティン・ベガ、そして故イマニュエル・ウォーラーステイン。

私が不注意に落としてしまった人にはお詫びする。とりわけ私の妻、ヴィーナス・リヨンに大変感謝している。彼女は原稿全体を綿密に読み、コメントしてくれた。そして、このプロジェクト中、終始私を支援してくれた。さらに、プルートゥ・プレス（Pluto Press）の二人の匿名校閲者、この出版社の経営者であるデヴィッド・キャッスル、そして私の原稿整理編集者、ジニーン・ブレディに感謝する。

頭字語（略語一覧）

ABS（Asset-Backed Securities）　資産担保証券
ALEC（American Legislative Exchange Council）　アメリカ立法交流評議会
CCA（Corrections Corporation of America）　アメリカ矯正公社
CIA（Central Intelligence Agency）　中央情報局
CIT（Computer and Information Technology）　コンピュータ・情報テクノロジー
DHS（Department of Homeland Security）　アメリカ合衆国国土安全保障省
GDP（Gross Domestic Product）　国内総生産
ICE（Immigration and Customs Enforcement）　アメリカ合衆国移民・関税執行局
ILO（International Labor Organization）　国際労働機関
IMF（International Monetary Fund）　国際通貨基金
MDG（Millennium Development Goals）　ミレニアム開発目標
MENA（Middle East and North Africa）　中東・北アフリカ地域
NSA（National Security Agency）　アメリカ国家安全保障局
NATO（North Atlantic Treaty Organization）　北大西洋条約機構
OECD（Organization of Economic Cooperation and Development）　経済協力開発機構
PMF（Private Military Firm）　民間軍事企業
RMA（Revolution in Military Affairs）　軍事革命
TCC（Transnational Capitalist Class）　トランスナショナル資本家階級
TNC（Transnational Corporation）　トランスナショナル企業
TNS（Transnational State）　トランスナショナル国家
WEF（World Economic Forum）　世界経済フォーラム
WSF（World Social Forum）　世界社会フォーラム

（日本語版序文）コロナウイルス・パンデミックとグローバル警察国家

ウィリアム・I・ロビンソン

私はコロナウイルス・パンデミックが発生する数か月前の2019年中頃に『グローバル警察国家』（*The Global Police State*）の英語版を最初に書き終えた。このウイルスは1930年代の大恐慌以来、匹敵するものがない経済的崩壊と社会的カタストロフィを引き起こした。数百万の人びとは一夜にして失業者となり、飢え、家を失い、病気を患い、さらに国家の厳しい抑圧に直面した。しかし、今日の研究が明らかにしているように、2008年の金融崩壊から十分に回復しておらず、それ以来新たな危機に追い込まれていたグローバル経済の可燃物に、この感染は火をつけたに過ぎない。このパンデミックは、グローバル資本主義によって引き起こされたのではないかもしれないが、その発生前に長く人類の貧しい大多数の人びとに苦難を加えてきたグローバル資本主義システムのベールにより隠されていたものを明らかにした。世界中の資本主義国家は、パンデミックやそれが誘発した社会経済的内部崩壊の結果に上手く対処できず、富と腐敗の冷酷な道具として暴露された。パンデミックは、グローバル資本主義の危機の政治的次元と国家の正当性や資本主義へゲモニーの次元を、何度も悪化させている。世界中の数百万の人びとは、彼／彼女らの最も基本的な生存上のニーズを充足できないこのシステムに疑問を抱いている。そして、もはやこのシステムに正当性を与えていない。社会主義に新たな関心を抱く人もいるし、他方で、極右のデマゴギーによりネオファシスト的な企てに動員されている人もいる。

パンデミックは一層の不平等と、さらなる政治的緊張と軍国主義や権威主義の結果をもたらしている。支配層には、下からの不満を封じ込めるためのグローバルな警察国家の影響が、以前よりもさらに政治的に必要になってきた。同時に、パンデミックの影響自体は、戦争や社会統制、抑圧を通じて、利潤創出に向けた新たな機会をトランスナショナルな資本家階級にもたらした。実際、資本は医療上の緊急事態が労働者や民衆諸階級に押しつけている犠牲や危機の負担を取り除こうとする真剣な試みに時間を費やさない。支配階級はパンデミックのあらゆる側面を私的利益のための政策として推し進めた。野蛮状況に劣らないグローバルな不平等は既にあったが、富のギャップはパンデミックの間に世界中で急速に拡大した。スイス銀行ＵＢＳの報告書によると、世界中の億万長者の富は、医療上の緊急事態にあった２０２０年の４月から６月の３か月だけで10兆２０００億ドルへと27％急拡大した。

また、経済が停滞し続ける中で、グローバルに進んでいる反乱を封じ込め、新たな利潤創出の機会を開くために、本書で論じられたグローバル警察国家を展開しようとする支配層が拡張することをもパンデミックが明白にした。金持ちへの富の大規模な移転を促進したことに加え、パンデミックの急拡大は、支配階級が例外国家を強要し、グローバル警察国家を通じて監視と統制を強め、新たなデジタル・テクノロジーの波を通してグローバル資本主義の再構築を加速させることが可能であった。２００1年9月のニューヨークのツインタワーおよびワシントンのペンタゴンへの攻撃の直後に起こったことと同様に、緊急事態による動員は――公衆衛生の観点から当然だが――グローバル資本主義の企業と政治的代理人による、新たな統制の波に向けた諸条件を提供した。

世界中の政府はパンデミックに集中し、多くの政府は緊急事態を宣言した。実際、「医療戒厳令」と呼ばれることを強制している。こうした集中型の調整は、医療危機に立ち向かうには必要であると正当化されてきた。しかし、権威主義的資本主義国家における緊急権力の集中には、不満を抑え込み、監視を強化し、抑圧的社会統制を強制するのに、警察と軍部の展開が常に使われてきた。すなわち、グローバル警察国家への推進である。２０２０年5月までに、少なくとも40億の人びとが政府のロックダウンの下にいた。それはインターネット・ブロードバンドや社会的メディア、あるいは安全な室内トイレ設備にアクセスできる世界中の人びとの総人口を上回る。多数の国で緊急事態権力は、ウイルスを拡散させるとの理由で抗議行動を選択的に禁止し、反対派を攻撃し、ジャーナリストを検閲し、マイノリティ・グループに罪を負わせることを常としていた。

パンデミック以前の数か月に、「グローバル・スプリング」が世界の至る所で勃発した。この２０1９年のスプリングは、２００８年の大恐慌が続いて拡がった民衆暴動の絶頂期に過ぎなかった。すなわち、大衆反乱の本当の津波は、少なくとも1９６８年以降見られなかった。

パンデミックにつながる2年の間に、政府に反対する100以上の抗議運動が、豊かな国でも貧しい国でも同じように世界中を駆けめぐった。それは、カーネギー国際平和基金の「グローバル抗議トラッカー」によると約30の政府や指導者を倒し、抗議する人びとに対する国家暴力は急拡大した。ロックダウンが抗議する人びとを街頭から排除する前には、こうした大規模な闘争は多くの場合、急進的な、あるいは反資本主義的な特徴を帯びているように思われた。ロックダウンから数週間で、公の集まりが危険であるにもかかわらず、世界中の国で抗議する人びとは再び大挙して街頭に出た。

労働者や貧しい人びとのなかに、明らかな急進化が生まれていた。そして、国境の内外で連帯の感情が高まった。まず、米国でパンデミックの最初の6か月に1000件ものストライキが国中で巻き起こった。労働者はウイルスが広がるにつれて、自分たちの安全を要求して抗議を拡大した。一方、借家人は賃貸料ストライキを呼びかけ、移民正義の活動家は拘留施設を取り巻き、在監者の釈放を要求した。自動車やファストフードや食肉加工の労働者たちは山猫ストを実行し、操業を停止して工場閉鎖を余儀なくした。ホームレスの人びとは空き家を占拠し、最前線で働く医療労働者は彼/彼女らの仕事を行い、安全を確保するのに必要な個人用保護具を要求した。とりわけ、2020年5月25日のミネソタ州における無防備な黒人ジョージ・フロイドの、警官による殺人は、多分2500万から3000万の人びとを巻き込んだ、米国史上最大の広範囲な大衆行動を引き起こした。連帯行動と並行して、反人種差別抗議活動が世界中の60か国以上で広がった。

下からのこの不満の声の高まりに怯えて、また、感染と進行するグローバル資本主義の耐乏生活の結果、混沌とした状況に投げ込まれた反抗的民衆に対し、支配層は全力でグローバル警察国家を繰り出した。今や、パンデミックの結果、自分たちの生活手段を失った人びとが、より豊かな地域へ大規模に移動する新たな波が起こるであろう。それとともに、移民や難民に対する国家的抑圧や人種的・エスニック的な緊張、そして極右のナショナリズムの急拡大も起こるであろう。極めて深刻な危険は、この危機で引き起こされた大規模な戦いに直面して、パンデミックが過ぎ去った後にもグローバル警察国家を強化する煙幕として、支配階級がパンデミックを利用することである。新しい危険な段階のグローバル資本主義が、パンデミックから現れている。貧しい人びとや収奪された人びとは、数えきれない戦いに立ち上がり続けるであろう。私たちが資本主義との革命的決裂に向かって進んでいようがいまいが、いずれにしても世界的なファシズム独裁やグローバルな文明は、今後数年間に世界中の社会的・政治的諸勢力の間での闘争によって決定されるであろう。しかし、疑いなく、最近のグローバルな社会秩序におけるこの危機の深さと不安感の広がりを、医療緊急事態は際立たせている。この危機に陥ったシステムの諸矛盾は限界点に達しており、世界をグローバルな内戦に接する危険な状況に置いている。危険性は最高潮に達している。ポスト・パンデミックの世界に向けた戦いは近づいている。

ロサンゼルス　2021年7月

ジョージ・オーウェルは誤解していた

ライザ・エリオット（Liza Elliott）は、彼女の小説『すべてが知られている』（*Everything is Known*）で、将来のディストピアを描いている。そこでは、アフィリエーションズ（Affiliations）と称する五つの巨大グローバル企業が惑星を支配している。「避けられない監視産業に寄生された五つのグローバルなアフィリエーションズがビッグ・データを操り、あらゆる人間活動を利益獲得のために商品化し、商業化している」。アフィリエーションズは、国家をその支配に従属させてきた。すなわち、「ジョージ・オーウェルは誤解していた。ビッグ・ブラザーは全体主義国家から現れたのではなく、全体主義的な非-国家から現れた」のである。ビッグ・データは、「容赦のないサイバネティックスの権威者（grandmaster）で、陰険な目と、すべてを盗聴する耳を持っている。すなわち、あなたの衣類、友人、あなたが話したり書いたりするすべての言葉を記録する。ビッグ・データは、貨幣経済の心臓部である市場の支配に必要とされる情報権力を蓄積し、さらに、これ以上のすべてのことを考慮している」。世界人口は三つの社会的クラスターに分割されてきた。すなわち、中枢（Core）と周辺層（Peripherals）、そして、大多数の人間からなる外縁層（Outliers）のメンバーたちである：

「外縁層は放棄された人びとである。アフィリエーションズが管理する世界で役割を果たせなければ、彼／彼女らは外縁層へと追い出された。彼／彼女らに起こったこと、その生涯は自ら招いたものであった。決して同情はないであろう。彼／彼女らは裕福な中枢や硬直した周辺層から、残り物や過剰な生産物、売り物にならない余分なものを漁った。あてにできない最低限の現場労働の仕事（field-labor jobs）で働く人もいたし、他方、残り物や残飯やごみを探し求める人もいた[1]」

エリオットが描いている世界は、とんでもない拡大解釈ではなく、私たちが生きている世界をかなり描写できている。グローバル・レベルでの空前の資本集中は、トランスナショナル企業エリートの金融権力を固めている。それは政治的影響力を行使し、諸国家を支配する経済権力を活用している。２０１８年、わずか17のグローバルな金融コングロマリットが合わせて41兆１０００億ドルを管理し、それは地球全体の国内総生産（Gross Domestic Product, 以下、ＧＤＰ）の半分を超えている。同年、人類の最も裕福な1％は、３６００万人の百万長者と２４００人の億万長者に主導されて、世界の富の半分以上を支配していた。他方、最下層80％は、世界の富のわずか４・５％でしのがなければならなかった。それはエリオットが言う周辺層と外縁層からなる意気消沈した一般大衆であり、以下のページで「余剰人類（surplus humanity）」と呼ばれる存在である。

だが、21世紀の技術的インフラは、私たちが生きているグローバル資本主義とは大きく異なる政治・経済システムが達成しうる諸資源を生みだしている。シニアックとウィリアムズが思い出させるように、人民による新たなテクノロジーの政治的統制を通じて、私たちは団結して世界をより良いものに転換できる。

「10年前に私たちが想像できなかった仕事を機械は成し遂げている。インターネットとソーシャル・メディアは、以前には聞くこともできなかった声を数十億の人びとに届け、グローバルな参加民主主義をこれまで以上に身近に成立させている。オープンソースのデザインやコピーレフトの創造性、そして3Dプリンターは、どれもが一つの世界を予示しており、この世界では多くの生産物の不足が克服されるだろう。コンピュータ・シミュレーションの新たな形態は、経済的プランニングを活性化し、先例のない方法で経済を合理的に指令する能力を私たちに与えることができるであろう。最新の自動化の波は、広範な、退屈で屈辱的な仕事が永久に排除される可能性を生み出している。クリーン・エネルギー技術は、現実的に持続可能な電力生産の形態を、制限なしに環境的にも可能にしている。そして、新たな医療テクノロジーは、より長期で健康な人生を可能にするのみならず、ジェンダーや性的なアイデンティティの点で、新たな経験を可能にしている。左翼の多くの古典的要求——より少ない仕事、欠乏の克服、経済的民主制、社会的に有益な財の生産、人類の解放――は、歴史上のいかなる時期よりも物質的に達成可能である」[2]

しかしながら、第四次産業革命のこのような新たなテクノロジーを通じて、私たちが自由になろうとするならば、私たちはまず、グローバル資本主義システムの抑圧的で旧式の社会諸関係を打倒する必要があるだろう。ファシズムと社会主義の双方が、再び世界中の課題になると思われる時、私たちはグローバル資本主義を研究する必要がある。それは本質的に知的な行為としてよりも、破局を回避し、人類の物質的・精神的ニーズを満たす視点を持って、グローバル資本主義システムを置き換える目的で、その略奪行為に対する戦いのために研究するのである。新たなテクノロジーは、人類の解放に役立つよりも、今のところ、このシステムによるグローバル警察国家を生み出すために適用されている。

私が警察国家について語るのは最初ではないが、私たちが一般的に警察国家で考えていること――警察と軍隊による抑圧、権威主義的政府、市民的自由と人権の抑圧――以上のことを、私は本書でかなり言うつもりである。確かに、私たちは〔すでに〕このことを目の当たりにしているし、世界中に目を向ければ、なおさらだ。しかし、本研究では、浮上しているグローバルな経済と社会の特徴をより広い視野で確認するため、グローバルな警察国家の観念を発展させたい。その論理の抑圧的な全体性は、政治的であり、経済的・文化的でもある。グローバル警察国家により、私は三つの関連した展開に注目する。

第一は、グローバルな労働者階級と余剰人類の現実的・潜在的反乱を封じ込めるために支配層により推し進められる、大規模な社会的統制と抑圧や戦争の、ますます偏在するシステムである。容赦のないグローバルな不平等は、政治的に一触即発の状況であり、このシステムが余剰人類を簡単に組み込めない点で、それはますます暴力的な封じ込め形態に向かっている。統制の方法には、至る所に存在する国家および民間の新たな監視システムと、貧しい人々や労働者階級の犯罪視と並んで、国境やその他の封じ込め壁、国外追放体制、大規模な拘禁と空間的アパルトヘイトを通じての余剰人口の閉じ込めが含まれている。それには、デジタル化と第四次産業革命のテクノロジーの応用で可能になった、全く新しい治安と抑圧の様式も含まれている。このグローバルな警察国家は、あらゆる市民社会を、いわゆるペンタゴン用語の「バトルスペース（battlespace）」に引き込む。この「バトルスペース」は、今や人類の半分以上が住んでいる世界のメガシティに集中している。

第二に、グローバル経済は利益を確保し、停滞に直面しながらも資本蓄積を継続する手段としての戦争と社会的統制や抑圧のシステムの発展と展開に、ますますそれ自身——私が軍事的蓄積、あるいは抑圧による蓄積と呼んだこと——をどのように依存しているのか、この点である。先例のないグローバルな不平等が、偏在する社会的統制と抑圧のシステムによってのみ維持しうることが明らかであるなら、政治的考察とは全く別に、支配集団は蓄積手段である戦争と紛争や抑圧で既得権益を獲得してきたことも同様に明らかになってきた。戦争と、国家が支援する暴力がますます民営化するにつれて、一連の資本家集団の利害は、政治的・社会的・イデオロギー的環境を社会的対立の醸成と支持へと変えるように――中東におけるように――。そして戦争と抑圧と監視や社会的統制のシステムを拡大する。私たちは今日、紛れもないグローバルな戦争経済に生きているのである。

第三は、21世紀型ファシズム、あるいは広い意味で全体主義とさえ特徴づけられる政治システムへの動きの強まりである。ネオファシズム、権威主義、右派ポピュリズム政党と運動の影響力は世界中で広がり、とりわけ、米国のトランプ主義に象徴されているのだが、この動きは、ファシズムが再び台頭しているかどうかという論争をにわかに誘発してきた。一方の反乱に立ち上がる左翼と民衆諸勢力と、他方の暴動を引き起こす極右勢力の間には、世界中で鋭い分極化があり、ファシズム的傾向を持っているその周辺グループが存在する。21世紀型ファシズムの企ては、世界中の多くの国々の市民社会に浮上している。この企ては、近年、国家権力を獲得する競争で重大な前進を遂げ、ある場合には、資本主義国家の立脚地を確保してきた。同時に、ネオファシスト文化が、軍事主義、女性嫌悪症、男性優位主義、人種差別主義を通じて現れているように思える。こうした文化は、大規模な暴力を主導する環境を生み出している。そして、それは人種的に抑圧を受けた者、民族的迫害者、女性、貧しい人々、脆弱なコミュニティに向けられることが多い。しかし、ファシズムの結果は避けられないものではない。ファシズム的な企てが現実化するかどうかは、社会的・政治的諸勢力の間での闘争が、来るべき年にどのように展開するのか、ひたすらこの点に依存する。

このグローバル警察国家は、世界資本主義が危機に陥る時に現れている。この危機は、その規模、グローバルな範囲、生態学的崩壊、社会的退廃、そして、今や世界中で展開している絶大な規模の暴力手段を考慮すると、空前の危機である。グローバル警察国家は人民と労働者階級を統制し、抑圧する歴史である。第一に、グローバル警察国家に関する多くの現われ——大規模な拘禁、警察暴力、世界中での米国主導の戦争、移民と難民の迫害、環境正義活動家への抑圧——に反対する運動が発展している。しかし、これらの運動は、しばしば社会正義に対する道徳的訴えに基づいており、せいぜい穏やかな改革しか生まない。これらの運動がグローバル警察国家の急所を突くつもりであれば、運動が戦っている社会的統制と抑圧のシステムの操縦者《ドライバー》であるグローバル資本主義が明らかにされなければならない。本書はまさにそのことを試みている。資本主義的転換の現代的ダイナミズムと、その浮上している新たな形態の確認から始める。このグローバル警察国家概念により、グローバル資本主義変容の経済的側面が、この変容の政治的・イデオロギー的・軍事的側面と、新しい方法でどのように交差しているのか、このことを私たちは具体的に挙げることができる。

方法論的に言えば、この歴史の因果的帰結は、グローバル資本主義とその危機、とりわけこの数十年の世界資本主義変容の新たな展開への批判から始まる。第1章「グローバル資本主義とその危機」は、世界資本主義システムの継続的・開放的な発展における新時代として、私のグローバル化理論を要約している。それゆえ、私が示しているのは、グローバル警察国家が危機への対応として生まれており、この危機はシステムの内的矛盾によって余儀なくされている、この点である。焦点は、この危機の根底にある構造的レベルに当てられている。それは、私が第1章で導入し、第2章で発展させた過剰蓄積として知られている概念である。この章は、グローバル資本主義の金融化とデジタル化の検討で終える。そして、これらの過程は危機を解決するどころか、危機をさらに悪化させるのは間違いない、と主張している。

この出発点から、次の三つの章で展開されるように、私たちはグローバル警察国家の発達を促している社会的・政治的・文化-イデオロギー的諸条件を明らかにする。これらの章は、グローバル警察国家についての豊富な、経験的で、しばしば衝撃的でもあるデータを用いて理論と分析を結合させる。私たちは、第2章「野蛮な不平等——社会的統制という至上命令《インペラティブ》」以下で、トランスナショナル資本家階級（Transnational Capitalist Class, 以下、TCC）の手中にある経済権力の集中は、政治的権力を生み出しており、それはトランスナショナル資本の独裁としてのみ理解できることを検討する。ますます強制的・抑圧的な支配形態を行使するようこのTCCに強いているのが、世界中で発生している、搾取され、抑圧された住民による反乱である。グローバル警察国家は、主要には余剰人類の強制的排除を目論んでいる。第2章は、数十億の人びとを排除に導き、資本主義経済においてますます仕事を内容のないものにしてきた資本主義蓄積に内在する過程を確認している。それは、認知労働がデジタル化過程でどのように不安定になっているのかをも明らかにしている。この過程は数百万の人びとの追放と労働者のいない生産に帰着している。世界のメガシティの出現は、排除された人々と被抑圧者がグローバル警察国家と対決する戦場である。

第3章「軍事的蓄積と抑圧による蓄積」は、トランスナショナル資本が、グローバルな戦争経済にいかにしてますます依存しているのかを明らかにしている。この経済は同時に、国家が組織した絶え間のない戦争構築と社会統制や抑圧をあてにしている。軍事的蓄積の循環は、世界規模での資本蓄積の好機を強制的に切り開いている。世界中で紛争を起こし、社会運動や弱体な住民を抑圧することは、利潤追求を政治的目的に結合する戦略になっており、これらの政治目的を軍事化と抑圧を進める切り札にさえしている。2001年9月11日の事件は、永続的なグローバル戦争の時代の始まりを画した。そこでは戦争、諜報、抑圧、そして監視は、トランスナショナル資本による民営化された領域となっている。余剰人類を犯罪者に仕立てあげることは、TCCにとって、新たな利潤追求の好機を切り拓く国家公認の抑圧を活性化している。第3章は世界中の社会的クレンジングと軍事的蓄積の考察で終わる。

第4章「未来をめぐる闘争」では21世紀型ファシズムの脅威と、資本主義を自ら救済するグローバルな改革プロジェクトを取り上げる。そこから、世界中の解放型プロジェクト再生に向けた見通しを、そしてエコロジカルな社会主義的将来の達成を促進できる左翼の復活についての挑戦を、じっくり考える。ひとたび、私たちはグローバル資本主義の不平等と搾取という残忍な世界を暴露してきたので、より幅広い社会的正義に向けていかに前進できるか、この点が最も切迫した問題となる。しかし、それは、私が結論として詳細に取り上げる問題ではない。その一つの理由は、私が答えを持っていないからであり、集団的闘争自身を通じて獲得されなければならない。そして、この仕事での私の貢献は、目を見張るような経験的説明に結びつけられた分析的・理論的洞察を通じてグローバル警察国家の野獣性を暴露することである、という理由もある。

そのために、私はこの読みやすい小さな本の中で、浮かび上がるグローバル警察国家についての「全体像」を提供している。以下のページは、多くの読者を驚かせ、また怒らせるであろう。私は、この仕事が、やがて来るディストピア的未来への警告として役立つと確信している。より重要なことは、制御できないこのシステムのダイナミズムと特徴を明らかにすることで、それが人類の解放と自由に基づくもう一つの将来をもたらす戦いに貢献できる、と私は考えている。私たちは人類の危機に直面している。グローバル資本主義の下で社会組織の世界的な破壊と労働の極端な疎外状況、まさに私たちの類的存在（*species being*）は、人類であることが何であるか、私たちの人間性をどのように回復するのか、こうした基本的諸問題を提起している。私たちの集合的存在を保障するために一緒に働くことは、私たちの種の本質である。しかし、グローバル警察国家を生み出す資本主義システムは、私たちが生き残るためにお互いに競争させられるにつれて、このような協力を人類全体に向けての破壊過程に変えている。価値やアイデンティティ、意味、コミュニティの危機がこれに続く。もし私たちの人間性を回復できるとすれば、私たちは——資本とは対照的に——互恵主義と相互幸福の諸関係に私たち自身を再び埋め込まなければならない。

最後に、断わり書き（caveat）が必要である。私は、本書を政治的に忙しい公的な活動家や社会的正義を求める活動家に分かりやすくするため、さらに多様な領域の研究者を満足させるために努力してきた。本書を利用しやすく、手短にすることは、次のことを意味する。つまり、どこにでも適用できない一般化があり、またある種のニュアンスの放棄は避けがたい、このことである。本書の研究によって知的に、あるいは政治的に動機づけられた読者に、本書の提起している問題をさらに追求することが任せられよう。

私の研究の作成に役立ってきた学術的文献や理論的議論をさらに深めたいと思う人は、巻末の注にある多数の文献で追跡できる。

ロサンゼルス　2019年10月

第1章
グローバル資本主義とその危機

「困難は、新しい発想を展開することではなく、古い発想から逃れることである」

ジョン・メイナード・ケインズ

すべての社会秩序は、発展、変容、そして場合によっては終焉という継続的な状態において存在する。資本主義も例外ではない。それは人類が経験した最もダイナミックかつ最も破壊的なシステムである。確かに、資本主義システムの中心的な作用は何世紀にもわたって変わることなく続いてきた。それは、資本を永久に蓄積し（利潤を最大化し）、外部に向かって拡大する、容赦なき衝動を有している。システムが西欧内の最初の中核地域を飛び出して、地球全体を飲み込むにつれ、この衝動は、何世紀にもわたって植民地主義と帝国主義の波となった。何世紀にもわたって絶えず変化を遂げたものは、資本主義が機能する枠組みとなる社会編成とテクノロジーであり、制度であり、システムを組織する一連の階級関係であった。しかし今、世界の資本主義は深刻な危機のただなかにある。システムは生き残れるのだろうか。人類はこの危機の惨事を乗り切れるのだろうか。資本主義はその何世紀も続く歴史の中で次々と危機に直面してきたが、そのたびに驚異的な回復力を示してきた。今にも終焉するとの予測をものともせず、資本主義は、大きな危機の後、そのたびごとに革新された姿で現れた。実際にいま現在、グローバルな危機に反応する中で、システムは変容の新段階に入っている。そこにはグローバル警察国家の建設が含まれている。ファシズムと社会主義の両方がグローバルな課題に再び現れた時、これらの変容について探求することは急務である。

世界資本主義は、いくつかの歴史的段階もしくは時代を通じて、終わりのない進化を遂げてきた。社会科学者が言うところの「時代区分化」を構成することで、私たちは、システムの歴史的な発展と変容のプロセスを理解することができる。時代区分化とは、より以前の段階が〔その後の段階で〕消えるのではなく、以前の段階が内部からの変容に取って代わられるということを意味する。1492年に始まったアメリカ大陸に対する血なまぐさい征服に象徴される世界資本主義の最初の段階は、重商主義と本源的蓄積の時代として知られている。これをマルクスは「資本主義的生産時代のバラ色の夜明け」と呼んだ。この時代は、世界市場の創設、植民地システム、大西洋を横断する経済の登場、そして西方と東方間の貿易の増大によって特徴づけられる。二番目の時代である競争的または古典的資本主義は、産業革命、ブルジョアジーの台頭、そして1776年の米国独立戦争と1789年のフランス革命が基調を成す近代国民国家の形成によって特徴づけられる。重商主義の時代は象徴的な日付としては1492年から1789年であったが、古典資本主義の時代は19世紀後半に第三段階に移行し、ナショナルに組織された（「独占」）資本主義の時代になった。この段階は、帝国主義による征服の新しい波、世界市場の統合、強力でナショナルな金融企業と製造業企業の台頭をもたらした。

グローバル化は、世界資本主義の質的に新しい時代、つまりグローバル資本主義時代への移行を示している。ここで、私が他の著作で説明したように、私のグローバル資本主義の理論を概説しよう[1]。新時代に移行するターニングポイントは、1970年代の世界危機の間に現れた。この世界危機についてはのちほど詳しく説明する。資本主義は、「グローバルに進む」ことによって、グローバル化のプロセスを梃子として、世界経済を広範に新しく再構築し統合することで、その危機をしのぐことができた。この新しいトランスナショナルな局面は、システムにおける多くの質的変化と、世界レベルの社会権力との新しい連結によって特徴づけられる。新しい時代の特徴は、真にトランスナショナルな資本の台頭と新しくグローバルに統合された生産・金融システムである。その中にすべての国と人類の多くが統合されてきた。確かに、資本主義は常に世界システムであり、単純に国や地域で完結したものではなかった。資本主義は最初から拡大し、最終的には全世界を巻き込み、その存在期間を通じてグローバルな貿易関係の網（web）に依存してきた。一国レベルの発展は常に、より大きな世界レベルの貿易・金融のシステムと、植民地主義がもたらした国際的分業によって条件づけられてきた。

しかし、こうした従来の資本主義は、20世紀の後半の数十年で変化し始めた。世紀末の世界経済を概観して、英国の歴史家エリック・ホブズボームは次のように述べている。

黄金時代［1945～73年］の世界経済は、トランスナショナルではなくインターナショナルなものにとどまっていた。各国はこれまで以上に相互に取引を行っていた……製造業の経済はますます互いの生産物を売買したが、それらの経済活動の大部分は国内中心のままであった。しかし、特に1960年代以降、ますますトランスナショナルな経済が登場し始めた。つまり、経済活動のシステムにとって、国家の領土と国境は基本となる枠組みではなく、単に複雑さを加える要素となった。……［このシステムは］非常に大規模で強力な国の経済ができることにさえ限界を設定した。１９７０年代初頭のある時期に、そのようなトランスナショナルな経済は現実のグローバルな力となった。[2]

この新しいトランスナショナルな局面は、世界経済からグローバル経済への移行を伴っている。世界経済においては、各国と各地域は統合された国際市場の中で、貿易と金融の流れを介して相互に結びついていた。新しいグローバル経済においては、生産プロセス、金融、資本蓄積の循環のトランスナショナル化を通じて、各国はより有機的に相互に結びついている。蓄積の循環とは、商品またはサービスの生産が最初に計画され、（資本家によって）資金が提供され、次に生産の順序にしたがって各構成要素（労働、土地、原材料、建築物、機械など）が混ぜ合わされ、そして最終製品が販売されるというプロセスのことである。このプロセスの終わりに、資本家は自分の最初の資本支出と利潤を回収し、それゆえ「蓄積された」資本を得る。これはカール・マルクスが「資本の循環」と呼んだものである。以前の時代では、循環の多くは一国内部に収まる「自己完結型」のものであった。

輸送革命、新しい組織戦略や運用戦略、それと並んでテクノロジーの開発、とりわけコンピュータ・情報テクノロジー（Computer and Information Technology, 以下、ＣＩＴ）の導入により、資本はグローバルな移動性を実現することができた。資本家は20世紀後半、利潤創出の機会を最大化し、グローバルな労働者階級や人民諸階級の活用を一層進めるために、世界レベルで生産を再組織化することに着手した。この新たに発見されたグローバルな到達範囲（reach）を得て、資本家は、新しいグローバル経済を構築しながら、今や最も安い労働力、最も低い税金、最も緩い環境規制を自由に求めることができるようになった。資本家は、グローバルに統合されつつもなお空間的に断片化された生産・金融システムを導入した。それは、地球全体に広がる広範な下請けとアウトソーシングのネットワークによって組織されていた。ナショナルな生産システムが細分化されるにしたがい、そのシステムは外から新しくグローバル化された蓄積の循環に統合された。

よく引用された例だが、かつて米国の自動車会社は、一部の原材料の国外調達を除いて、最初から最後まで［国内で］自動車を生産し、それを他国に輸出していた。最後の輸出と外国からの支払いを除いて、蓄積の循環はナショナルなものであった。現在はそれに代わって、自動車の製造プロセスは分散化され、世界中の多くの国に散在する多数の異なる局面に断片化されている。たいていは、個々の部品はいくつかの異なる国で製造される。組み立ては他の国にまたがって行われているかもしれない。管理は実際の生産現場や企業の本拠地と接続していない中央コンピュータ端末から調整されているかもしれない。[3]

この再構築から生まれたグローバル経済を縮図的に示すものは、グローバルな組立ラインの台頭、世界中の自由貿易地域における現代版スウェットショップ［搾取工場］の拡大、マネーが絶え間なく瞬時に移動するデジタル化されたグローバル金融システム、企業ブランド、消費主義、自己陶酔的な個人主義といったグローバル資本主義文化である。さらに最近は、サービス業でもトランスナショナル化が起こっている。その下で、医療、電気通信、その他のサービス業のさらなる民営化と並行して、デジタルサービス、eコマースなどがサービス業の〔従来の〕垣根を越えて登場し、これらが分散的に供給されている。このグローバルに統合された経済に伴い、世界レベルで社会的な生活のさらなる有機的な統合が生まれている。生産と流通の広範な分散型ネットワーク、これらのネットワークをますます促進するグローバルなコミュニケーションやその他の統合的なテクノロジー、文化の伝播によって、今や最も遠隔地にあるコミュニティでさえグローバル経済・社会の新しい循環と結びつけられている。

トランスナショナルな資本家階級とトランスナショナルな国家機構

しかしグローバル資本主義は顔の見えないものではない。TCCはグローバル資本主義の目に見える行為主体として登場した。これについては近年多くのことが書かれている。[4] ナショナルな資本家階級の主要部門は、トランスナショナルな階級形成の過程の中で、国境の向こう側と互いに統合を遂げてきた。運命が特定の国民–国家とより密接に結びついているローカルな、またはナショナルな資本家グループと競争しながら、TCCは、国内市場よりもグローバルな市場と蓄積の循環を促進することを追求した。このTCCは世界規模での資本の中でヘゲモニーを担う一派である。それは、巨大なトランスナショナル企業（Transnational Corporation, 以下、TNC）またはそのオーナーと経営者、グローバル経済を推進する金融機関によって構成されている。

これらのTNCのコングロマリットは特定の国の企業であることをやめ、ますますトランスナショナルな資本を代表する存在になった。TNCは、自らの起源となった国や地域から独立しつつ、国や地域の境界にまたがるネットワークの中に内部化された市場を持っている。TCCは、元をたどれば「大西洋支配階級」から、または北米とヨーロッパの資本家の中から登場したのかもしれない。しかし2010年代までにはTCCは真にグローバルな支配階級となった。依然として世界資本主義の伝統的な西洋の中核と現在の中国に不均等に偏っているとしても、ほとんどの国とすべての大陸からその代表団が出ている。[5] これから見ていくように、TCCと彼／彼女らが管理するグローバル企業コングロマリットは、徐々にグローバル警察国家において投資を受けるようになった。

TCCは世界中でその利益を追求するためにどのように自らを組織しているのだろうか。グローバル資本主義の階級・社会関係はどのように制度化されるのだろうか。システムが有する政治的な権力構造は何であろうか。市場原理主義のレトリックにもかかわらず、資本主義システムは市場関係だけでは維持できない。資本主義は機能するために国家を必要とする。1960年代と1970年代に、資本主義国家を理解するための広い射程を持つ二つのアプローチが登場した〔ミリバンド–プーランツァス論争〕。国家が資本家階級の利益を代表し、資本主義を再生産することを、資本家階級はどのようにして担保できるのか。当時はこの問題を正確に理論化しようとする試みの最盛期であった。一つのアプローチは、支配層の利益となる政策を形成するように、国家は支配層によって直接「道具化」されていると考えた。例えば、政府の役職に代理人を送り込んだり、ロビー活動を行ったり、選挙運動に資金を提供することによってである。他のアプローチは、支配層が必然的に国家を直接道具化するのではなく、資本主義社会の構造そのものが、これらの支配層の利益を促進する政策を実施するように国家に強制していると考えた。

この後者の見解によれば、国家は構造的に資本に依存している。例えば、国家は雇用と収入を生み出すためには経済に投資される資本が必要であり、それゆえ資本家にとって好ましい投資環境を保証する政策を実施しなければならない。これら両方のプロセス〔資本家による国家の道具化と国家の資本への依存〕がグローバル資本主義で進行していることは明らかである。TCCは世界中の国々を直接道具化し、同時にすべての国とグローバル経済全体がトランスナショナルな資本に構造的に依存している。国家はトランスナショナルな資本蓄積の条件を生み出さなければならない。これは、利潤創出のための好ましい環境を保証するだけでなく、資本の支配に対する脅威を抑圧することも意味する。国家のトランスナショナルな資本に対するこの関係を理解することは重要である。多くの抵抗運動と社会的正義を求める運動は、グローバル警察国家の目に見える上層部としての政府を標的としているが、国家の背後にあるトランスナショナルな資本を捉え損なっている。それは、のちに見るように、グローバル警察国家の最も強力な場（site）である市民社会のなかに隠れている。

しかし、グローバル化のこの時代において、各国の政府がグローバル資本主義の要求するトランスナショナルな政治権力を行使していないことは明らかである。TCCはグローバル経済の構造的権力を超国家的な政治権力に転換し、トランスナショナル国家（Transnational State, 以下、TNS）機関を通じて世界中でその階級権力を行使しようと試みてきた。TNS機関と世界政府を混同してはならない。世界政府は存在していないし、存在する余地もない。方法論的に言うとTNSはモノではない。それは現代の動向を理解するために役立つ分析上の抽象概念である。このTNSは、トランスナショナルな組織や超国家的な組織と、トランスナショナルな志向を持つ政策立案者や国家管理層によって占領された国民‐国家とが織りなす、緩いネットワークとして構成されている。TNS機関は、トランスナショナルな蓄積のために必要な世界中の諸条件を組織するべく機能する。つまり、世界中の資源と労働力をトランスナショナルな企業の略奪に開放する。TNS機関は世界中に制度的なネットワークを形成する。それを通じてTCCとその政治的代理人はグローバルな資本蓄積の諸条件を作り出し、再生産しようとする。しかし、これは国民‐国家が消滅するという意味ではない。それどころか、後で議論するように、グローバル資本主義の最も深刻に露呈する矛盾の一つは、各国政府が持つ矛盾した役割である。各国政府は自分たちの領土においてグローバルな資本蓄積の条件を促進し、同時に「国家」を通じて自らの正当性を保たなければならない。

資本がTCCに向かってトランスナショナルに統合され、集積され、集中されてきたその程度を過小評価してはならない。しばしば引用されるスイス連邦工科大学の2011年のレポートは、4万3000のTNCの株式所有権を分析したものである。その中から、レポートは、株式を持ち合っている1318のコアとなるTNCを特定した。これらのコアとなるTNCはそれぞれ二つ以上の他企業、平均して20の企業と結合していた。これら1318のTNCは世界の営業収益の20％しか代表していないが、合算して世界最大の優良企業と製造企業の過半数を株式によって所有しており、世界の収益のさらに60％、つまり世界の収益の80％を代表していると推定される。[6] しかし調査チームがさらに検討を重ねたところ、これら1318のTNCは一層緊密に結びついた147社の「スーパー・エンティティ〔頂上に位置する企業〕」までたどることができるとわかった。これは、世界の企業株の1％を代表し、ネットワーク上の総資産の40％を支配していることがわかった。驚くことではないが、これらの企業の上位50社はグローバルな金融機関であった。TCCが世界規模でのヘゲモニーを担う資本の一派であるとすれば、トランスナショナル金融資本がTCC内部でヘゲモニーを担っていることは明らかである。トランスナショナル金融資本のグローバルな網目はグローバル経済の隅々まで触手を延ばし、地球上のすべての人びとの生活を形作っている。のちに見るように、それはグローバル警察国家と深く絡み合っている。

２０１８年に刊行された傑出した研究『巨大企業〔ジャイアンツ〕17社とグローバル・パワー・エリート』（*Giants: The Global Power Elite*）の中で、社会学者のピーター・フィリップスは、ＴＣＣが世界中で集中され集積されたグローバル経済を支配しているその程度について見事に描き出している。パワー・エリート研究の伝統にしたがい、彼はＴＣＣの超上層部のうちの３８９人の中核を暴露している。彼／彼女らは、グローバルな権力構造の頂点に立ち、かつては国内の権力ネットワークに存在していたものをトランスナショナルに相互浸透させた。金融資本の前例のない集積と、その経済支配が国家やＴＮＳ機関に及ぼす政治的影響力を通じて、このトランスナショナルなエリートの政治・経済権力がグローバルなレベルで強固なものになっていることが分かる。端的にいうと、２０１８年においてわずか17のグローバル金融コングロマリットが「地球中に広がる、組み合わさった、自己投資された資本ネットワークの中で」合算して41・1兆ドルを運用していた。[7] さらにこれらの17のコングロマリットは相互に相互投資されていた。それは、ただの組み合わさったグローバル金融資本のかたまりのようであった。〔ただし〕41・1兆ドルという数字は実態を表していない。〔フィリップスの〕研究が示しているように、グローバルな企業構造の傘下のこれらのコングロマリットが保有しているすべての関連会社の資本ストックの価値が含まれていないからである。メディア、製造業、商業、グローバルな軍産複合体に、このトランスナショナル金融資本の融合したかたまりが大規模に投資されている。[8]

この巨大な経済権力の集積によって、世界の至るところで政策決定への影響力がＴＣＣへと集中する。フィリップスは、ＴＣＣの上層部とグローバル・パワー・エリートが、ＴＮＳのグローバルな政策立案機関に積極的に参加していることを指摘する。彼／彼女らは国際通貨基金（International Monetary Fund, 以下、ＩＭＦ）、世界銀行、ＷＴＯ、国際決済銀行、富裕国クラブであるＧ７・Ｇ20のアドバイザーを務めている。彼／彼女らは各国政府、特に財務省、中央銀行、貿易省、外務省、そしてしばしば国防省の中で重要なポジションを占めている。その他の内閣レベルの高官や国家元首への諮問機関についても同様である。また、グローバル・パワー・エリートはグローバル資本を運用・保護し、世界中で債権回収を執行するために、多くの民間の政策決定フォーラムにおいて政策を策定している。これらには世界経済フォーラム（World Economic Forum, 以下、ＷＥＦ）、三極委員会、Ｇ30、大西洋評議会、ビルダーバーグ会議が含まれる。同時にＴＣＣメンバーとその政治的代理人は、個々の国家とＴＮＳ機関内に彼／彼女ら個人を送り込むことにより、これらの政策を強要する。経済（階級）権力と国家権力のこの関係は、ＴＣＣが政府高官に命令を下すという関係である。グローバル・エリートの一人が述べたように、これらの高官は「私たちの飛行機を操縦するパイロット」である。フィリップスの言葉を用いると、グローバル・パワー・エリートは「勧告を作成するのではなく、従うことが予期される命令を作成する」のである。[9]

巨大なグローバル企業コングロマリット同士の間には競争があるが、ＴＣＣの上層部はＴＣＣ全体としての階級意識を形成し、よく組織化された政治的リーダーシップを形成している。あまり知られていないが、１９７８年に設立されたグループ・オブ・サーティ（Ｇ30）には、トランスナショナル・エリートのトップバンカー、金融業者、政策立案者、学者たちが集結している。グループのメンバーは国家やＴＮＳ機関で公的役職を務めており、世界中の政府やＴＮＳ機関に向けて定期的にレポートを発行している。Ｇ30やその他の同様の私的な会合は、ＴＣＣとＴＣＣに奉仕する知識人が政治的な意思形成を行う閉じたサークルである。そこでは次のようなことが行われている。

……ＴＣＣのパワー・エリートがグローバル資本と治安の問題について率直に発言し、必要な政策とその実施について共通理解に至ることを目指す。これらの会議を通じて、ＴＣＣパワー・エリートはプライベートなオフレコの場でお互いフェイス・トゥ・フェイスで個人的に交流する機会を得る。個人的な親密さ、信頼、友情が生まれる。これらの交流は、ＴＣＣが階級意識を形成し、共通の利益を社会的に自覚するための基盤である。ＴＣＣパワー・エリートの中心的な活動はグローバル資本の管理と保護である。この共通理解のもと、トランスナショナルな諸存在、治安機関（軍／警察および諜報機関）、イデオロギー組織（メディアおよびＰＲ会社）によって実施されるための、様々な政策課題が浮上する。[10]

要するに、世界全体の経済の運営、統制、意思決定権力が以前にも増して強力な一握りのTNCに驚くほど集中かつ集積しており、このことは、グローバル経済が計画された寡占状態の性格を帯びていることを示唆する。集中化された計画が策定されるのは、TNCを結節点とする内部ネットワーク、TNS機関、フィリップスらが描き出したグローバル・エリートのフォーラムの内部である。特にTCCはグローバル企業の利益を追求すべく、国家と政治的プロセスに対する巨大な構造的権力を保持している。極めて小さなグループが人類の運命を支配すると、グローバル資本主義と結びついた全般的なプロセスによって、さらにグローバル社会における不平等、支配、搾取の関係が、一層広い範囲で新たに生じる。例えば、南北間の不平等または地理的・領域的な不平等に比例して、トランスナショナルな社会的・階級的不平等の重要性が増す。南北間の不平等は伝統的に一人当たりGDPの各国間の不平等として測定されているが、これは現在拡大しており、世界を語る上で欠かせない要素であり続けている。しかしその原因を説明するためには、グローバル資本主義の根底にあるトランスナショナルな階級関係を見る必要がある。不平等、支配、搾取というこれらの階級関係はグローバル警察国家を通じて展開されている。

人類の危機

1970年代の危機と停滞の時期の後、20世紀後半から21世紀初頭にかけてグローバル化によって世界規模での蓄積が復活した。1980年代から2000年代は、トランスナショナルな資本が拡大した時期であった。これは新しいテクノロジー、特にCITや新自由主義的政策の動員・搾取という新方式による超-蓄積（hyper-accumulation）、またグローバルに遍在する労働力（この後詳しく解説する）による超-蓄積を意味していた。その中で本源的蓄積の大規模な新段階が始まり、何億人もの人びとが根こそぎにされ、追い出されていった。「本源的蓄積」とは、多くの人びとが生産手段、特に土地と他の形態の共同体財産からしばしば暴力的に分離されるプロセスのことである。これらの生産手段は資本家の管理下に置かれ、残されたのは精神・肉体労働を資本家と資本主義システムの諸機関に売る以外に生き残ることができない人びとである。本源的蓄積の最初の波は、英国の田園地域において〔植民地主義・帝国主義〕より以前の何世紀もの間に起こった。これは囲い込みとして知られている。過去何世紀にもわたる本源的蓄積の継続的な波の中で、植民地主義と帝国主義を通じて世界中の何億人もの人びとが暴力的に略奪され、ますます多くの人類が資本の支配下に置かれた。後で議論するように、グローバル化は世界各地での大規模な新段階の本源的蓄積である。拡大するグローバル警察国家の支配下の余剰人類の中に向けて数億人の人びとが投げ込まれた。

しかし、20世紀後半から21世紀初頭のグローバル化に伴う好況は短命であった。2008年のグローバルな金融メルトダウンはグローバル資本主義の新たな構造的危機の始まりとなった。これはシステム上の変化の可能性を開いた危機であった。カール・マルクスは危機を資本主義に内在するものとして明らかにした最初の人物である。資本主義の危機に関しては膨大な文献がある。[11] ここでは三つのタイプの危機を確認したい。循環的な危機または不況は、資本主義システムでは約10年ごとに発生し、概して18か月ほど続く。これがいわゆる「景気循環」である。1980年代初頭、1990年代初頭、2000年代初頭には景気後退があった。「構造的危機」は約40〜50年ごとに発生する。構造的（structural）というのは、システムを再構築（restructure）することが危機から抜け出す唯一の方法だからである。植民地主義と帝国主義の新しい波は、1870年代と1880年代の最初に記録された構造的危機を解決した（すなわち、〔システムを〕置き換えた）。次の構造的危機である1930年代の大恐慌は、再分配を行う新しいタイプの資本主義によって解決された。それはフォード主義、ケインズ主義、社会民主主義、ニューディール資本主義などの「階級妥協」と呼ばれるものである（この後詳しく説明する）。これまで見てきたように、資本は次の構造的危機である1970年代の危機にグローバル化を推進することで対応した。

構造的危機についてのこれらの主なエピソードが示しているのは、システム上の変化が起こる潜在的可能性である。歴史的に、どのエピソードにも国家の正当性の崩壊、階級・社会闘争の激化、軍事的紛争が含まれている。過去において、構造的危機は新しい制度的配置、新しい階級関係、新しい蓄積活動といった再構築をもたらし、最終的にはシステムは再び安定化し、革新された資本主義が拡大した。しかしデジタル化による広範囲にわたる再構築という新時代は今なお進行中であるように見える。この新しい再構築の波について論じる前に、より以前の1880年代、1930年代、1970年代におけるシステム全体の構造的危機と共通する、現在の危機の性質に注目しておくべきであろう。とはいえ現在の危機にはいくつかの相互に関連する諸側面があり、以前の危機とは区別されるように思われる。そのことはシステムの単純な再構築が再安定化につながらないことを示唆している。つまり、私たちがまさに生存するために、今グローバル資本主義に対する革命が必要なのである。

とりわけ重要な問題は、システムの再生産に対するエコロジー的限界によって引き起こされている存続危機である。気候変動、窒素循環、生物多様性の喪失について、私たちは転換点をすでに過ぎている。史上初めて、人間の行動は、六度目の大量絶滅をもたらしかねない方法で地球システムと関わり、それを根本的に変化させている。[12] エコロジー危機の責任を資本主義だけに負わせることはできないが、資本の頑強な蓄積への衝動と拍車がかかった自然の商品化を踏まえると、環境上のカタストロフィを資本主義システムの枠内で解決できると想像するのは困難である。グローバルな危機のエコロジー的側面は、世界レベルにおける環境正義を求める運動によって、グローバルな課題の最前線に押し出された。世界中のコミュニティがトランスナショナル企業による環境の略奪に対抗し、環境正義と気候カタストロフィを回避するための政府の行動を要求する中、グローバル警察国家は弾圧を強めている。そして、今後数億人に達するであろう気候変動難民は人種差別主義者やネオファシスト勢力によって中傷され、グローバル警察国家による弾圧を受けている。

この拍車がかかった自然の商品化は、現在の危機のもう一つの根本的な側面を示している。世界資本主義に統合される価値のある新しい地域がもはや存在せず、商品化のための新しい空間は干上がっており、その意味で私たちは、資本主義の外延的拡大の限界地点に到達している。資本主義システムは本質的に拡大を志向している。かつての構造的危機においては、システムはそのたびに外延的拡大の新段階――すなわち新しい地域と住民のシステムへの組み込み――へと進んできた。まずは数世紀にわたる植民地支配からはじまり、20世紀後半から21世紀初頭にかけては、かつての社会主義ブロックの国々、中国、インド、およびシステム外部の周辺に位置してきたその他の地域を統合してきた。〔しかし〕世界資本主義に統合できる新しい地域はもはやない。同時に、教育、健康、公益事業、基本サービス、公有地の私有化によって、資本の直接支配の外にあったグローバル社会の空間が「資本の空間」に転換された。そのようにして、内包的拡大――すなわち商品化されていなかった富や活動の商品化――は、これまでにない深さに達しつつある。商品化とは、人間、人間が生産するモノや自然を個人が所有し、金銭的価値をつけ、売買できるモノに転換するプロセスのことである。資本主義は本質的に世界を次々に商品化することによって、絶えず内包的に拡大しなければならない。商品化できる残余は何であろうか。システムは現在どこに向かって拡大できるのであろうか。新しい空間には暴力的にヒビを入れなければならず、グローバル警察国家はこれらの空間にいる人びとを抑圧しなければならない。しかし、外延的・内包的拡大のための空間の枯渇はシステムの再生産にとって何を意味するのだろうか。

暴力と社会統制の手段の規模はかつてないものである。その規模と、集積され、ますます私有化されたこれらの暴力手段の統制も、グローバルなコミュニケーション手段、シンボル・イメージ・知識の生産・普及が加わり、かつてないものである。第2章と第3章で詳しく説明するように、コンピュータ戦争、ドローン戦争、ロボット兵士、地中貫通爆弾、人工衛星による監視、サイバー戦争、空間制御テクノロジーなどは戦争の相貌を変え、さらに社会統制・抑圧のシステムの相貌を全般的に変えた。私たちはパノプティコン的な監視社会にたどり着いている。このことは米国国家安全保障局（National Security Agency, 以下、ＮＳＡ）からの亡命者であるエドワード・スノーデンの暴露によって明らかになった。ＮＳＡは地球上のほぼすべての通信を監視していた。私たちは今、思想統制の時代にいるといっても過言ではない。通信、情報、シンボル生産のグローバルな流れを統制する者による思想統制である。しかし、最も恐ろしいことは新世代の核兵器の生産・配備、そして「限定的」核戦争の脅威である。[13] グローバルな危機によって新たな世界大戦が勃発するならば、その破壊規模は全く未曾有のものになるであろう。エコロジー的なメルトダウンと相まって、人類がそのような大火のなか、どのようにして生き残ることができるのか想像もつかない。

グローバル資本主義はインターナショナルな緊張を高め、それを主要国家間の紛争へと波及させる力を持っている。しかしこの緊張を時代遅れの国民‐国家／国家間という分析枠組みで説明すべきではない。この分析枠組みは、緊張の原因を国家同士の敵対関係と、国際経済の支配をめぐるナショナルな資本家階級同士の競争に求めている。むしろ緊張は、何よりもまず私がすでに示唆したグローバル資本主義における深刻な政治的矛盾に由来する。すなわち、経済のグローバル化は、政治権力が国民‐国家を基礎とするシステムの中で起こる。国民‐国家は、自国の領土におけるトランスナショナルな資本蓄積を促進する必要性と、政治的正当性を得る必要性との間の矛盾に直面している。資本主義グローバル化の時代に、政府はトランスナショナルな企業・金融の投資を国民‐国家の領土に引き付けなければならない。この投資は、密接に連関する新自由主義的政策を資本に提供することを求める。すなわち、賃金への下方圧力、規制緩和、低率税または無税、私有化、緊縮財政などである。それらは、労働者階級と人民諸階級にとって不平等、貧困、不安を悪化させるものである。その結果、世界中の国家はらせん状に高まる正当性の危機を経験している。より専門的な用語で言えば、国民‐国家の蓄積機能と正当性機能の間には矛盾がある。

この状況は、当惑せざるを得ない、不安定で、一見矛盾する政治を生み出す。新自由主義を促進しているにもかかわらず、ナショナリズムと保護貿易主義のレトリックを採用している、米国のトランプ政権のような極右・ネオファシスト勢力の台頭を説明するためには、このことを踏まえる必要がある。そうした勢力は、まるで私たちがかつての国家保護主義の時代に後退して「脱グローバル化」が進行していると思わせるような混乱を引き起こしている。実際、20世紀の「古い保護貿易主義」はナショナルな生産物とそれを生産したナショナルな資本家グループを、関税と補助金で保護することを追求していた。新しい保護貿易主義は――この用語は多くの誤解と混乱を招くが――トランスナショナルな資本をナショナルな領土に引き付けるべく、諸条件を作り出すことを追求している。例えば、保護貿易主義のレトリックにもかかわらず、トランプ政権は外国人投資家を締め出すのではなく、逆進的課税、かつてない規制緩和、いくつかの限られた関税障壁を餌に、世界中のトランスナショナルな投資家に米国への投資を呼びかけた。こうした政策は、世界のどこからやってきても、〔米国で〕事業を始めるグループに利益をもたらすであろう。2018年にトランプは、スイスのダボスで開催されたWEFの年次総会に集まったグローバル・エリートとの会合で、「米国はビジネスに門戸を開いている」と明言した。「今があなたのビジネス、あなたの仕事、あなたの投資を米国に持ってくる絶好の時だ」と。[14] そして、トランプが2018年に輸入鋼に課した鋼関税の、最大にして唯一の受益者は、USスチール社の過半数の株式を所有し、インドを拠点とするアルセロール・ミッタル社であった。[15] さらに、後で見るように、世界中の国々からやってくるＴＣＣの派遣団は地政学的な競争をしているように見えるが、グローバル警察国家において多額の投資を受けているだけでなく、相互に投資を受けている。

ここでさらに重要なのは、経済のグローバル化が国家間システム内で展開されるにつれて、国家間の地政学的緊張が高まった結果、危機によって正当性問題が悪化し、ナショナルな政治システムとエリート支配が動揺するに至る、ということである。国家間の緊張は、国民‐国家／国家間のシステムの枠組みの中でトランスナショナルな資本が拡大することによって発生する矛盾の派生物と見なければならない。そのシステムの枠組みの中で、グローバル資本主義は、ナショナルに拘束された労働者を互いに対抗させ、ＴＣＣが国家の正当性の危機とこの矛盾によって生み出された国家間の緊張を処理する諸条件を設定する。この矛盾によって生じる政治的緊張は地政学的な競争の外観を呈することがありえ、実際に呈している。[16] この矛盾によって生じる遠心力は、経済のグローバル化によってもたらされる求心力を弱めるのだろうか。これらの遠心力は際限のない大規模な国家間戦争に突入するのだろうか。[17] 地政学的な緊張はＴＣＣの企業利益を「想定以上に規定」しているのだろうか。

ここで私たちは、グローバルな危機のこの側面を理解するために、トランスナショナルな政治とＴＮＳの分析にまで視野を広げる必要がある。特にグローバル警察国家が〔本書の〕物語の中心であることを踏まえれば、なおさらである。トランスナショナルなエリートたちはより効果的なＴＮＳ機関を強く求めてきたが、それは一つには、以上で見てきた経済のグローバル化と国民‐国家の政治権力システムとの間の分離状態を解決するためであった。しかし、ＴＮＳ機関は断片的で極めて即興的に形成された性格を有しているので、その努力の甲斐があるのか、疑問が生じる。正式な政治権力は多くの国民‐国家に分散しており、ＴＮＳ機関は中心がなく正式な憲法もないルーズな性格をもっているのである。ＴＣＣの、より「啓蒙された」エリート代表たちは、現在より強力なＴＮＳを作り上げる方法を模索している。これは、グローバル市場を規制し、制限のないグローバルな蓄積に一定のコントロールを課す可能性がある。彼／彼女らは、グローバル支配階級がシステムの無秩序を制御できるような、「ガバナンス」のトランスナショナルなメカニズムを探求している。グローバル資本主義をそれ自身から救い、下からの——反乱を起こした左翼と極右の両方からの——ラディカルな挑戦から救うためである。

トランスナショナルなエリートの政治的意識の高い層は、他のどのフォーラムよりも、ＷＥＦの活動に集結している。これは、ＴＣＣと彼／彼女らのための「ネットワークのネットワーク」である。ダボスでは有名な年次総会が開催されている。新しいグローバル支配階級を描くために「ダボスマン」という言葉が用いられてきたが、これには確かに根拠がある。ＷＥＦの創設者で執行委員長のクラウス・シュワブは、２００８年にＴＣＣによる「グローバルリーダーシップ」の刷新を求めた。

アフリカの貧困であろうと東南アジアの煙霧《ヘイズ》であろうと、ますます多くの問題が二国間レベル、地域レベル、グローバルレベルの解決策を必要としている。多くの場合、どの単一政府が組織できるよりも多くのリソースの動員を必要としている。……政治権力の限界はますます明白になっている。とりわけ既存のグローバル・ガバナンス機関が古風な慣習や手続によって身動きが取れなくなっている。第二次世界大戦の末期に考案されたものもある。そのためにグローバルなリーダーシップの欠如は明白となっている。主権は依然として各国政府にあるが、本格的で効果的なグローバルリーダーシップはまだ現れていない。この間、地方、国、地域、国際の各レベルでの公的なガバナンスは弱体化している。最高のリーダーであっても故障したシステムでは成功裏に動くことはできない。[18]

しかしながら、トランスナショナルなエリートがTCCの支配を固定し、システムを安定させるためにより強力なTNSを求めていたとしても、これまでのところTNSに与えられた矛盾する役割を解決することは不可能であった。TNSは、一方で資本主義のグローバル化の条件を促進しようと試み、他方でグローバル化が生み出す無数の問題を解決しようと試みる。すなわち、経済危機、貧困、環境悪化、慢性的な政治的不安定、軍事紛争といった問題である。正式な政治権力が多くの国民–国家に分散しているため、TNSがこれらの問題に対処することは極めて困難であった。繰り返しになるが、TNS機関は断片的である。中心や正式な憲法はなく、トランスナショナルな執行能力ももちろんない。これらのTNS機関は主導的な国民―国家――国際関係の文献で「覇権国」と呼ばれるもの――に取って代わることができず、システムを組織化して安定させるための十分な力と権限を持たなかった。まして、トランスナショナルな資本に規制を課すことはできなかった。

TCCの政治的意識の高い層とTNS機関のスタッフを含むトランスナショナルな志向を持ったエリートと有機的知識人は、システムの長期的な利益を明確化し、これらの利益を確保するための政策、プロジェクト、イデオロギーを作ろうと試みている。グローバル権力ブロックの様々な構成要素の個別利益は異なっているため、様々な階級と分派を統合し、編成して世界各地で搾取され抑圧されている諸階級の脅威に対抗し、長期的な政治的利益を擁護することがTNSの役割である。しかし、TNSは、トランスナショナルな蓄積に一貫性と規制を課し、システムを安定させることはできない。それは、TCC自身の内部に不一致と分化があり、〔TCCの個々の構成員は〕当面の蓄積を盲目的に追求せざるをえず、階級グループとしてのTCCが脆弱であるためでもある。つまり、階級の長期的・一般的な利益に対して、当面する個別の利潤追求の利益が優位に立っている。

もちろん、グローバルな危機には深刻な社会的側面がある。かつてない世界レベルでの不平等というこの時代において、資本主義の危機は社会構造を崩壊させ、至る所でコミュニティを荒廃させる。世界中の何十億もの人びとが日々生き残るための闘争に直面しているが、この闘争が成功する保証はない（実際多くの闘争は成功せず、今後さらに多くが成功しないであろう）。学術用語ではこれを社会的再生産の危機と呼ぶことができるが、この呼称では、貧困、病気、失業、過少雇用〔労働者の熟練を下回る雇用〕、食糧不安、社会的排除、人種差別主義者、外国人排斥、その他の形態の社会的暴力といった惨状の深さを捉えられない。日常的に何十億もの人びとがそうした状態を押しつけられ、または移民、難民、余剰労働者などとして迫害に直面している。次の二つの章ではこれらの問題を取り上げる。しかし、社会危機は明らかに資本の危機ではないこと、そして、支配層の支配を脅かす大規模な反乱が起こるまで、または反乱が起こらない限り、その支配を再生産するのに寄与する可能性さえあることには留意しておきたい。

過剰蓄積──資本主義のアキレス腱

グローバル警察国家の出現は、おそらく、資本主義の根本的な矛盾である過剰蓄積に構造的に根ざしている。近年のグローバルな資本蓄積の軌跡を形作ったのは過剰蓄積であり、それは、これまで議論をしてきたグローバルな危機の他の側面と混じり合っている。過剰蓄積とは何を意味しているのだろうか。資本蓄積のダイナミクスには利潤率の傾向的低下が内在している。その原因は、互いに競争し、労働を管理し、人件費を削減しようとする資本家が、生産プロセスにおける組織やテクノロジーのイノベーションを行って生産性を高めることにある。これは、より少ない労働でより多くの富が生産されることを意味する。しかし労働はすべての剰余価値、つまり利潤の源泉である。過剰蓄積とは莫大な資本が蓄積される態様を表している。この資本は〔利潤率が低下するため〕、満足な利潤が得られるように再投資されず、停滞したままである。マルクスは言う。「資本家は、いくら努力しても、同じ労働時間でより多くを提供する義務以外は何ものも得ないであろう。一言で言えば、自分の資本を価値増殖させる条件をいっそう困難にするだけであろう」[19]。

次章ではこの過剰蓄積の分析について展開する。ここで注意すべきは、過剰蓄積は「過剰生産」または「過少消費」の問題として表現されているということである。市場レベルではそのように現れる、といってもよい。『資本論』（*Capital*）の中でマルクスは、資本家が富の生産手段を所有し、そのために社会が集団的に生産した富を、資本家ができるだけ多く利潤として領有して以降、いかにして社会の二極化と不平等が資本主義システムに固有なものとなっているかを分析した。しかし、そのような不平等はついにはシステムの安定性を損なう。総所得のうち、労働者にわたる部分に比べて、資本家と富裕層に残る部分がますます多くなるため、労働する人びとは資本主義経済からあふれる富を購入できなくなるからである。生産されているもの（または生産される可能性のあるもの）と、市場が吸収できるものとの間にあるギャップは拡大する。資本家が自分たちの農園、工場、事務所で生産した製品を、実際に販売（または「処分

（unload）」）できない場合、資本家は利潤を創出（「実現」）できない。これが、批判的な政治経済学が言うところの、資本主義の根底にある内部矛盾または過剰蓄積問題である。資本家は、莫大な量の余剰を蓄積するが――繰り返しになるが――その余剰を満足な利潤が得られるように投資し続けるためのはけ口を見つけることができない。したがって、野放しのままであれば、資本主義に特有の、拡大する社会の二極化の結果危機が生じる。停滞、不況、大恐慌、社会的激変、そして戦争である。

グローバル化は過剰蓄積を大幅に悪化させてきた。これを理解するには20世紀初頭に話を戻さなければならない。1930年代の大恐慌後の数十年間に形成された特定の形態の資本主義または社会秩序、いわゆるフォード・ケインズ主義は、高い成長率、労働者階級のかなりの部分における生活水準の上昇、発展をとげた世界資本主義の中核部分における不平等の減少を伴っていた。なぜ「フォード・ケインズ主義」なのだろうか。標準化された大量生産という新しいシステム（「フォード主義」）は、標準化された大量消費を導入しなければ維持できない――このことを最初に認識したのは、米国の実業家ヘンリー・フォードであった。これは、労働者の資本への服従と引き換えに労働者階級に相当程度の分け前を与え、労働者階級が自ら生産した財やサービスを実際に消費できるよう十分に高い賃金を支払うという、安定した雇用の配置――または資本と労働の関係――の確立を意味した。同様に英国の経済学者ジョン・ケインズは、富の集中の結果生じた不十分な需要に大恐慌の原因があると分析した。ケインズの見解では、国家は、市場〔特に金融市場〕を規制するために経済に介入する必要があり、インフラや社会サービスなどの公共プロジェクトへの国家支出や最低賃金、失業保険、年金などの制定によって需要を喚起する必要があった。[20]

このフォード・ケインズ主義の配置は、資本家の善意ではなく、労働者階級と人民諸階級の大規模な闘争があったがゆえに登場した。1800年代後半から1930年代にかけて展開した労働者、ポピュリスト〔19世紀後半の米国人民党〕、社会主義者の運動、ボルシェビキ革命、第三世界における反植民地・民族解放闘争などである。中核国における第二次世界大戦後の繁栄の時代は、フォード主義に基づく生産と調整された資本労働の関係とケインズ主義に基づく金融・予算・規制政策の組み合わせに多くを負っている（これには植民地世界からの略奪が伴っていた。それは富が中核国に逆流することを可能にし、中核国の中で再分配が行われた）。資本主義市場への国家介入と再分配という構成要素は、20世紀半ば、当時の第一世界の経済政策を枠づけ、また、脱植民地化後は当時の第三世界の経済政策を枠づけた。したがって、この再分配を志向する国民−国家の資本主義は、二つの世界大戦の危機と大恐慌をきっかけにした、下からの大規模な激変に対する資本の適応から発展したのである。市場の国家規制、再分配政策、労働者階級の力は、過剰蓄積傾向に対するいわゆる「反対に作用する諸傾向」〔『資本論』第3巻〕として機能した。つまり、過剰蓄積の相殺に寄与した。

ところが次の1970年代の大きな危機が襲った時には、新しく登場したトランスナショナルな資本がグローバルに展開した。それは、国民‐国家による蓄積の制約を振りほどいて自らの社会権力を再構築し、フォード・ケインズ主義の配置を破棄し、第三世界の革命の波を打ち砕くというＴＣＣの戦略であった。第二次世界大戦後の「階級妥協」は、数十年にわたり資本にとって有用であった。企業収益は１９４５年から１９６８年にかけてはっきりと上昇し、その後１９８０年代初頭まで減少した。企業収益は再び急上昇するが、今回はグローバル化の結果としてであった。[21] １９７０年代に利潤率が低下するなか、資本家階級とその代理人は、人民諸階級と労働者階級の大規模な闘争と要求、そして国家の規制を、利潤創出と富の蓄積の自由に対する足かせであると認定した。ＴＣＣが明確な形をとるに伴い「ワシントン・コンセンサス」として知られるようになったものが形成され、新自由主義による世界全体の経済の抜本的な再構築についての合意が形成された。それは、新しいトランスナショナルな企業秩序を確立し、労働者階級と人民諸階級に対する階級戦争において攻撃を続けるものであった。20世紀後半のグローバル化の時代に数十億ドルの財産を築き、世界で最も裕福な人物の一人であるウォーレン・バフェットは、このことについて非常に率直であった。「過去20年間階級戦争が続いている」と、彼は２０１１年に宣言し、こう述べた。「そして私の階級は勝利した」[22]。

　資本主義のグローバル化による再構築のためには、グローバル資本の自由な流れに対するあらゆる障害を取り除き、地球資源への妨げられることのないアクセスを保証し、拡大のための新しい空間を継続的に開放することが必要であった。このプロセスにおいては、市場の規制緩和と、トランスナショナルな資本の行動に対する規制の解除が必要であった。これには開かれた投資体制や自由貿易協定——すなわち世界中のトランスナショナルな資本への自由な支配を可能にする条件——を成立させることが含まれていた。また、公共資産の抜本的な私有化、緊縮財政、福祉などの社会的保護システムの削減・廃止、さらには国民–国家によるトランスナショナルな資本の統制を解体し、グローバル経済統合を促進するその他の措置も必要であった。かつての社会主義国がグローバル市場に参入し、国民–国家の制約から解放された資本が世界規模の蓄積の巨大な新段階の幕を開けた20世紀後半、グローバル経済は好況を迎えた。私有化された資産の取得、田園地帯から数億人を追放した後の鉱業・農産業投資の拡大、CIT革命に支えられた新しい産業拡大の波、これらによって新しく登場したグローバルに統合された生産・金融システムの中で、TCCは余剰を処分し、利潤創出を再開した。公共政策は緊縮財政、救済措置、企業助成、政府債務、グローバル債券市場によって再設計され、政府は労働者からTCCに直接的・間接的に富を移転した。

20世紀後半から21世紀初頭までのグローバル化に伴う好況は、世界中で新しい高級消費市場が台頭することによっても促進された。これ自体、社会の二極化と不平等の拡大の産物である。グローバル資本主義を擁護する者たちは、中国、インド、かつて第三世界であったどこかの国で数億人の新しい中産階級の消費者が台頭していると称賛する。しかし、グローバル市場に登場したこの新たな富裕層の裏側で、それらの国の大多数の人びとはグローバルな豊穣さから排除され、不平等と貧困が昂進している。[23] 米国では所得上位5％の世帯が1992年には総消費支出の約27％を占めていたが、2012年には38％に上昇した。[24] すでに2005年に、シティ・グループの株式市場アナリストのチームは、米国は経済成長が少人数の高所得集団によって推進される「富裕層支配（plutocracy）」になりつつあると警告していた。このチームは、裕福な投資家に対して、大量消費向けの生産を行っている製造業の株を購入することを避け、代わりに高級品や富裕層向けのサービスを提供している企業に投資するようアドバイスした。[25] 以下で見るように、エリート以外の消費支出は、膨らみ続け持続不可能になっている債務によって支えられてきた。

このようにして、グローバル化は、世界全体にわたって国家や人民諸階級に対するトランスナショナルな資本の構造的権力を高めた。新たに獲得された資本のグローバルな移動性を前に、人民諸階級と労働者階級は効果的に賃金を維持することができなくなった。そして公的資産の私有化、一層逆進的な税制、法人税回避の可能性、トランスナショナル金融資本に対する債務の増大、トランスナショナル資本を引き付けるための国家間競争、新しいデジタルな金融循環を利用して世界中に瞬時に送金できるTCCの能力、という条件の下で、国家は余剰を掌握し再分配する自身の能力の後退を認識した。このいわゆる「国家主権の喪失」の背後で、資本主義のグローバル化はTCCが有利となるように、世界中の階級勢力の相互関係を変えた。トランスナショナルな資本は、国家に対して、また領土に縛られた労働者階級や人民諸階級に対して、新たに獲得された構造的権力を行使することができた。あるグローバル投資運用会社は率直に指摘した。いわく「広範囲にわたる労働者の交渉力の低下、グローバル化の進展、反トラストの執行の減少、より大規模でより低い限界費用を可能にするテクノロジー、より低い法人税・金利・関税、これらの要素は史上最も企業に手厚い環境をグローバルに作り出した」。「これらを企業は世界中で同時に享受した[26]」。

しかし、グローバル化は、社会の二極化の目眩をもよおすようなスパイラルと、かつてないグローバルレベルでの不平等を引き起こした。社会の二極化に反対に作用する傾向として国民–国家レベルでの再分配が行われてきたが、資本はそこから解放された。グローバルレベルでの不平等は、2008年の大不況以来縮小するどころか、驚くべき速さで昂進していた。国際的な開発支援組織であるオックスファムによると、2015年、人類のわずか1%が世界の富の半分以上を所有し、上位20%が94・5%の富を所有し、残りの80%はわずか4・5%の富でしのがなければならなかった[27]。この二極化と不平等の昂進によって、グローバル化は過剰蓄積という慢性的な問題を助長した。地球上の富が少数の人びとの手に極端に集中し、大多数の人びととの貧困とそれらの人びとに対する略奪が加速した。これは、蓄積した莫大な量の余剰を処分するための生産的なはけ口をTCCが見つけることがますます困難になったことを意味した。1990年代後半までに私有化すべきものが枯渇し、征服・再征服された地域がシステムに編入されてグローバル市場が飽和状態になり、新しいテクノロジーは固定資本の拡大の限界に達したことで、停滞が再び始まり、システムは新たな危機に直面した。

１９９５年のメキシコペソ危機から、１９９７〜１９９９年のアジアの金融危機と他地域への広がりを経て、２０００〜２００１年のドットコムバブル崩壊とグローバルな景気後退にいたるまでのグローバル経済に対する一連の小さな衝撃は、２００８年のグローバル金融システム崩壊の前奏曲であった。２００８年の大不況は過剰蓄積の新たな構造的危機の始まりを記した。所得と富の前述のような極端な二極化の下で、グローバル市場はグローバル経済がアウトプットするものを吸収できない。２０１０年代、企業投資が減少すると同時に企業は記録的な利潤を上げた。[28] ２０１７年、米国を拠点とする最大の企業は、投資していない現金のうち１・01兆ドルの未払い金を保有していた。[29] 他方で世界の企業の現金準備高は、世界の中央政府の外貨準備高を上回る12兆ドルを超えていた。[30] ＴＮＣは、満足な利潤が得られるように自分の利潤を再投資する機会を見つけることができなかった。[31] 投資されていない資本が蓄積すると、余剰を処分するためのはけ口を見つけるように求める巨大な圧力が生じる。資本家グループは、利潤創出のための新しい機会を創出するよう国家に圧力をかけている。21世紀までに過剰蓄積に直面したＴＣＣは、グローバルな蓄積を維持すべく、いくつかのメカニズムに注目した。すなわち、財政の略奪、債務主導の成長、国家に組織され軍事化された蓄積である。

トランスナショナル金融資本が作り出す略奪と寄生の世界

ここ数十年における金融業界の規制緩和とグローバルに統合された金融システムの創設によって、ＴＣＣは、数兆ドルを投機に向けることができるようになった。１９８０年代以降のグローバルなカジノで発生した一連の投機的な波の中で、新興のグローバル不動産市場への投資が行われ、あちらこちらで不動産価値が膨らんだ。株式市場への投機は熱気を帯び、活況と崩壊が定期的に発生した。２００１年のドットコムバブル崩壊は最も有名な事例であった。ヘッジファンドのフローは激増し、通貨投機が企てられ、考えられるあらゆる種類のデリバティブが生まれた。２００８年、住宅市場への投資が引き金となって株価が暴落したことを受け、米国財務省はウォール街に本拠を置く銀行を救済した。続いて世界中の個人投資家や機関投資家が救済され、これらの投資家によって世界中で米国債が賄われた。米国会計検査院の２０１１年の報告によると、２００７年から２０１０年にかけて、米国連邦準備制度理事会は世界中の銀行や企業に対して、なんと16兆ドルの救済を秘密裏に行っていた。[32] しかしその後、銀行と機関投資家は、救済金で受け取った数兆ドルを新しい投機的活動にただ単にリサイクルし、グローバル商品市場、暗号通貨、世界中の土地に投げ込んだ。新しいグローバルな「土地取得」が熱気を帯びた（次章を参照）。あるセクターへの投機的な投資の機会が枯渇すると、ＴＣ

Cはただ単に別のセクターに向けて余剰を処分する。

トランスナショナル金融資本が作り出すこの当惑せざるを得ない世界を前にして、私たちは、グローバル資本主義、その危機、それに抵抗する展望について新しい視点で考えることを余儀なくされる。この「金融革命」における重要なイノベーションの一つは、資産担保証券化の開発であった。資産担保証券（Asset-Backed Securities, 以下、ＡＢＳ）とは、要するに債務を投資家が売買して投機できる商品に変えることを意味する。これはデジタル化と市場・金融のグローバルな統合の拡大によって可能になった。現在または将来の収益の流れ（配当、利子、住宅ローン、クレジットカードの支払い、公債・社債の満期、商品の引渡しなど）は、ＡＢＳによって簡単に取引できる資本資産に転換される。ＡＢＳは１９７０年代初頭に登場したが、１９９０年代後半になって飛躍を遂げた。それは、急速なグローバル化のもと、ＡＢＳがその起源である米国からグローバル経済全体に拡大した時であった。証券化を通じて個々の債務はいわゆる「債務証書」にパッケージされる。言い換えれば、数千または数百万もの住宅ローン、学生ローン、クレジットカード、公債を含むその他の債務は金融機関によって「パッケージ」へと「束にされ」る。流動性の低い個々の債務は、流動的かつ市場に適した証券に変換され、世界中の個人投資家や機関投資家によって売買可能なものになる。例えば以前は家族が銀行で住宅ローンを借りた場合、当然利子を含めて徐々に返済を行うため、その銀行は数年または数十年にわたって住宅ローン債権を保有していた。銀行が住宅ローン債権を他の金融機関に売ることができるという考えは聞いたこともなかった。しかしＡＢＳによって、最初の住宅ローンの貸し手は、住宅ローンの実行から数時間または数日以内に金融機関に住宅ローン債権を「売却」することができ、多くの場合そうする。その後、これらの住宅ローン債権の何百万が「束にされ」、投機的な投資として売却され、転売される。

簡略して言うと、ＡＢＳに始まるこの金融革命とは、過去2、30年にわたる証券化によるあらゆる種類の金融イノベーションの台頭のことであった。膨大で当惑せざるを得ないデリバティブの一覧には、スワップ、先物市場、ヘッジファンド、機関投資ファンド住宅ローン担保証券、債務担保証券、ポンジスキーム〔投資詐欺の一種〕、資産のピラミッド化〔ハイリスク投資とローリスク投資の組み合わせ〕等々がある。[33] これらのイノベーションは、グローバルなカジノを可能にし、また投機と架空資本の継続的な拡大によるトランスナショナルな金融循環を可能にする。架空資本とは、商品や生産にいかなる基盤もなく流通に投下されたマネーである。資本は商品化の強力な進行を通じてすべての領域を支配し、領有する。これとちょうど同じように、マネーとしての資本〔貨幣資本〕は他の商品形態の資本に一般的に変換可能であるため、資本主義システムにおいて金融蓄積の循環が着々と支配的となる。もちろん、この「マネーからマネーを生み出す」という観念は幻想である。これらの「金融商品」の現象上の成長は、労働によってのみ生み出される新しい価値〔富〕の創造ではなく、架空の資本の拡大を表している。一方で、これらの「金融商品」への投機によって生み出された収入の流れは、グローバル経済の生産（工場、プランテーション、鉱山、サービスセンター）において生み出された価値を、流通の領域で金融投機家に単に再分配するだけである。[34] 他方で、金融投機によって生み出される収入の大部分は架空のものである。つまり（ここでは単純化した形で述べるが）、その収入は紙の上には存在するが、食料、衣類、家などの実物の富には対応していない。投機による架空の資本の蓄積は、危機を一時的に将来に先延ばしして相殺し、もしくは危機を新しいデジタル地理空間や新しい人口グループに向けさせて、相殺することがあり得る。しかし長期的には過剰蓄積の根本的な問題を悪化させるだけである。2008年の金融崩壊の引き金を引いたのは（引き起こした、ではない）、まさに何百万もの住宅ローンのABSへの転換とABS市場での熱気を帯びた投機であった。クレジットカード市場、学生ローン市場、その他の同様の市場における連鎖デフォルトは、政府債務のデフォルトと同様に、新たな金融危機の引き金となる可能性があった。

トランスナショナル金融資本のヘゲモニーの台頭は、グローバル化時代の歴史的発展の主要部分である。1980年代と1990年代、世界中の金融市場で規制緩和と自由化が行われ、CITが導入されたことにより、ナショナルな金融システムは、ますます統合されたグローバル金融システムに溶け込んだ。これは、それまで想像もつかなかった社会権力の集中を可能にする巨大なグローバル複合体である。それは国家に対して、また〔金融以外の〕他の蓄積循環に対して指示に従わせる能力を持っていた。金融会社（銀行、保険会社、証券会社など）の役員、取締役、所有者は、通常企業同士で組み合わさった取締役会の中心にいる。しかし、金融資本という概念は、金融セクターの個人または機関だけを指すわけではない。それは資本主義経済全体に対する金融セクターの圧倒的な重みのことである。金融セクターは現在世界中のほぼすべての蓄積循環の中心であり、グローバル・カジノにおける金融投機の中核に位置している。「今日金融経済は浸透している。つまり、経済サイクル全体に広がり、経済サイクルは、いわば始めから終わりまで金融経済とともに存在している」とマラッツィは述べている。そしてこう言う。「これは、私たちが、金融が財やサービスの生産そのものと実質的に一致する歴史的な時代にいることを意味する」[35]。ここでの私たちの関心は、これから見ていくように、トランスナショナル金融資本がグローバル警察国家と結びついているということである。

他方でTCCは財政に対する襲撃と略奪をも行うようになった。政府は労働者からTCCに直接的・間接的に富を移転し、財政は緊縮財政、救済措置、企業助成、政府債務、グローバル債券市場によって再構成された。世界中の政府債務総額の指標であるグローバル債券市場〔の時価総額〕は2003年から2017年の間に2倍以上になり100兆ドルを超えた[36]。政府は財政赤字を解消するために、もしくは経済を維持できるよう民間企業の蓄積を助成するために、投資家に債券を発行する。その後政府は、労働者階級の現在と将来の賃金から税金を搾り出すことによって、この債券を（利子付きで）返済しなければならない。20世紀後半にはすでに、債券によって調達された国家の収入は、しばしばそのまま債権者に戻っていった。それゆえ国家財政の再構成とは、次第に、グローバルに遍在する労働者からトランスナショナルな資本への富の移転、将来の賃金に対する請求権、危機に伴う負担の労働者階級と人民諸階級への転嫁と同義になった。言い換えれば、社会的再生産に対する国家の役割は削減されるか、もしくはそれどころか消去されるように、そしてトランスナショナルな資本蓄積を促進するための役割を拡大するように、資本主義国の財政は再編された。

したがって、略奪的なトランスナショナル金融資本が作り出すこの転倒した世界では、政府の債務と赤字自体が金融投機の源泉となり、過剰蓄積の危機を――一時的にではあるが――相殺してくれる。大不況をきっかけとして破産に直面した各国政府は、浮揚し続けるために債券発行に依存するようになった。ABSと同様に、そうした債券を購入して満期まで保有する時代は終わった。債券は24時間熱狂が続く世界中の取引の中で、個人投資家や機関投資家によって売買され、途切れることなく賭けの対象となる。それはクレジット・デフォルト・スワップのようなメカニズムを通じて展開される。クレジット・デフォルト・スワップは、債券の価値を〔リスクの取引へと〕転換し、債券市場を投資家にとっての乱高下とリスクを対象とする一か八かのギャンブルの場に変える。グローバル資本主義のこの時代、公的な財政と私的なトランスナショナル金融資本との有毒な混合物によって、グローバルな富裕層がグローバルな貧困層や労働者階級に対して戦いを仕掛ける新しい戦場が現れた。金融略奪への抵抗が世界中で高まるなか、この問題はグローバル警察国家を語る上で決定的な部分となっている。トランスナショナル金融資本の構造的暴力は、世界中で行われている略奪の大規模な新段階の中心にあるが、実際の略奪は、裁判所、国家、民間の軍事・警察・準軍事組織の直接の暴力によって強制されている（次の二つの章を参照）。同時に、財政の管理がこれらの〔労働者・人民〕階級に対する規律化圧力の高まりについて語る上で欠かせない問題となる。これらの階級は、債権者や国家による新たな、そしてしばしば過酷な形態をとる強制の対象である。金融化は、社会福祉国家から社会統制国家への移行における重要な梃子である。[37] 次の二つの章で見るように、貧困層はますます金融搾取——とりわけ債務と依存症を利用した詐取——に供されるべく、トランスナショナル金融資本の標的になっている。そのプロセスの中で国家は貧困層を犯罪者にすることができる。この犯罪化は、軍事化された蓄積と抑圧による蓄積のための広範かつ新しい機会を開放する。

しかし、労働者からTCCへの富の移転は市場をさらに狭隘にするため、金融略奪は過剰蓄積危機を解決することができず、長期的にはそれを悪化させる。ここ数十年、特に2008年以降の経済成長は公的債務と私的債務の増大によって推進されてきた。そこには政府、企業、消費者の債務が含まれている。長い間グローバル経済の「最後の頼みの綱の市場」であった米国では、2017年の家計債務は戦後のほぼすべての時期よりも高かった。米国の世帯は学生ローン、クレジットカード債務、自動車ローン、住宅ローンの形で13兆ドル近くの借金をしている。[38] これをソーダーバーグは「クレジット主導の蓄積」と呼んだ。[39] この合計のうち、米国のクレジットカード債務は滞納が徐々に増加したため、２０１７年に史上最高の１・02兆ドルに達した。[40] 経済協力開発機構（Organization of Economic Cooperation and Development, 以下、ＯＥＣＤ）のほぼすべての加盟国において、所得に対する家計債務の比率は歴史的な高水準にとどまり、２００８年以降悪化の一途を辿っている。[41] ＧＤＰに対する家計債務が２０１１年から２０１７年にかけて倍以上に増大した中国では、住宅ローンとクレジットカードの家計債務が急増するにつれ、消費者債務のデフォルトに対する懸念が高まっている。[42] 同じことがインド、ブラジル、南アフリカ、旧第三世界の他の国々にも当てはまる。[43] すでに述べたように、世界中の総政府債務の指標であるグローバル債券市場〔の時価総額〕は２０１７年に１００兆ドルを超え、２０１６年のグローバル総債務は驚異的な２１５兆ドルに達した。[44]

金融略奪と負債が増大し、金融投機が制御不能になるにしたがい、生産的経済と「架空の資本」との間の乖離がますます拡大している。ダグ・ヘンウッドの報告によると、１９８６年の金利スワップの元本は４０００億ドルで、通貨スワップは１０００億ドルであった。ちょうど４年後の１９９０年末にはその数字はそれぞれ２・３兆ドルと５７８０億ドルになり、それにキャップ、フロア、カラー、「スワップション」〔いずれも取引形態〕の５６１０億ドルが加わった。[45] １９９７年にはこれらの合計値は驚異的な24兆ドルに達した。株式市場とデリバティブ市場の関係を総体的に見ると、２００８年後半には世界の株式市場の規模は約37兆ドルと推定され、世界のデリバティブ市場全体は理解を超える７９１兆ドルに上昇した。これは全世界の経済規模の11倍である。[46] 2017年になると、世界の総生産額または世界中で生産された財とサービスの総額は約75兆ドルであったが、[47] その年の通貨投機だけでも1日あたり5・3兆ドルに達し、[48] グローバルデリバティブ市場は唖然とするしかない1・2千兆ドルと推定された。[49]

ここで暗示されていることは、21世紀に入ってトランスナショナル金融資本の大規模な集中がシステムを不安定にし、グローバル資本主義が金融という麻薬の限界にぶつかったということである。その結果、グローバル経済の根底的な不安定性はますます大きくなっている。不安定性と危機はもはや例外としてではなく、ノーマルなものとして現れる。トランスナショナルなエリートの間で、より先見の明がある者は、グローバル経済におけるこの脆弱性と慢性的な長期停滞という亡霊に対する懸念を表明している。2016年、世界銀行と米国財務省で役職を歴任したラリー・サマーズは、グローバル経済が「長期停滞」に陥り「未踏の危険な領域に入った」と警告した。[50] しかしこれらのエリートたちには、グローバル経済の倦怠感のより大きな背景、すなわち資本主義の宿痾である過剰蓄積に対処する覚悟はない。要するに、金融投機、国家に対する略奪、債務主導の成長は、過剰蓄積の危機を解決することはできない。これらは危機管理の「麻薬」であり、清算を一日延期するだけである。グローバル経済は1930年代以来の最悪の経済危機である2008年の大不況から大幅に回復したが、金融崩壊の引き金を引いた根本的な構造的条件は放置された。2010年代に経済成長が加速するなか、TCCは、資本主義の拡大と利潤創出の新段階に向けて賭け〔のリスク〕をヘッジしているように見えた。

それはグローバル経済のより徹底的なデジタル化とグローバル警察国家に基づくものであった。

グローバル資本主義のデジタル化

カール・マルクスとフリードリヒ・エンゲルスが、『共産党宣言』（*The Communist Manifesto*）の中で、資本主義が引き起こした目まぐるしい変化のペースの下で「固体であるものはすべて蒸発する」と表現したことはよく知られている。18世紀の産業革命以来世界が経験してきた変化の中で、グローバル化ほど急速で全面的なものはない。しかし今、システムは再構築と変容の別の段階に差しかかっているように見える。これはデジタル化と第四次産業革命のテクノロジーを基礎としている。およそテクノロジーの変化は、資本主義の危機のサイクルおよび社会的・政治的な混乱と結びついている。資本主義の発展と危機の以前のサイクル、特にグローバル化を導いた最初の危機である１９７０年代の景気後退、次に１９９０年代の好況、それに続く２０００~２００１年のドットコムバブルの崩壊、２００８年のグローバル金融崩壊とその余波、デジタル経済の台頭はこれらに対する対応であった。これらは、それぞれデジタル化の重要なターニングポイントを示している。１９８０年代以降に導入されたＣＩＴによりグローバル化が本格的に開始され、その後の10年間のドットコム企業の拡大によってインターネットが商業化され、デジタル経済のインフラ基盤が築かれた。

１９８０年代のＣＩＴの台頭と結びついたテクノロジー革命は、それ自体、１９６０年代と１９７０年代の過剰蓄積、利潤率の低下、組織化された労働者階級と社会運動という危機に対する一部資本家の対応であった。ＣＩＴは、輸送革命〔協同一貫輸送、冷凍など〕や新しい組織的・管理的戦略とともに、グローバル経済のテクノロジーのための基盤を供給した。このことを社会学者のマニュエル・カステルは、三部作『ネットワーク社会』（*The Network Society*）のなかで、「惑星規模でリアルタイムに活動でき、または時間を選択できる能力を備えた経済」と描いた。[51] これらのテクノロジーによって、資本は、グローバルに展開することができ、また職場を再組織し、集中的に就労し〔労働組合に〕よく組織化された大規模な労働者への依存を減らし、その代わりに労働者をアウトソーシングして柔軟性を押しつけ、より〔資本にとって〕有利な資本労働関係を築くこともできた〔次章を参照〕。

しかしデジタルを基礎とするテクノロジーの第二世代は、現在、世界規模で経済と社会を再構築する新段階をもたらしている。20世紀後半のＣＩＴとインターネットの最初の導入が世界資本主義を大きく変容させたように、現在進行中のデジタル化は、今、グローバル経済・社会・政治の構造に別の変容をもたらしつつある。そのような意味でデジタルテクノロジーにはシステム上の重要性がある。デジタル経済は、より高度な情報テクノロジー、データの収集・処理・分析、戦争や抑圧を含むグローバル社会のあらゆる側面へのデジタル化の適用に基づいており、これが再構築の新段階の中心となる。テック部門〔テクノロジー部門〕――これにはコンピュータおよび電子製品の製造、遠距離通信、データ処理、ホスティングサービス、その他の情報サービス、プラットフォーム、コンピュータシステムの設計と関連サービスが含まれる――は、現在資本主義のグローバル化の最先端にあり、グローバル経済全体のデジタル化を押し進めている。

１９８０年代以降の資本主義グローバル化の第一世代はグローバルに統合された生産・金融システムを作り上げたが、より最近では、デジタル化と「プラットフォーム」の台頭により、サービスの極めて迅速なトランスナショナル化が促進された（生産設備の海外移転とは異なり、電子オフショアリングは実際の摩擦がなく輸送料や通関手数料などの付随費用が発生しない）。プラットフォームとは、二つ以上のグループが相互に働きかけることができるデジタルインフラのことである。プラットフォームへの経済活動の依存が広がるにしたがい、テック部門はグローバル資本主義に対してこれまで以上に戦略的な位置を占めるようになった。国連のデータによると、２０１５年のＣＩＴ商品の貿易は2兆ドルを超え、ＣＩＴサービスの輸出は２０１０年から２０１５年の間に40％増加した。同年ＣＩＴの財とサービスの生産はグローバルＧＤＰの６・５％を占め、1億人がＣＩＴサービス部門で雇用されていた。さらに3億８０００万人が海外のウェブサイトを通じて購入したことで、世界のｅコマース〔電子商取引〕の売上高は25兆ドルに達した。[52] ２００９年から２０１９年にかけて国境を越えるデータ量は64倍に増加した。[53] ２０１７年にはサービスは世界の総生産の約70％を占め、[54] その内訳には通信、インフォマティクス〔情報科学〕、デジタル・プラットフォームテクノロジー、eコマース、金融サービス、専門的・技術的作業、その他の映画や音楽など無数の無形製品が含まれていた。サービスのデジタル化とトランスナショナル化は前述のように世界全体の金融化にリンクしており、グローバル資本主義の課題の中心を占めるに至った。新聞やソーシャル・メディアは、デジタル・エコノミーの台頭を表すために過剰ともいえるキャッチフレーズをつくった。「プラットフォーム・エコノミー」、「シェアリング・エコノミー」、「オンデマンド・エコノミー」、「ギグ・エコノミー」〔インターネットを介した単発の仕事の受注〕、「アプリ・エコノミー」などである。「グローバルコマースの未来」について論じた雑誌『エコノミスト』の2019年特別レポートは、デジタル化、データサービス、トランスナショナルサービスによるグローバル経済の変容について次のように書いている。

20世紀の貿易は、金属、肉、羊毛を積んだ船から、車やトランジスタラジオを満載した船へ、そしてサプライチェーンに供給される部品を積んだコンテナへと三度の変容を遂げた。今大きなチャンスはサービスである。アイデアの流通には経済効果が詰まっている。2004〜2014年の新興経済諸国の生産性上昇の40%以上は知識の流通によるものであった。他方、エコノミストのリチャード・ボールドウィンは「グロボティクス〔グローバル化とロボット化〕革命」が起こり、国外のリモートワーカーが企業業務により深く組み込まれると予測している。インドのアウトソーシング企業は、欧米の給与システム管理などの通常機能から、新しいウォルマート社のスーパーの設計などのより創造的なプロジェクトに移行している。11月にインド最大の企業であるTCS社はロンドンのデジタルデザインスタジオであるW12を買収した。国境を越えたeコマースも成長している。アリババ社は、2023年には国外の中国系の顧客が少なくとも400億ドルを費やすと予測している。ネットフリックス社とフェイスブック社は合わせて10億を超える、国境を越えた顧客を有している。[55]

デジタル化はさらにテクノロジー開発の新しい波を起こし、私たちを「第四次産業革命」の手前へと連れてきた。それが基礎としているのは、ロボット工学、3D印刷、モノのインターネット〔IoT〕、人工知能（AI）、機械学習、バイオテクノロジー、ナノテクノロジー、量子コンピューティング、クラウド・コンピューティング、新しい形態のエネルギー貯蔵、自動運転車である。現在、物理的世界、デジタル的世界、生物学的世界にまたがるテクノロジーの融合が起きている（例えば生細胞を組み込んだ材料に組み合わせて3Dプリンターを用いるバイオプリンティング）。[56] この新革命を推進するテック部門は、世界全体の総生産のごく小さな割合に過ぎないが、デジタル化は製造業、金融からサービスに至るまで、またフォーマル部門とインフォーマル部門の両方において、グローバル経済全体を網羅している。現在、企業はビジネスのあらゆる面でデジタル通信とデジタルデータに依存している。「テック企業（テクノロジー企業）は人びとが世界と交流するための中継点になりつつある。テック部門は経済全体を横断する地層になる」とファウリスは述べる。[57]

テクノロジーの変化によって膨大な量のデータを収集できるようになった。政治学者のニック・スルニチェクは、その研究『プラットフォーム資本主義』（*Platform Capitalism*）で「製造業セクターの不振のなか、資本主義は生産部門の低迷に直面し、経済の成長と活力を維持するための一つの方法としてデータに注目している」と述べる。このプラットフォームは新しいビジネスモデルとして登場した。スルニチェクの言葉を借りれば、それは「膨大な量のデータを抽出して管理できる」。[58]単純な活動を記録用データに変換するために必要なテクノロジーは、ますます安価になったとスルニチェクは指摘する。他方でデジタルベースの通信への移行は、記録を大幅に簡素化し、大規模で新しい潜在的なデータ空間を切り開いた。「石油と同じようにデータは様々な方法で抽出、精製、使用される材料である」とスルニチェクは言う。[59]物質的な商品には、データが打ち込まれたますます多くの知識が含まれている。競争力を維持しようとすれば、データはますます必要な企業の中心的な資源となった。それは、労働者の管理とアウトソーシングから、生産プロセスの柔軟性、グローバルな資金の流れ、供給・下請け・アウトソーシングから成るグローバルチェーンの調整、記録保持、マーケティングと販売、そして戦争と抑圧に至るまでのすべてのプロセスを結びつける中心点となっている。第3章で多くの明確な証拠をもって示すが、シリコンバレーはグローバル警察国家と結合している。ますます広がるデータ・マイニングとデータ分析は、社会統制の広大で新しい可能性を切り開き、グローバル警察国家の発展の中心的な要素になっている。

２００８年の大不況をきっかけに、テック部門とビッグデータは、停滞に直面した余剰蓄積資本の主要な新しいはけ口となった。かつて１９９５年から２０００年にかけて、ナスダック市場でのテック企業の株式時価総額は5倍になった。準備段階から２００１年のドットコムバブル崩壊までの時期である。[60] しかし、やがて機関投資家、特に投機的なヘッジファンドと投資信託は回復し、数十億ドルをテック部門に注ぎ込んだ。ＩＴセクターへの投資は１９７０年代の１７０億ドルから１９９０年には１７５０億ドルとなり、ドットコムバブルの崩壊の直前の２０００年には４９６０億ドルに急増した。しかしその後２００８年以降再度上昇し、２０１８年末にかけて８０００億ドルを超えた。[61] ２００８年にはテック部門が米国経済全体すべての新規投資額の20％を占めた。[62] これから見ていくが、金融セクターとＩＴセクターはグローバル警察国家と融合し、その中で中心的な役割を果たしているように見える。米国と中国を拠点とし、データを生成、抽出、処理する一握りのテック企業は、新しい投資機会を渇望する金融業者から莫大な金額の現金を吸収してきた。２０１７年、準備金としてアップル社は２６２０億ドル、マイクロソフト社は１３３０億ドル、アルファベット社（グーグル社の親会社）は９５０億ドル、シスコ社は５８０億ドル、オラクル社は６６０億ドル等々、それぞれ保有していた。[63]

中国を拠点とする巨大企業アリババ社とテンセント社は両社とも世界中で大規模な買収を行うために収益を用いてきたが、それぞれ320億ドルと520億ドルの準備金を保有していた。[64]

デジタル化は過剰蓄積と停滞という長期的な問題を解決できるのだろうか。確かに、デジタル化が新段階の幕を開け、資本主義が拡大するという議論はもっともである。構造的危機の中でシステムが苦境に陥って「終末期の危機」を迎えると予言するのは馬鹿げている。資本主義は自身の再生産ができなくなるエコロジー的限界に向かっているのかもしれないが、〔資本主義の〕崩壊は、回避することはできないとしても、数十年以上にわたって引き延ばされるであろう。しかし、テック部門に蓄積された莫大な現金準備と利潤は、新しい価値の生産を表すものではない。むしろそれは収益が生み出した剰余価値に対するデジタル資本家の獅子の分け前〔強者の独り占め〕の領有を表している。仲介者としてプラットフォームは、デジタル化されたデータの生成、抽出、分析を制御し、価値の生産と流通という循環に介入し、この価値の主要なかたまりを「知的財産」の形へと精製する。この点に着目することで、私たちは先進的なデジタル企業とプラットフォーム企業がどのように肥大化したかを理解することができる。2018年には世界中のトップのテック企業が数兆ドルの時価総額を記録した。数値は安定していないが、アップル社は1兆ドル近くの驚異的な時価総額を有し、第一位の座であった。それに続くのがマイクロソフト社（8550億ドル）、アルファベット社（7570億ドル）、アリババ社（4570億ドル）、サムスン社（7650億ドル）、バークシャー・ハサウェイ社（アップル社、

ＩＢＭ社、およびその他のテック企業に主要な株式を保有し、４３３０億ドル）、アマゾン社（４０２０億ドル）、フェイスブック社（４３５０億ドル）、テンセント社（３５７０億ドル）であった。[65] 比較すると、これらの数値に最も近い製造業企業であるエクソンモービル社の時価総額は同年に３４４０億ドルであった。[66] 経済のあらゆる分野がますますデジタルという地層に統合されるにしたがい、デジタルインフラを管理する企業は極めて強力となり、企業の総利潤のうちますます大きな部分を獲得することができる。多くは家賃のようなものとして発生する。吸血鬼のような金融化とデジタル化は、グローバル経済からますます多くの価値を吸い上げる。グーグル社とアップル社の収益のほぼすべては広告からのものである。他方輸送手段を所有しないウーバー社と住宅家具一式を所有しないエアビーアンドビー社は、ドライバー、住宅所有者、顧客の労力と資源から価値をかすめ取っている。

しかし、デジタル化と第四次産業革命のテクノロジーによって推進される次の変革段階が危機を食い止めることができるかは疑わしい。短期的にはデジタル化は蓄積の機会を拡大し、固定資本拡大の新段階が始まるかもしれない。しかし、グローバル資本主義の全般的なデジタル化によって、絶対的剰余価値に対して相対的剰余価値が優位になる。剰余価値とは、労働者が生み出した価値のうち賃金として労働者に支払われる価値を除いた、資本家によって領有される価値のことである。つまり労働によって生み出された富の一部は、資本によって剰余価値または利潤として領有される。剰余価値は二つの方法で増やすことができる。簡略して言うと、一つ目は労働要素に対する生産過程のテクノロジー的な分量、または固定資本要素（機械、技術）を増強することによって、労働者の生産性のレベルを高めることである。この労働要素と固定資本の両者は、マルクス主義の政治経済学では、それぞれ「可変資本」（労働）と「不変資本」（または機械・技術）と呼ばれる。二つ目は、賃金を一定に保ちながら、または賃金を下げることによって、各労働者が労働する時間を増やすことである。全般的なデジタル化によりＴＣＣが社会の「全般的知識」を領有するのにしたがい、労働者から相対的剰余価値を抽出し、組織化するための新方式を開発することが可能となる。

危機は資本に再構築の機会を提供し、より少ない労働者からより高い生産性を引き出すよう強制するプロセスを加速する。このプロセスはデジタル化によって指数関数的に増加するかもしれない。現在の支配的秩序の弁護論者は、デジタル経済は高度なスキルと高給の仕事をもたらし、社会の二極化と停滞の問題を解決すると言い張る。しかし次章で見るように、証拠が示唆するところによれば、デジタル化が多くの仕事を単純作業化するか完全に消滅させ、不平等と社会の二極化を何倍をも悪化させる可能性がある。究極的には、デジタル化は労働をテクノロジーに置き換え、（労働）コストをゼロに向かって押し下げる。実際、トランスナショナル企業の利潤の絶対量は雪だるま式に増えているが、利潤率は２００５～２００７年の平均10％から、２０１７年には６％に低下している。[67] 先に述べた未投資の余剰という休眠したかたまりよりも、おそらくこの方が蓄積危機を示す、より強力な指標である。資本主義の矛盾はすべて激化する。利潤率は低下する。〔商品を売らなければ資本蓄積が実現しないという〕実現問題は悪化する。したがって、勃興するデジタル経済が過剰蓄積の問題を解決する可能性は低い。TCCは増え続ける余剰を処分し続けるために蓄積資本をどこに向けることができるのだろうか。戦争とグローバル警察国家はシステムのジレンマを解決できるのだろうか。

第2章

野蛮な不平等——社会統制という至上命令《インペラティブ》

2016年ドナルド・トランプの選挙以来、私が多くの資産家から聞いているのは、彼／彼女らは皆、脱出計画を持っているという事です。ニュージーランドに農場を買い、バハマ諸島に倉庫群を作り、どこへでも行くというのです。そうして来るべき混乱から何とか逃れられると考えているのです。実際ニューヨークには船による脱出ビジネスがあります。政治的混乱か何か危機が生じた際に、お迎えに来る脱出船の、前売り乗船券が買えるのです。船に乗り込みハドソン川から抜け出すというのです。

『フィナンシャル・タイムズ』紙副編集長兼CNN経済アナリスト[1]
ラーナ・フォルーハール氏インタビュー

２０１５年モナコで開かれた「ラグジュアリー・サミット」〔フィナンシャル・タイムズ社が２００５年以来毎年開催する、ラグジュアリー業界関連経営者等を集めた会合〕において、高級宝飾会社カルティエのオーナーで億万長者のヨハン・ルパートは、聴衆に向かいこう述べた。「ロボットが労働者にとって代わるようになると貧困者が暴動でも起こすのではないかと、夜もやすやす寝ていられません。それと同様に恐れていることは、中間層の人びとが、社会的不満の噴出を目の当たりにして、富をひけらかすことが危険を招くのではと心配して奢侈品をもう買わなくなってしまうのではないかということです」[2]。ルパートもその一員であるＴＣＣにとっては十分に恐ろしい話である。グローバル不平等の情報は、今では広くゆき渡っている。前章で見てきたように、グローバル資本主義は世界規模で未曽有の社会的二極化を生んできた。グローバル不平等の度合いと、その進行の速さは想像を超えている。オックスファム２０１６年報告書をもう一度見てみると、２０１５年時点で全人口のほんの１％の人びとが世界の富の半分以上を所有し、上位20％が94・５％の富を占めていた。一方、残りの80％は全世界の富の４・５％で何とかしのがねばならない状況にある[3]。

しかしこの二極化は、幾何級数的度合いでさらに昂進し続ける。オックスファム２０１９年報告によれば、２０１７〜２０１８年には新しい億万長者が２日ごとに生まれ、世界の最富裕者26人が、下層50％の人びとと同額の富を保有することになった。２０１８年には世界の２２００人の億万長者が９０００億ドルの資産を増やしたという。同年、最富裕層の資産が12％増え、下層半分の富は11%減少した。[4] 言い換えれば、その年にこの地球で9000億ドルの資産が、下層半分の人たちから最富裕者層へと移転したことになる。一方、英国庶民院〔下院〕が2018年に発表した報告書は、人口の1%が、2030年までに世界の富の3分の2をも手中に収めるだろうと警告している。[5] 同じ年にスイスの銀行UBSが出した報告によれば、今日の超富裕層の資産は、ロスチャイルド家やロックフェラー家、ヴァンダービルド家が巨万の富を支配した20世紀初頭に比べても、はるか急速に増えているという。[6]

もしもこうした野蛮なまでの不平等がTCCの夜の眠りを妨げているとするならば、生存と先の見えない将来のために日々呻吟する何十億の人びとには言い知れぬ困難があるはずだ。そうした不平等は、構造的であり同時に多分に政治的でもあるグローバル資本主義の危機の反映でもある。世界大恐慌以後もグローバル経済は成長を続け、資本はその原理を押し付けてきたが、2008年の経済危機は資本主義覇権の崩壊の政治的な転換点であった。極端な不平等は極端な暴力と抑圧を生み、それがグローバル警察国家と21世紀型ファシズムの温床となる。前章で見たように、資本主義的グローバル化は1930年代大恐慌後に下からの広範な社会運動、階級闘争の成果として資本主義国家で実現された分配政策を、揺るがすこととなった。グローバルな不平等が拡大すればするほど、世界市場はますます狭隘《きょうあい》化し構造的な過剰蓄積の危機に直面することになる。そして、そうした極端な社会的二極化は、支配層にさらなる社会統制への挑戦を求める。この社会統制の必要性こそが、グローバル警察国家を生み出す第一の要因となったのである。

グローバル労働者階級の増加——プレカリアートと余剰人類

これまで見てきたように、グローバル化は世界中で資本–労働間の力関係を変えてきた。グローバル労働に対するグローバル資本の新たな支配は、新しい資本–労働関係をめぐって行使される。資本主義の本質は、賃労働と資本関係、つまり資本主義的生産関係という特殊な社会関係に基づく生産様式にあり、商品という生産物を、利潤実現のため市場で交換することを目的とする。資本主義的生産様式が機能するには、自身の生産手段をなんら持たない人びと、つまり労働者階級を必要とする。労働者階級は生産手段を所有しこれらを稼働するための労働を必要とする人びと、つまり資本家階級と関係を結ぶ。その結果、利潤獲得のための商品の生産と販売が可能となるのである。資本と労働は、相互に関係しあうことで初めて存在しうる。それらは同一線上の対峙した両端なのである。マルクスは言う。「資本は賃労働を前提とし、賃労働は資本を前提とする。それらは相互の存在を条件づけ、相互に相手を生み出す」[7]。

資本主義的生産過程の中心にあるのがこの資本–労働関係であり、それは労働者と資本家が、人びとの欲し必要とする財を生産する過程の中で相互いに結ぶ関係（より正確に言えば、そうした関係の一形態）を指す。その関係は社会過程、制度、規範によって再生産される、資本と労働の互いの結びつき、相互の関係の中でのみ存在しうるので、諸要因に規定されつつ歴史的に立ち現れてきた。しかしその中でもとりわけ、資本家と労働者の間の階級闘争、より広く言えば、支配集団と人民大衆との間の社会闘争によって規定されてきた。[8] 資本主義に内在する動的要因と、好況と恐慌の循環が社会諸勢力の衝突を生み、また特定の歴史的時代における特殊な方法での資本–労働関係の絶え間ない再構築を生んできた。

資本主義的グローバル化は柔軟蓄積（*flexible accumulation*）と呼ばれる新しい経済モデルを生み出した。それは垂直的生産分断、「ジャストインタイム方式」や少量生産、グローバル規模での下請けやアウトソーシング、フォーマル／インフォーマルな企業連携を伴う国を超えた広範なバリュー・チェーンなどから構成され、これらはデジタル技術の応用による生産工程の細分化と専門化によって可能となった。[9] しかし私たちのここでの関心である柔軟蓄積の核心は、世界規模での新しい資本–労働関係なのである。ポスト・フォーディズム型柔軟蓄積に伴う労働過程の再構築は、世界規模での雇用の非正規化、インフォーマル化を通じた労働の分断と賃下げを伴った。これらの変容は新しい労働管理システムと、不安定労働（precarious labor）と近年よく表現される多様で不確定な労働カテゴリーを生んできた。不安定労働には、任期付き雇用、パートタイム労働、不定期雇用、季節雇い、臨時雇い、組合禁止契約、出来高制などの条件が含まれる。[10]

世界中の労働市場の諸規制が緩和され、柔軟化の進むグローバル経済の中で労働者は、雇用企業に固定的に所属するのではなく、ますます下請けの一部分として扱われるようになり、単なる原材料の一つである投入財に貶められる。つまり、備蓄され、必要な時には蓄積過程に投入され、不必要となれば捨てられる存在である。労働者はこうした制度の下で使い捨てにされるようになると、雇用の安定性を失うばかりか、最低賃金保証、失業保険、社会福祉補助へのアクセス、健康保険、有給休暇などの、正規労働に付随していた社会保護を失うことになる。こうした動きは、国家の労働保護からの絶えざる撤退、労働に対する国家や資本による相互義務〔資本が労働力の再生産条件を提供し、労働者が労働力を提供するという双方の義務〕の縮小、あるいは労働者の社会的再生産が労働契約の一部であるとの認識の希薄化につながる。相互義務は資本による一方的な支配に取って代わられている。こうした新しいグローバルな資本–労働関係は、資本主義的グローバル化が進行する中、集団としての影響力を減じてきたグローバルな労働者・人民諸階級に対するTCCの階級闘争の結果もたらされたものである。

「柔軟化」に伴い、労働者は不安定で不確実な条件下で働く新しいグローバル「プレカリアート」労働階級に参入していく。プレカリアート概念はスタンディングによる2011年の『プレカリアート：新しい危険な階級』（*The Precariat: The New Dangerous Class*）で世に広まったが、それは氏が主張するように、独立した階級としてではなく、資本主義的グローバル化とこの数十年で進行したフォーディズムから柔軟蓄積への移行の中で、世界のますます多くの労働者階級が直面する不安定な状態（preciousness）として理解されるべきである。[11] プレカリアートは、もしそれが有用な概念たろうとするなら、グローバル労働者階級の一部として、あるいは労働者階級の一側面を指すものとして、である。不安定な状態は数世紀にわたり多くの人びとが資本主義経済の中で強いられてきたものではあるが、今日の不安定化はプロレタリアの拡大と結びついており、世界規模での資本–労働関係に制度化されている。それはホワイトカラー、ブルーカラー、サービス産業従事者、専門職、管理職を問わず巻き込む。労働市場の細分化は、前に見たように空間的分散化と労働過程の再編、さらに新しい価値創出方法を可能にしたデジタル化がそれぞれもたらしたものである。

グローバル化が、こうした新しい資本–労働関係を可能にする資本の労働に対するより強い支配力を生み出したものであるとするなら、もう一つの重要な要素は世界規模での劇的な労働者階級の拡大である。世界規模でのプロレタリアート化は、何十億という人びとを共同体から引きはがし、もぎ取りながら、ますます規制緩和が進み、過剰となりつつあるグローバル労働市場に放り込んでいく本源的蓄積の新しい波によって加速した。本源的蓄積とは、人びとを生産手段（例えば土地）から暴力的に引きはがし、暴力的に生産手段を私有化する人びと、つまり資本家階級に対して自身の労働力を売るよりほか生存の方法を持たない状況に追いやる過程を指す。マルクスは『資本論』第1巻の最後の部分で本源的蓄積に関して以下のような有名な叙述を残している。

「……資本の蓄積は剰余価値を前提し、剰余価値は資本主義的生産を前提するが、資本主義的生産はまた商品生産者たちの手の中にかなり大量の資本と労働力とがあることを前提する。だから、この全運動は一つの悪循環をなして回転するように見えるのであり、私たちがこの悪循環から逃げ出すためには、ただ、資本主義的蓄積に先行する『本源的』蓄積、すなわち資本主義的生産様式の結果ではなくその出発点である蓄積を想定するよりほかないのである。〔全集23b『資本論』第1巻　932頁〕

……現実の歴史では、周知のように、征服や圧政や強盗殺人が、要するに暴力が、大きな役割を演じる。〔全集23b『資本論』第1巻　933頁〕

……このような彼らの収奪の歴史は、血に染まり火に燃える文字で人類の年代記に書き込まれているのである。〔全集23b『資本論』第1巻　935頁〕

……アメリカの金銀産地の発見、原住民の掃滅と奴隷化と鉱山への埋没、東インドの征服と略奪との開始、アフリカの商業的黒人狩猟場への転化、これらの出来事は資本主義的生産の時代の曙光を特徴づけている。このような牧歌的な過程が本源的蓄積の主要契機なのである。これに続いて、全地球を舞台とするヨーロッパ諸国の商業戦が始まる。……これらの方法は、一部は、残虐きわまる暴力によって行われる。例えば植民制度がそうである。しかし、どの方法も、国家権力、すなわち社会の集中され組織された暴力を利用して、封建的生産様式から資本主義的生産様式への転化過程を温室的に促進して過渡期を短縮しようとする。暴力は、古い社会が新たな社会をはらんだ時にはいつでもその助産婦になる。暴力はそれ自体が一つの経済的な潜在力なのである。(全集23b『資本論』第1巻 980頁)。……もしも貨幣は、(聖書にあるように)『ほおに血のあざをつけてこの世に生まれくる』のだとすれば、資本は、頭から爪先まで毛穴という毛穴から血と汚物をしたたらせながら生まれてくるのである」(全集23b『資本論』第1巻 991頁)[12]

しかし本源的蓄積の歴史は、英国における囲い込みや世界資本主義を促進した植民地制度によって終わったわけではない。それは終焉を見ることなく数世紀にわたり続き、むしろ資本主義的グローバル化によって加速している。世界の賃労働者は1980年の約15億人から2006年には約30億人へと増加している。それは主に中国、インド、旧ソ連圏の労働者が、グローバル労働市場に参入したことによる。[13] 2018年までにさらに5億人が増え、未曽有のグローバル労働市場を形成した。[14] 第三世界では数億、いや数十億単位の人びとが新自由主義政策や、社会浄化、「ドラッグ戦争」「テロ撲滅戦争」といった組織的暴力によって農村部から引きはがされるという、新しい形態の本源的蓄積が進んでいる。組織的暴力は、いずれの地域や国をも新しいグローバル経済に荒々しく組み込みながら再編をするための本源的蓄積の手段である。[15] 銀行、機関投資家、アグリビジネス会社は2000年代に世界中の広大な土地を新たに取得し始め、世界規模の囲い込みの新しい段階を形成しつつある。中国ではグローバル資本主義に組み込まれるにしたがい、この数十年で億単位の農民が自らの土地から引きはがされた。かつて第三世界と呼ばれた地域の至るところで、国家弾圧や地主の私的暴力とつながるトランスナショナル金融機関による農業政策や、貿易投資の自由化が、何百万という農民を農村部から引きはがし、トランスナショナル・アグリビジネス会社による土地の集積をもたらしている。インドでは、近年、抵当に入れた土地を失った農民が数十万単位で自殺に追い込まれている。メキシコでは1994年に米国、カナダとの間で締結された北米自由貿易協定NAFTAを契機として数万単位の家族が土地を失い、国内出稼ぎや海外移民となった。同様の事態はサハラ以南アフリカ、南米においても進行している。[16]

伝統的な生活様式から引きはがされた人びとは、世界のメガシティの巨大なスラム、ファベラ〔ブラジルでスラムを指す語〕へと流入していく。グローバル経済は、一連の電子通信、金融、貿易の流れによって、メガシティのネットワークで結びついた世界であるかのような様相を呈している。「新石器時代か産業革命にも比肩しうる人類史上の分岐」が生じているとマイク・デイヴィスは『スラムの惑星』で述べている。「世界は史上初めて都市人口が農村人口を上回る時代に突入しつつある」。[17] 1000万人以上の人口を抱える都市が2016年に31であったのが、2030年には41にまで増え、2050年には世界人口の66%が都市に住むことになる。[18]
2000年代初頭の時点で、アミンは人民諸階級（アミンによれば、就業中か失職中か、フォーマル部門従事者かインフォーマル部門従事者かに関わりなく働く階級を指している）は、やがて世界都市人口の3分の2を占めるようになり、世界全体では人民諸階級の3分の2は不安定な（precarious）集団に類別されることになるだろうと推測をしていた。「20世紀後半を特徴づける主要な社会変動は、単純な統計数値で示すことができる。世界の都市人口に占める不安定な人民諸階級の割合が4分の1から2分の1以上になった。この貧窮化現象が、今や途上国において大規模に再び進行している。……。この半世紀、こうした不安定化する都市人口は2億5000万以下であったのが、今や15億を超えるまでになり、その伸び率は経済拡張、人口増加、さらには都市化の伸長率をも上回っている」[19]。

本源的蓄積の新しい段階は、プレカリアート集団を急増させ、構造的に周縁化された膨大な数の国内および海外出稼ぎを生み出した。国際移住機関（ＩＯＭ）によると、２０１５年に海外移民の数は2億３２００万人、国内出稼ぎは7億４０００万人だった[20]。故郷から引きはがされた何百万という人びとが、不安定労働者として世界の工場、農場、オフィスに組み込まれ、過剰搾取され、またさらに数百万の余剰人類が地球上の様々なスラムで周縁的存在として位置づけられる。国際労働機関（International Labor Organization, 以下、ＩＬＯ）は２００９年に世界の労働者の50％以上に相当する15億３０００万人が「脆弱な」雇用条件で働いていると報告している[21]。２０１８年には世界35億人の労働者の大半が、十分な生活条件や経済的安定もなく、人間開発のための機会の平等や範囲が欠如した状況にあるとも指摘する[22]。現在のデジタル化は世界規模の再編の新しい段階を一層進めつつあり、それは雇用されている労働者の不安定化を必然的に促進し、また労働市場から排除される余剰人類をさらに増やしている。ＩＬＯはまた、すでに20世紀後半の時点で世界の労働人口の約3分の1は余剰と見なされ、グローバル経済から締め出されていたと報告している。[23] 中央情報局（Central Intelligence Agency, 以下、ＣＩＡ）でさえ２００２年に「１９９０年代の終わりに世界の労働力の３分の１にあたる10億人のさまよえる人びとは、そのほとんどが南におり、失業か低雇用の状態にある」と警告せざるを得なかった。[24]

こうした不安定な雇用によりさらに搾取される人びとと、労働市場から締め出される人びとがグローバル労働者階級を形成することとなる。不安定な雇用形態の創出に加え、デジタル化が過剰労働人口を飛躍的に増加させることにもなるだろう。労働者を駆逐する「労働の終わり」「職のない未来」「ロボットの活躍」が、学会、政界、マスコミの共通話題となっている。[25] 何百万という労働者が正規雇用を失い、ウーバー社その他の「プラットフォーム型会社」の非正規労働者あるいは「自営」労働者として何とか生計を立てることを迫られる。しかしウーバー社は２０１６年に、１００万人分の配達を自動運転車が担うと発表した。[26] 同年、運送業においても自動化計画が進んでいた。[27] iPad その他の電子機器を製造する台湾の巨大企業フォックスコン社は２０１２年に、中国での一連のストライキを見て、１００万の労働者の仕事をロボットで代替すると発表した。数年後、ウォルマート社は米国内の売り場に、在庫管理用と単純業務用のロボットを実際に導入した。[28] デジタル技術が導入されれば、生産性が向上すると同時に、より多くの労働者が排除されることになる。米国の経済調査局は、現場に1単位のロボットが導入されると、3～5・6人分の労働者が不要になるという実態を報告している。[29] 1990年にデトロイトの三大自動車会社は、360億ドルの資本で120万人の労働者を雇っていた。対して2014年に、シリコンバレーのトップ3社は1兆円以上の資本で13万7000人の労働者しか雇っていなかった。[30]

グローバル労働者の二つの形態、つまり周縁化され余剰とされた人びとと、労働過程に組み込まれ搾取される人びとは、別々の集団ではない。それはグローバル労働者階級の相補的な二つの類型なのであり、トランスナショナル資本に対峙することにおいて共通している。余剰人類はトランスナショナル資本にとって「直接」の利用価値はなく、原理的な意味での搾取の対象ではない。しかし、より大きな構図の中では、余剰労働は搾取の第二の形態である。加えて、それは至るところで賃金を下方に押し下げる役割を果たし、トランスナショナル資本が労働市場にとどまろうとする人びとにより厳しい規律を課すことを可能にする。[31] 時には繁栄するグローバル性産業に女性を奴隷として売り込む「21世紀型新奴隷制」をも可能にする。このように余剰人類はグローバル資本主義にとって、不可欠な要素なのである。「雇用された労働者の過剰労働が労働予備軍を膨らませる一方、予備軍は逆に（雇用獲得）競争で、前者が資本の横暴の下での過剰労働に従わざるを得なくする」とマルクスは指摘する。さらにマルクスは以下のように述べる。

「しかし、過剰労働人口が蓄積の、言い換えれば資本主義的基礎の上での富の発展の、必然的な産物だとすれば、逆にまたこの過剰人口は、資本主義的蓄積のてこに、じつに資本主義的生産様式の一つの存在条件に、なるのである。それは自由に利用されうる産業予備軍を形成するのであって、この予備軍は、まるで資本が自分の費用で育て上げたものであるかのように、絶対的に資本に従属しているのである。この過剰人口は、資本の変転する増殖欲求のために、いつでも搾取できる人間材料を、現実の人口増加の制限にかかわりなしに、つくりだすのである」〔全集23b『資本論』第1巻 823頁〕[32]

しかし、グローバル化を通じた世界資本主義の再編成は、マルクスの言及した古典的な労働予備軍をはるかに超える、新しいグローバルな余剰労働軍を生み出している。もう一度、過剰蓄積の危機に関連づけて、世界の余剰労働の拡大について見てみよう。資本主義的な競争と階級闘争は、資本の有機的構成の高度化によるさらなるコスト削減と生産性の向上に資本を向かわせる。そして利潤率低下傾向を生み出す[33]。前章で見たように、利潤率低下の法則は、政治経済の「最も基本的な法則」であり、それは過剰蓄積の危機として立ち現れる。資本主義的な必要生産がどのように「産業予備軍」「過剰人口」を絶えず再生産しているかについての、少々長めのマルクスの引用をしておこう。デジタル化によるグローバル資本主義再構築の新しい段階における、余剰人口の創出と拡大、世界に広がる未曾有の不平等とを理解する重要な背景要因だからである。

「資本主義的蓄積は、しかもその勢力と規模とに比例して、絶えず相対的な、すなわち資本の平均的な増殖欲求にとって余計な、したがって過剰な、または追加的な労働者人口を生み出すのである。……だから、労働者人口は、それ自身が生み出す資本蓄積につれて、ますます大量にそれ自身の相対的過剰化の手段を生み出すのである。〔全集23b『資本論』第1巻 821頁〕

……このような増加は、労働者の一部分を絶えず「遊離させる」単純な過程によって、生産の増加に比べて使用労働者数を減らす方法によって、作り出される。だから、近代産業の全運動形態は、労働者人口の一部分が絶えず失業者または半失業者に転化することから生ずるのである。〔全集23b『資本論』第1巻 825頁〕

……しかしまた、この予備軍が現役労働者軍に比べて大きくなればなるほど、固定した過剰人口はますます大量になり、その貧困はその労働苦に反比例する。最後に、労働者階級の極貧層と産業予備軍とが大きくなればなるほど、公認の受給貧民層もますます大きくなる。これが資本主義的蓄積の絶対的な一般法則である」〔全集23b『資本論』第1巻 839頁〕[34]

このようにマルクスによれば、資本蓄積の進展に対して絶えず労働予備軍が補給されるのは「資本主義的蓄積の一般法則」の結果である。さらにマルクスは余剰労働の三つの形態、つまり流動的労働、潜在的労働、停滞的労働を指摘する。前二者は資本蓄積の循環と分業体制の変化に応じて生産過程に出入りする人びとを指す。しかし、停滞労働は構造的に生産過程から排除され続けている人びとを指し、全歴史を通じて資本にとっては直接有用性を持たない集団である。マルクスは後者をルンペンプロレタリアートとして蔑むきらいがあった。しかし、デジタル化、つまり技術が労働を駆逐する状況は、労働の必要性（マルクス経済でいう「可変資本」）を減じてコストを限りなくゼロに近づけ、世界の余剰人類が何の抵抗もせず増加していくことが、グローバル資本主義の構造的であり通常の現象なのであって、新しい蓄積循環に吸収される一時的な排除とはいえないだろう。

ルンペンプロレタリアート概念は、資本主義の歴史における重要な初要因である。初期のマルクスは、ルンペンプロレタリアートを売春婦、浮浪者、小犯罪人といったプロレタリアートにおける劣等分子と見ており、階級意識も持たず反動的な誘惑に買収される存在だと論じていた。『ルイ・ボナパルトのブリュメール18日』（*The Eighteenth Brumaire of Louis Bonaparte*）において、浮浪者、兵士上がり、元囚人、逃亡奴隷、詐欺師、テキヤ、宿無し、すり、ペテン師、博徒、売春婦、置屋主人、運搬屋、三文文士、オルガン引き、くず拾い、刃物研ぎ、へぼ職員、乞食など、要するに総じて定まりなく、資本主義に包摂されもせずあちらこちらをさすらう大衆を指していた[35]。しかし、ルンペンプロレタリアートのこうした否定的な見方は、20世紀の半ばになって変化してきた。人種差別、植民地支配、帝国主義が何千万という人びとを、放逐、失業、排除の犠牲者の集団に追いやってきたからである。ルンペンプロレタリアートの環境は、今や世界資本主義システムにおいて周縁化、インフォーマル化された構造的（そして時に合法的）な場として現れている様にみえる。ただし彼／彼女らは政治的主体としてはまだふらついている。フランツ・ファノンは『地に呪われたる者』（*The Wretched of the Earth*）の中で、ルンペンプロレタリアートを、植民地主義に対抗する潜在的革命勢力である放逐された農民として捉えている。ただし、ファノンは彼／彼女らが革命勢力になるかどうかは不確かであり、植民地勢力の傭兵に転化する可能性にも警鐘を鳴らしている[36]。米国では、ブラックパンサー党が、黒人ルンペンプロレタリアートを、限界と批判を伴いはするが大衆社会の基盤として組織する戦略を追求した[37]。

しかし今や、グローバル資本主義の時代において余剰人類は、システムの周縁に放り出される大量の人びとを明確に把握するうえで、分析的観点からも政治的観点からも重要な概念だと言える。確かに不安定なグローバル資本によって「あちらこちらへ投げ出される」大量の人びとの中には定まりない者もいるが、余剰人類とはグローバルな資本蓄積の加速化する再構築過程と、それがより進化した段階で形成された構造的な集団である。余剰人類といわれる集団には、長期の失業、低雇用状態にある人びと、世界のメガシティのスラムでインフォーマル経済に関わり何とか糊口をしのぐ（あるいはそれすらできない）人びと、戦争、抑圧、自然災害で故郷を追われた人びと、正規労働市場に参入できず闇経済に関わるかもしれない移民労働者、さらにはブラッドリーとリーが言うところの「世界のどこにも居場所のない」その他の人びとが含まれる。このように、余剰人類はプレカリアートと隣り合わせで存在し、正規ではあるが不安定な雇用の機会を得たり得なかったりするのである。「マルクス生誕200年にして、ルンペンプロレタリアートの構成は、『浮浪者、犯罪人、売春婦』、ゆすり、のけ者から、不安定労働者、ワーキングプア、契約労働者、日雇い、ゼロ時間契約者、さらには一時的あるいは恒常的な下層民へと変化してきた」と、ブラッドリーとリーは言う。「革命的労働者と反動的ルンペンプロレタリアートというマルクスの区分は、現代のグローバルな搾取条件の下ではもはやあてはまらない」という彼らの政治的な評価に私も同意する。[38] ルン・ペ・ン・プ・ロ・レ・タ・リ・ア・ー・トとはプレカリアートと余剰人類とからなるグローバル労働者階級の実態を捉える概念と言える。[39]

労働の分断と関連して生じる個人のアトム化と個人主義的意識の浸透によってグローバル労働者階級の組織化が困難になっているとしても、世界中で増加するルンペンプロレタリアートの存在は、利害と経験を共有しうる新しい世界を切り拓く可能性を秘めている。ただし、近年活発に活動する「従来型」産業労働者階級も存在していることは忘れてはならない。[40] しかしルンペンプロレタリアートの現況は、労働者階級意識と共同行動の可能性を再構築する戦いと挑戦の条件を変えつつある。確かに、いかなる解放運動も成功しようと思えば、余剰人類と周縁部分での諸闘争とを結びつけなければならないし、社会的再生産という点では不安定な労働条件ながらグローバル資本の循環に正規に組み込まれている人びととも連帯しなければならない。アロノウィッツがマルクスを引いて言うように、「階級形成の主要な基準は社会編成の能力、つまり自らを組織し、自分らの利益を代表できる諸能力にある。言い換えれば自己アイデンティティと所属共同体の一致をはかることにある」[41]。

サド的資本主義——貧困と排除の蓄積源への転換

プレカリアートと余剰人類の急増は、TCCにとっては二重の挑戦となる。この膨大な集団を統制せねばならないし、彼/彼女らに反抗の兆しがあればそれを抑え込まねばならない。同時に資本家は、次章で詳細をみるように、抑圧で得られる利益とは別に、新しい蓄積の方法を追求しうる条件を模索せねばならない。余剰人類は、資本によって搾取されるスラムという惑星のインフォーマルな世界で、あらゆる生存戦略を講じている。世界で20億人以上の人びとがインフォーマル部門に従事している[42]。インフォーマル部門は常に多くの点でフォーマル部門と機能的に結びついている。フォーマル部門を社会的に再生産し、またそこに様々な社会サービスを提供する基地の役割を果たす[43]。しかしグローバル化の進行する中、フォーマルとインフォーマルの境界線はいよいよ曖昧になりつつある。スウィンドラーが指摘するように、資本はますます賃労働関係以外の余剰労働の搾取法に依存しつつある。例えば、家族や共同体の中での社会的再生産、出来高労働、インターンシップや刑務所労働、シャドーワークなどの無賃労働がそれにあたる。[44] 特に略奪的な金融は、資本が正規の賃労働関係以外で労働者や貧困者を搾取する可能性を開いた。世界規模で貧困層が様々な分野での信用供与に依存するようになってきたことは、ソーダーバーグが第二の搾取と呼ぶ新しいあり方である。それは金融化により可能になったものであり、グローバル警察国家の抑圧的な方法によって支えられてきたものである。

TCCは、ソーダーバーグが言うように、労働者と余剰人類の貧困化と重債務化を前提として、莫大な利益をあげている。[45] 主要な搾取は富の生産時に資本–労働関係の中で実現するもので、資本家は利潤の源泉たる余剰労働価値を直接取得する。余剰人類の場合、主要な搾取関係の中で直接搾取されることはあり得ない。しかし彼／彼女らとて、座して餓死することを待つわけにはいかず、何とかして生活必需品を手に入れるために流通領域の市場に参入せざるを得ない。まさにこの流通領域において、第二の搾取が生じる。第二の搾取とは、雇用の有無にかかわらず労働者から価値（富）――その価値がもともと主要な搾取を通じて実現されたものであったとしても――を資本に、そしてさらに生産領域へと追加的に移転することを指す。例えば、賃貸住宅住人は、家屋あるいはアパートの一時的な使用と引き換えに、富の生産においては何の役割をも果たしていない家主に対して、富を引き渡さなければならない。実際、法人賃貸業は多くの国でさらなる資本蓄積の重要な新しい形態となりつつある。米国ではヘッジ・ファンド、個人資産運用会社、グローバル銀行などの機関投資家が2008年危機以降、何十億ドルという資金を投じて不動産を買い漁り、賃貸物件へと転換している。それが数百万の家族住宅の差し押さえという結果を生んでいる。[46]

しかし何にもまして、第二の搾取は、利子付きで返済を迫る債務の回収を通じて展開する。賃金が生活の最低限を賄えないほど低かったり、あるいは安定的な雇用契約が結べなかったりすれば、生活必需品を確保するため、労働者階級や余剰人類はしばしば多くの借金をしなければならない。彼/彼女らへの消費信用が拡大していることはすでに見てきた。ソーダーバーグが「信用主導蓄積」と呼ぶものは、1990年代以降資本家が採用してきた主要な戦略であり、「高利子や高手数料と引き換えに低所得労働者を対象として信用を供与し、また拡大することで、過剰蓄積の生む緊張を和らげてきた」[47]。同時にこの債務奴隷状態は、貧困者や余剰人類が、いかなる低賃金でも、また全くひどい労働条件でも、雇用にありつこうとする規律を効率よく受容するメカニズムとして働く。債務額の上昇や、より強圧的な規律が、債務回収のための様々な懲罰的法体系を備える「債務国家」によって強化されている。そこでは、債務帳消しを不可能と言わぬまでも難しくなるように破産法を変更して、高利貸しを容認し、消費者保護法の廃止や、資産差し押さえの合法化、債務者を犯罪人とすること(これについては次章で扱う)

が行われている。

こうした貧困産業はプレカリアートの中でも特に脆弱な人びと、つまり移民、人種差別を受ける人びと、シングル・マザー、障碍者、インフォーマル部門従事者、失業者、低雇用者を食い物にする。「彼／彼女らにとっては周縁に追い込まれる苦しみを避け、和らげ、あるいは少なくとも遅らす希望をつなぐものが借金なのである」[48]。米国では、銀行が低賃金労働者や貧困層を食い物にして、信用主導の蓄積をはかるために略奪的な戦略をとってきた。その結果、生存のためにクレジット・カード借金に依存する度合いが急速に高まった。1989年から2001年にかけて、低所得世帯のクレジット・カード債務は184％増加している。低雇用や失業状態に追い込まれたり、収入が日常必需品を賄うのに十分でないために、4割の世帯が日常品の支払いにカードに依存するようになっていたのである[49]。金融業は業界用語で、非正規移民を含む「銀行不適格者」というカテゴリーまで作っている[50]。抵当債務や車ローンなどは抵当資産によって担保されているが、日払いローン、学生カード・ローン、購入選択付き債務、またメキシコ、バングラデシュ、南アフリカでの貧困層向けマイクロファイナンスなどは何の担保も要求しない。しかし、法外な高利子、初回手数料、事後手数料その他の課金があるため、債務者に安定的雇用がなくとも、あるいは債務が回収できなくても、こうした貧困産業が大きな利益を得られる仕組みになっている[51]。「信用制度は資本家の生産意欲を高め、賭けと騙しのための、最も純粋で素晴らしい制度に誘い込む」とマルクスは述べている。信用は「詐欺師と予言者の二重の性格」をあわせ持っている。[52]

ところでマイクロファイナンスは、かつて第三世界と呼ばれた多くの国々で盛んに行われている。「金融的包摂」は１９９０年代以来の新たなはやり言葉となり、信用に基づく蓄積が世界中で拡大し、余剰人類をトランスナショナルな金融資本の循環へと取り込むことになった。トランスナショナル・エリートはマイクロファイナンスを貧困撲滅への重要な前進ツールだと持ち上げ、開発関連学者、自由主義者、国際ＮＧＯに関わる左翼さえもしばしば賛辞を与えてきた。しかしソーダーバーグは指摘している。「見かけとは裏腹に、階級戦略の目標は、25億人の余剰労働者の依存先をインフォーマルな貸し手から正規の（法的に認定された）商業的な貸し手へとシフトさせることも含んでいた」[53]。グローバル金融機関はマイクロファイナンス業界を牛耳るようになり、借り手が基本的生存のために私的信用市場にますます依存するようになると、「貧困融資」を金融主導蓄積のための主要な新しい契機として位置づけるようになった。

もしも資本が貧困や不平等を利益に転じているとするならば、いくつかの事例に見られるように、グローバル資本主義が生み出した困窮や剥奪を、美しい喜び、気晴らし、楽しみに転じてきたのだと言える。つまり苦境を華麗な見世物として富裕者に売りつけているのである。例えば、サド的な資本主義としか言いようのない世界で、南アフリカのエモヤ高級ホテル＆スパは２０１５年の宣伝で、観光客に「私たちのユニークな貧民街に滞在し、伝統的な下町の生活を、安全なプライベート空間の中でお楽しみください」と謳ってアピールする。ブレームフォンティエン郊外にホテル会社が建設した模擬貧民街は「チーム作り、バーベキュー、独身者パーティー、テーマ・パーティーなど生涯の思い出になる理想の場」だとも謳う。外見は、灯油ランプ、ろうそく、電池式ラジオ、室外トイレ、調理用のドラム缶と焚火しかない掘っ立て小屋に見えるが、実際には床下暖房、エアコン、Wi-Fiを備えた豪華なしつらえである。着飾った白人のカップルがトタンの掘っ立て小屋を背景にして野原で抱擁しながら写真におさまっている。この衛生的で美化された貧困のファンタジー世界に欠けている唯一のものは、貧困状況に暮らす人びとそのものである。[54]

より大きな文脈では、グローバル警察国家は単に、警察や準軍事組織による反抗者への暴力や、移民の訴追、大量投獄、戦争といった直接的な抑圧手段を使って強圧的になるだけではない。構造的暴力にも訴えて富をTCCへと移転し、グローバル労働者階級と余剰人類に対して過酷な規律を課すのである。すでに前章で、TCCが、過剰蓄積の圧力の中で、いかに金融投機や、公的資金の略奪、債務主導の成長に走ってきたのかを見てきた。過剰蓄積された資本のはけ口となった、公的債務、個人の借金の回収は、TCCにとっては法外な利益をもたらすものである。債務の商品化は不安定労働者と余剰人類を搾取する新しい手法となってきたし、同時にそれはグローバル労働者階級を規律化する強力な手段でもある。社会保障削減、付加価値税、逆進的所得税、公務員削減、公共料金引き上げ、教育医療財政と老齢年金の縮減、公共資産払い下げ等の緊縮措置を通じて労働者から富を移転させることによって、政府赤字が補填され、債務は債権投資家に支払われるのである。ある研究によると2013年には世界人口の8割にあたる58億人がこうした緊縮措置によって影響を受けたという。[55] 詳細は次章に譲るが、国家が労働者の所得を搾り取って富をTCCへと移転し、暴力的蓄積に直接融資をする事例も多くある。

プレカリアートと知識労働

グローバル化とCITが引き起こす世界資本主義の再構築は、労働者階級を不熟練単純労働者と、高技術労働（高収入とされる）に携わる、いわゆる「知識労働者」軍に参入する人びとに二分してきたことが20世紀末にはすでに明白となった。後者はロバート・ライシュが「シンボリック・アナリスト」（情報、アイデア、発想等を売る知識労働者）と呼び、また他の者が非物質的労働従事者と呼んできたものである。[56] グローバル資本主義の擁護者が高収入の知識労働者の数は急増すると主張していたのに反して、デジタル化は知識労働の商品化と関連労働者のプロレタリア化、プレカリアート化を促進してきたようだ。こうした過程は知識労働の実質的包摂である。形式的包摂は、人びとが土地や小生産などの生存・生産手段から切り離される過程を指す。人びとは資本のために働かざるを得なくなる。それに対して、実質的包摂とは労働者の資本主義的生産過程への従属を指し、工場、プランテーション、サービス部門、そしてこの場合は、インターネットによる非物質労働への関与を通じて資本によって直接統制されることを意味する。実質的包摂は完全な身体的規律、抑圧、労働管理を内容とし、人びとはそれまで個人の裁量や自主性に任されていたすべてを失う。そしてマルクスの言葉を借りれば、「生ける附属物」として生産過程に取り込まれることを意味する。

（より一般的に言えば、ここで触れている特殊な知識労働に限らず、デジタル化は世界規模で労働の資本への実質的包摂を深めている。例えば、小農が資本主義市場や信用制度、そして市販の種苗その他の投入財にますます依存することで資本に包摂されていると言っても、それは資本に形式的包摂をされているに過ぎない。しかし、彼／彼女らが自らの土地を失えば、形式的包摂ではなく実質的包摂をされることになる。技術革新が本源的蓄積を加速し、自立した小生産者――商人、農民、自立した職人ら――を駆逐して、労働者階級を劇的に増やしつつ、実質的包摂の範囲をも拡張している。知識労働の実質的包摂はデジタル化がこうした過程をいかに促進しているのかを、最も劇的に示しているに過ぎない）

新しい資本―労働関係を考える際には世代という重要要素もある。「ミレニアル世代」は、不安定労働が標準化し、またプレカリアート化に対する階級運動が不在であることが常態化しつつあるデジタル世界に生まれてきた最初の世代である。1980年から2000年の間に生まれたミレニアル世代の多く、あるいはほとんどにとって、労働規制をする20世紀型社会契約は過去の産物であり、「Y世代」とも呼ばれる次の世代にとってはなおさらそうだと言える。[57] 今やグローバル労働者階級は、ますますグローバル青年団と同義になりつつある時代である。

「ヨーロッパや東アジアの国々が少子高齢化に直面している一方、中東、アフリカ、南アジア地域では若年層が大半の比率を占めている」と２０１６年に報告されている。「エジプトの労働力の半分以上は30歳以下である。ナイジェリア総人口１億６７００万人の半数が15歳から34歳である。アフガニスタン、チャド、東ティモール、ニジェール、ソマリア、ウガンダでは人口の３分の２以上が25歳以下であり」、インドでは３億人が15歳以下である。[58] 世界の若者は、労働を駆逐する技術の波と、労働不要生産の現実的可能性に直面している。同時にグローバルなマーケティング戦略は、絶え間ない製品とサービスの流通で若者に不安を与える。今日の若者は、消費主義という普遍的文化的イデオロギーと、失業・貧困という現実の中で集積してきた矛盾に対して、どのように政治的に対応していくのであろうか。

特に若い知識労働者はますます貧窮化し、疎外されたデジタル・プロレタリアートの隊伍を膨れあがらせている。増え続けるこうしたプロレタリアートは、「オンデマンド」デジタルサービスをネット上で提供しつつ労働する。「人間クラウド」と表現されることもある。新自由主義を支持する経済学者や政策担当者は、彼/彼女らを「自営企業家」と呼ぶが、実際には彼/彼女らは職の安定も所得保証もなく、契約者の最外縁部分で働くアウトソーシングされた契約労働者であるに過ぎない。「シェア経済」概念は、労働がより不安定となり規律化される中にあって、適切な管理と自律性をもたらすかの印象を与えている。２０１７年時点で、フリーランサー・コム社やアップ・ワーク社といった会社は、５００万人以上とリモートオンライン労働の契約を結んだ。アマゾン社が提供するサービスであるメカニカル・タークのような「マイクロ労働」サイトは約50万人の「ターカー」と契約するが、彼／彼女らの報酬はそれぞれの作業につき数セントでしかない[59]。労働規制もなんらないこの知識プロレタリアートの世界で、アマゾン社は宣伝する。「それぞれの作業に対し労働者がいくら受け取るべきか、それはあなたが決めてください」[60]。スターズマンは言う。「世界中で数限りない人びとが一人でスクリーンを前にしてキーボード上で指を絶え間なく動かし、考え、タイプし、生産をしている」[61]。ブラッドリーとリーは警告する。「［この若いデジタル・プロレタリアートの］革命的なエネルギーは、別のところで発散される。コンピュータ・ゲーム、ポルノ、賭け事など、労働の現実から逃避するために際限のない中毒行為に走るのである」[62]。

さてここで私たちは、現在の社会条件に対応する主体形成、意識、そしてピエール・ブルデューが「ハビトゥス」と呼んだものが「生成的手法獲得のシステム」として変化してきたことの意味を考えてみる必要がある[63]。個人間の結びつきや階級意識の醸成は、知識労働が個人化され分断化されたことによって難しくなっている。労働過程の外側で政治的な動員があるわけでもない中で、こうした労働からどのような世界観が生まれてくるであろうか。知識労働者は、自身が属しているグローバル労働者階級ではなく、中間層、あるいは専門職として自分を認識する傾向が強いようだ。労働過程、作業が分断され、労働が細切れに、また不規則になっているので、労働者階級の組織化と階級意識を醸成することは新しい課題となっている。加えて、グローバルなメディア会社の支配力と、ソーシャル・メディア資本による植民地化が意識形成にもたらす影響も考えなければならない。ソーシャル・メディアは若い人たちの間に驚くほど定着し、彼／彼女らはとてつもない時間をそれに費やしている。しかし、人びとを解放する活動にまとめあげるような大きな組織的運動は不在なので、ソーシャル・メディアは、本来なら集団的存在である人びとを分断化し、個人化してしまいがちである。そして、共同意識や様々な形態の社会的行動が出てくる芽を摘み取ってしまう無数のマイクロ空間を作り出している（それはまた次章でみるように、企業や国家による新しい手法による恐ろしい監視を可能にする）[64]。

CITのもたらす変革は、オートメーション化が駆逐した部門労働を新しい経済活動が吸収した以前の技術革新の波とは、明らかに違っている。例えば、自動車産業の興隆は馬車交通に関連した産業を駆逐したが、自動車産業そのものが新しい工場労働者と管理部門人材の雇用を大量に生み出した。以前のコンピュータ化は大量の高技能知識労働職を生み出したが、今や人間の蓄積してきた知識が自動学習機能を通じて機械へと移転され、機械が様々な段階で人間に取って代わり重要な役割を演じている[65]。CITは、新しい生産活動がその効能を共有し自由に利用できるという意味で、電気と同様な公共インフラのようなものである。それを利用してビッグ・データを活かすのである。「ビッグ・データ革命」とは、職場や市場で知識ベースの仕事から得られたデータを利用し、特定の業務や作業を完全に自動化することである。ビッグ・データによるアルゴリズムが、診察から法律相談まであらゆる活動分野での知識労働をますます不要なものとしてしまうほどに確実性を持つようになると、教育を受けたり技術を修得して、オートメーション化に対抗して職を確保しようとすることは有効でなくなるであろう。

多くの若者はプレカリアートにならぬように、より高い教育を望み続ける。しかし教育レベルと将来収入との相関はますます弱くなりつつある。米国では、とりわけ２００８年金融危機以降、高等教育を受けることが失業をしない戦略だと考えて大学進学する者がかつてないほど増え、２００１年から２０１８年にかけて５００万人も増加した。今後数年で、さらに15％ほど増えるだろうと見込まれている。同じ時期に、授業料諸経費は私立大学で１５７％、公立大学で２３７％上昇した。[66] 学生ローンは４４００万人以上が利用しており、その負債総額が２０１９年には１兆５０００億ドルを超え、それは全米クレジット・カード債務額の、優に２倍にあたる。[67] こうした負債は、学生の将来の賃金から返済されねばならない。少なくとも20の州では、もし返済が滞った場合、債務者は運転免許やその他の資格が取り消されることになっている。彼／彼女らの現在の不安定な状況が、将来の不安定労働者としての彼／彼女らの生活を条件づけてしまっている。大学の契約非常勤講師への移行ほどそれを如実に物語る分野はないだろう。２０１９年には全大学の講義の約70％が非常勤講師によって担当され、彼／彼女らのような「アカデミック・プレカリアート」が増え続けている。彼／彼女らは大抵、最高学府での課程を正規に修了し博士号を取得している。しかし生活もできないような報酬でしばしば非常勤講師についているのである。

さらに多くの知識労働が人工知能によって駆逐されるだろう。余剰人類と不安定さの拡張は、デジタル化の結果というよりも資本主義の標準的発展における矛盾の表れである。

労働不要生産？

マルクスは『経済学批判要綱』（*The Grundrisse*）の中で、科学技術は、生産向上のある段階で、例えば、オートメーション化のように「生きた」人間労働とは独立して、ますます価値を増殖する生産上の質的要因となると述べている。経済危機は、より少ない労働者でより高い生産性を実現する、こうした過程を促進する機会をトランスナショナル資本に与える。米国で最大の企業のいくつかは、「大量資金をつぎ込む空疎な経済の崩壊を契機として、相当のコスト削減をした。それが失業率を二桁に載せることにもなったが、……、労働生産性を著しく上昇させる結果にもなった」と、２００８年危機後にある報告が述べている。[68] 固定資本への投資が資本の有機的構成を高めつつあり、それは搾取率を高めると同時に労働者による抵抗を抑えることにもなっている。さらにそれは、価値を生み出す技術が、大量の労働者階級の労働力を単に安く、熟練を不要とするだけでなく、労働そのものを不必要なものとし、余剰人類の隊伍をさらに膨張させることにもつながるのである。

電話をする際に、私たちは電話交換手や顧客サービス担当者を駆逐したコンピュータに依存していることに思いを馳せることなど決してない。かつてデジタル経済は高技能、高収入雇用を保証する新しい秩序を支配的にするとの議論があったが、すべて正反対の事態になっている。デジタル経済はこの先も、不安定雇用と共存する大量の失業、低雇用を増やす傾向を、さらに助長するであろう。デジタル・プラットフォーム経済は、一方で労働者階級を分断し、他方で資本を集積することで、よりたやすく労働者を調整したり外部化する。前章でみたように、グローバル経済の主要な部門がデジタル化によって抹殺されるのを見ることになるかもしれない。いかなるものもデジタル化されうるし、やがてほぼすべての領域がそうなるだろう。自動化は、今や工業から金融、サービス、農業部門にまで広がりつつあり、さらに今後は弁護士、金融アナリスト、医者、ジャーナリスト、会計士、保険業者、図書館司書などの専門職さえも食っていくことになるだろう。[69]経済のあらゆる場面、労働集約的と考えられてきた分野、以前には自動化には適さないと考えられてきた分野でさえ、実際に自動化が進んでいるという話は枚挙にいとまがない。例えば、2017年の『ロサンゼルス・タイムズ』の記事では、ベイ・エリア初の完全自動化ピザ・レストラン「ズーム」を紹介していた。記事によると、やがてピザ・レストラン全体、さらにはファストフード業界全体が完全自動化されるとのことである。[70]

完全な自動化がされない段階でも、資本の有機的構成は上がり続け（つまり、生きた労働に対する、機械・技術などの固定資本の上昇）、より少ない不安定労働者を使いながらより多くを生産する状況が進む。米国では2005年以降、純増した雇用のほぼすべてが短期であり、大抵は低賃金であった。23万人の労働者と数万人の季節労働者を雇うアマゾン社は、倉庫や流通ネットワークにおける残酷なまでの劣悪な労働条件で悪名高く、「低賃金労働の将来像」といわれている[71]（ところでアマゾンCEOジェフ・ベゾス氏は、2017年に1000億ドルの資産を有する世界で最も裕福な人となった一方で、数千のアマゾン社労働者が日々の必要を満たすためにフード・スタンプを必要としている）。確かに、デジタル主導生産は低賃金、低資本、少経費を追求し、ナイキ社が「生産物に応じて労働を工学する」と主張するものを実現しようとしている。[72]

明らかにしておきたいのは、米国では2005年から2015年にかけて、940万人が労働市場に参入したが、そのうち910万人が不安定な雇用だったことである。2005年以降の純増雇用はこうした不安定労働であったということになる。[73] 2011年、ノース・カロライナ州にアップル社が10億ドルをかけて開設したデータセンターで必要としたのは、たった50人のフルタイム労働者でしかなかった。[74] 1979年の雇用ピーク時に、GM社だけで8万人近くを雇い110億ドルを稼いでいたといわれる。対して2012年、グーグル社は、ほんの3万8000人を雇うに過ぎないのに、140億ドルの利益を出している。フォードは次のように指摘する。

ユーチューブ社は2005年に3人によって設立された。2年を待たずグーグル社に約16億5000万円で買収された。買収時ユーチューブ社は65人しか雇っておらず、そのほとんどが高技術エンジニアだった。一人当たり３５００万ドル以上の価値を生み出していたことになる。２０１２年４月には、フェイスブック社が写真を共有するスタートアップ企業インスタグラム社を10億ドルで買収した。13人が働いていた。一人当たりおおよそ７７００万ドルを生み出していたことになる。さらに２年後の２０１４年２月、フェイスブック社はもう一段ギアを上げ、今度は携帯メッセージ会社ワッツアップ社を１９０億ドルで買い取った。働いていたのは55人なので、一人頭なんと３４５０億ドルの価値を生み出していたことになる。

ＷＥＦの創始者であり議長のクラウス・シュワブは、米国の全仕事のおおよそ半分は自動化されるリスクにさらされ、雇用破壊は以前の資本主義の下での産業技術革命の時に経験した変化よりもさらに早いペースで進むだろうと予測する一人である。[75] フィリピンでは10万の外部労働者がグーグル社やフェイスブック社などのソーシャル・メディアや、クラウド・ストレージを検索して有害画像を取り除く仕事をして、月に数百ドルを得る。[76] 彼／彼女らもやがてデジタル技術によって駆逐されてしまうだろう。世界中のコール・センター、データ入力、ソフトウェア関連で働く数百万人も、製造業その他サービス業務へのコンピュータ導入によって、同様の運命にある。[77] ２０１７年国連の報告では、億といわぬまでも数千万の職がデジタル化の結果、数年内になくなるだろうと予測している。報告ではインドネシアとフィリピンの小売業の

85%以上の職がリスクにさらされているという。またオンライン労働のプラットフォームが広がることで、「ますますの不安定さを抱えながら労働条件のどん底への競争」が加速されるだろうともいう。[78]

かつて自動化を免れるだろうと考えられていた建設や農業などの職にさえ、今や自動化の波は押し寄せつつある。世界の資本主義的農業労働の大半が国内出稼ぎあるいは移民労働者に依存する。世界中の移民労働者が超-搾取され、同時に完全管理される脆弱な予備軍をなし、トランスナショナルなアグリビジネスに供されている。人種差別や排外主義の否定的動向の犠牲者ともなっている。しかし、今や「［ロボット農業］の影響は、かつて大量の農業労働者を雇ってきたいくつかの地域でも浸透している」とフォードは言う。「カリフォルニアでは機械がびっくりするような働きをする光景が見られる。アーモンドを収穫するのに、機械がしっかりと掴んだ木の幹を勢いよく揺らすだけなのである。総じてカリフォルニアでは農業関連雇用が2000年からの10年間で約11%減った。[79]一方、アーモンドのように自動農業技術の適用できる品目の生産量は大きく伸びている。ドリスコール社はカルフォルニアの農場でイチゴを摘むロボット「アグロボット」を導入し、カルフォルニア・ワイン業界は広大なブドウ園を設計しなおして、機械がブドウの蔓をモノレールのように広げ、房や葉を摘み取れるようにしている。[80]

しかし経済危機、社会紛争、軍事衝突、気候変動などによって故郷を追われる数百万が移動を強いられており、それは、今後移民・難民が一つの潮流となることを暗示している。パレンティは「貧困と暴力、そして気候変動の破滅的な融合」が、今後数十年の間に約7億人の環境難民を生み出すと予測する。さらにペンダゴンの戦略家らは、異常気象や水不足が、既存の社会対立に油を注ぐ形となるため、「暴力的な文明崩壊を軍事的に管理」せざるを得ないと指摘する。気候変動は「脅威倍増要因」なのである。[81] ある国連報告では「気候アパルトヘイト」が進行していると警鐘を鳴らしている。「金持ちは金にまかせて気温上昇、飢え、紛争から逃れられるが、しかし世界中の金を持たない多くの人は苦しみ続ける。そうした状況下では政治的権利や市民権は相当危ういものとなるだろう」[82]。グローバル警察国家による社会統制や抑圧の主要な対象である移民・難民や、世界の不安定人口といった最も脆弱な状況にある人びとは、もし彼／彼女らの労働が不要だと見なされてしまったら、どうなってしまうのだろう。こうした問題は以下のように一般化できる。いったん多くの人びとが長期的に、あるいは永久に必要のない存在とされてしまえば、膨張するそうした余剰人類を、システムとしてどのように統制するのかが大きな政治問題となる。

グローバルなアパルトヘイト——グリーン・ゾーンとグレイ・ゾーン

生産活動からはじき出され、周縁部に追いやられ、悲惨と破壊の下方スパイラルに投げ込まれ、そして無産―搾取―排除の死へのサイクルに取り込まれてしまった大量の余剰人口は、システムとしてどのように統制されるのであろうか。世界で最も裕福である米国でさえ、78％の労働者がすでに給料日から給料日へと食いつながねばならない状況にある。[83] ２０１６年、ＥＵ27か国では人口の４分の１が貧困の危機に直面し、深刻な生活条件の不備、少ない雇用機会しか得られない中で生活をしている。[84] 世界を見渡せば全人口の50％は１日２・５ドル以下で暮らし、優に80％の人が１日10ドル以下での生活を強いられている。地球上の３人に１人が何らかの栄養不良状態にあり、10億人近くは毎晩空腹なまま寝ている。国連は現在の状況が続けば２０５０年までにその数は20億にまで増えると予測する。さらに20億人が食料確保に悩まされている。ＴＣＣがアグリビジネスを地元農民の耕作地域にまで拡張し、毎日２万５０００人が飢えで命を落とす背景となっている。２００６年から２０１８年の間に、世界の銀行から融資を受けたＴＮＣが、全大陸78か国に数千億ドルを投じて５億エーカーにもおよぶ農地を買収した。地元食糧生産のための土地利用を廃し、輸出品目のための法人農場としたため、飢餓の深刻度はいや増すことになった。[85] グローバル資本主義に移行した中国では「高失業率、不安定経済、不平等、強化される搾取、健康・教育条件の悪化が進行している」と、ある報告は述べる。「年金や社会保障はほぼないに等しい。人びとは医療費の支払いに悩まされる。医院や病院では患者は医療費を前払いしなければならない。重篤な病気にかかれば家計を破綻させかねない」。[86] 中国全土で、ストライキ、抗議活動、陳情、デモ、建物占拠、民族対立、暴動が過激化しつつある。実際、中国政府は２０１１年に国防費（１０６０億ドル）よりも多い１１１０億ドルを国内

治安に支出している。[87] 世界中で同じような話が聞かれる。多くの大衆は破壊的で不確かな将来しか描けず、あちこちで暴動が起きている。そのほとんどは突発的であり組織化もされておらず、時に破壊的でありまた自滅的でもある。

支配層は余剰人類による反乱やその予兆をどのように抑え込むかという課題に直面している。そうした反乱はヨハン・ルパート（本章の冒頭で触れた人物）やTCCにとって相当の脅威であり、グローバル警察国家への邁進を勢いづけることになる。より厳しい規律が、排除され、余剰とされた人びとだけでなく、超-搾取の新しい体制に組み込まれた人びとにも課される。それはまた、社会統制と支配の新しい方法でもある。野蛮な不平等は政治的暴動につながりうるものであり、システムが余剰人類を包摂できなくなれば、より暴力的な抑え込みの形態がとられることになるだろう。統制の形態として余剰人口の封じ込めがある。国境封鎖隔壁、国外追放制度、大量収監制度、空間的隔離などである。他にデジタル化と第四次産業革命技術を駆使した監視、抑圧という徹底的な新手法もある。

蓄積と社会統制というグローバル警察国家の二重の機能は、市民社会の軍事化の中で展開する。武器、追跡、治安、監視その他の管理システムが、軍民の境界を越えて使われていく。その結果、反抗する集団、特に人種差別や民族非難を受けるなどの脆弱な集団に対して「熱戦」やゲリラ作戦とならび、日常的な低強度戦争が採用される。なぜなら紛争の場が、実際の戦場から、表立っては戦場に含まれない世界中の農村部、都市部へと広がっているからである。グローバル警察国家は、グローバル社会全体を、ペンタゴン用語でいうところの「戦闘空間」に引き込む。下層民や脱落者に対する恒常的なグローバル戦争は多くの場合、20世紀世界戦争の「総力戦」という形をとるわけではない。[88] そのような総力戦を今日戦えば世界文明の終焉を招いてしまうからである。それでも多くの点で、グローバル警察国家は、より全体主義的性格を持つと言える。この恒常的な戦争を公的なものであると同時に私的なものとするような方法で諸国家とTCCを束ねている。この点は次章で見ることにしよう。

デジタル化が資本の集中と二極化を促進し、余剰労働者を膨張させるので、支配層は、反抗やその予兆に対しては、新しいテクノロジーを駆使して大々的な社会統制と抑圧に乗り出そうとする。CITは戦争と国家暴力の形態を革命的に変えた（次章参照）。新しい戦争と抑圧の体制は、より進化したデジタル技術によって支えられる。AIで強化された自動武器には、例えば無人攻撃機、無人輸送車、兵士ロボット、次世代ドローン、虫型ドローン、超音速武器、動作抑制型マイクロ波銃、サイバー攻撃と情報戦、生体認証、国家データ・マイニング、あらゆる行動を監視・管理するグローバル電子監視などがある。これらは空間の再編成を伴い、排除された人びとを空間的に封じ込め統制する新しい方法となる。

デジタル化による根本的な空間再編は、グローバル・グリーン・ゾーンの概念で捉えられる。「グリーン・ゾーン」とは、米国が2003年イラクに侵攻した際にバグダッド中心部に米占領軍が設置した排他的区域を指す。グリーン・ゾーンに駐留する占領軍司令部と選ばれしイラク人エリートは、国中を覆っていた暴力と混乱状況とは無縁だった。今や世界の都市部は、ジェントリフィケーション、ゲーテッド・コミュニティ、監視システム、国家および民間による武力によって守られるグリーン・ゾーンといえる。世界中のグリーン・ゾーンの中では、エリートや特権的中間層、専門職層が、民間提供の社会サービスや、ショッピング、エンターテイメントを楽しむ。彼／彼女らは、兵士、警察、プライベート警備員らに守られ隔絶された環境の中で、インターネットやサテライトを通じて仕事やコミュニケーションができる。グローバル・グリーン・ゾーンの最上層にはスーパー・リッチといわれる人びとがいる。彼／彼女らは独自の世界に住み、グローバルな主要都市を結ぶネットワークを通じてお互いにつながっている。彼／彼女らがモナコ、上海、香港、ニューヨーク、ロンドン、パリなどの高級不動産を買い漁るので、不動産は天文学的な価格に吊り上がっており、そのことが貧困層をさらに排除し、持てるものと持たざる者の境界をますます深めている。デイヴィスは次のように警告する。「私たちはここでメトロポリタン都市空間の根本的な再編成について論じているのである。富裕層、貧困層の生活上の交流が劇的に縮小し、これまでの社会的棲み分けや都市の細分を超えるものとなっている」[89]。これは新しいトランスナショナルな空間なのである。中間層やエリート層はグローバル市場とつながっているので、「ナショナルな」経済に依存する必要がない。グローバル化したテクノロジーとメディアによって、彼／彼女らは社会的にも文化的にも世界中の同レベルの人びととつながっている。こうした新しいメトロポリタン都市の光景の特徴は、

「エアビーアンドビー社、ウーバー社、富裕者用ヘリコプター発着地、高級食材店、新式フィットネス・クラブ、プライベート道路、絶えざるタワー・マンション建築である」とジョンソンは言う。もちろんその裏側では「貧困層の懐柔と排除、建築物改築、そして新しい形態の囲い込み」が進行しているのである。[90]

グリーン・ゾーンの設置は土地柄に応じて各様の形態をとる。2015年に私がサバティカル休暇をとった際に、パレスチナでのゾーン設置を観察する機会があった。イスラエル軍による検問所、ユダヤ人居住者専用道路、隔絶壁などが作られていた。メキシコ・シティのサンタ・フェ地区の最高級住宅街へは、ヘリコプターかあるいは検問所つきプライベート道路でなければ出入りができない。ヨハネスブルグではサントン・シティ高級地区のシュールレアリスム的な通り沿いに軍施設かと思われるようなマンションが立ち並んでいる。プライベート警備員と、通電有刺鉄線のフェンスで守られたビル群である。カイロでは貧窮化した中心部とインナーシティを取り囲む衛星都市群を訪れた。そこではエリートが野心と夢に満ちた生活を送る。彼/彼女らは、一点のよごれもない緑の芝生、プライベート娯楽ショッピングセンターのある居住者専用複合施設でスポーツを楽しむ。軍の検問所とプライベート警備警察に守られた英語によるインターナショナル・スクールもある。私の住んでいるところにほど近いシリコンバレーでは、世界中から野心に満ちた何千という知識労働者が集まり、ハイテク企業で富を掴む夢を追い求めている。シリコンバレーのハイテク労働者の6割はインド、中国、ベトナム、ジンバブエ、キューバなど多様な国から集まる裕福で上昇志向の強い移民からなる。彼／彼女らは、貧困な労働者（たいていは移民）によって支えられている。ベイ・エリアでは技術革新に伴うジェントリフィケーションが進み、排除された低所得コミュニティに対して厳しく取り締まりが強化されている。増え続けるホームレス・シェルターや、住居を兼ねた路上駐車ワゴン車を後目に見ながら、百万ドルの警備システムに守られた百万ドル住宅群が次々と建設されている。[91]

グリーン・ゾーンと戦闘地域との間では、抑圧的統制下でルンペンプロレタリアートに対する取り締まりその他の封じ込めが常態化している。ほとんどの人が住む場はグレイ・ゾーンである。グローバル警察国家はこのグレイ・ゾーンをめぐって機能する。ここに見出されるのは、刑務所・産業複合、移民・難民管理抑圧システム、大規模監視、下層民の検挙、あらゆる場面でしばしば適用される準軍事的な治安体制である。グラハムは「〝強圧的警備〟と〝低強度戦争〟が融合する恐れがある」と言う。「西洋諸国の治安・軍事構想が急速に再構成され、警備、インテリジェンス、軍隊を跨いで法的対応と軍事作戦の境界が劇的に曖昧になっている」[92]。米国ではペンタゴンが新世紀に入って早々、数百万ドル相当の軍事設備・機材を全国の警察署に移管し、いわゆる「軍事警察官」なるものをつくりあげた。[93] 警察が軍隊化し、軍隊がより多くの警察機能を担うようになり、両者の区分はなくなり、ある英国軍人が「市民空間での戦争」と呼ぶ状態を作り出している。[94]

メガシティこそ、グローバル警察国家が配置され、展開する新しい戦場となるのである。グローバル警察国家がグレイ・ゾーンでいかに活発に展開しているのかを、グラハムは以下のように叙述している。

［南北］両地域の諸都市は驚くほど似たような様相を呈するようになってきた。どちらの地域でも、強固な軍事用の境界フェンスや検問所が周辺に設置された保護地区や、より広く開放的な都市にひょっこり設けられた「安全地帯」があちこちに見られる。コンクリート保護壁、検問所、コンピュータ化された監視テレビ、生体監視、軍隊式出入管理によって、要塞化された社会的、経済的、政治的、あるいは軍事的空間が外部の無秩序、貧困、危険から守られている。極端な例では、これらの貧困と危険がグリーン・ゾーン、軍隊刑務所、民族宗派別居住区、軍事基地を囲み、さらには戦略的な金融街、大使館群、観光商業地区、空港・港湾施設、スポーツ・アリーナ、高級住宅街、輸出加工区などをとり囲んでいる。[95]

グリーン・ゾーンとグレイ・ゾーンが、壁で文字通り区切られていることもある。パレスチナ占領地区内に不法に設置された450マイルにもおよぶイスラエル隔離壁は、おそらく最も悪名高い事例だろう。しかしこうした取り組みは世界中に広がりつつある。ペルーのリマでは、最も排他的な高級住宅街の一つであるカスアリナス（Casuarinas）近辺の裕福な居住者が、隣接するサン・ファン地区の貧困住民からの防御として10キロにも及ぶ壁を設置した。それは「恥の壁」（Muro de la Vergunza）として知られている。「何十年もの間、カスアリナス居住民がサン・ファン住民をメイド、乳母、警備員、庭師として雇い入れる形で両者は交わってきた。彼／彼女らは仕事の際にはスクロ丘の麓にある隣の住宅地区の正門から入らなければならなかった。中間層居住区でもある種のゲートを設置しているのが普通にみられるこの都市の中でも、カスアリナスは特に厳重な治安制度で有名である。三つの検問所（住民用、来客用そして通行人用）で、認められた者しか中に絶対に入れない」とカンポアモールは述べている。[96]

グリーン・ゾーンとグレイ・ゾーンに関しては、認識操作という重要な要素がある。グリーン・ゾーンは目に見える、あるいはメディアや宣伝によって可視化される。観光、高級ショッピング、顕示的消費、不動産開発など、全体として繁栄している印象を与える。他方グレイ・ゾーンは一般の意識から遠ざけられ見えないようにされる。こうした印象は、失業率の低下や一人当たりGDPの上昇などの基準をつかった行政データによって補強され、サッセンが経済の事実上の再定義と呼ぶものとなっている。そうした再定義が「『経済』をいわば可視化し、一方、実態としては民族浄化の経済版に近いものになっている。そこでは問題分子は排除の対象になるばかりである」[97]。支配層が経済を「標準に戻す」ためにこうして経済空間を縮小し再定義することが、ますますの多くの国々で進行している。こうした再定義の裏には失業、低雇用、貧困、緊縮政策、健康障害、公然非公然のホームレス、自殺、薬物中毒があふれている。これらが日常生活の一部と化している、排除されグレイ・ゾーンに放り込まれた人々はグローバル警察国家に行使される二種の暴力、つまり国家暴力、私的暴力の対象となるのである。

余剰人類を封じ込めるということは、文化関連産業や国家イデオロギー装置を動員して、グローバル資本主義の犠牲者らを危険で堕落し価値のない非人間的な存在として扱うことである。そうして彼／彼女らはプチ消費行動に走りファンタジー世界に逃避をするよう仕向けられる。というのも、支配層はヘゲモニーが崩れ去る時にこそ、国家抑圧機構の直接的な強制と私的暴力手段に頼るのだということを明記しておかなければならない。イタリアの共産主義者アントニオ・グラムシはヘゲモニーを、支配層による被支配者の「同意」に基づく安定した支配形態を指す一般概念として展開した。グラムシのヘゲモニー概念では二つの支配形態あるいは支配関係を区別している。つまり強制による支配と同意による支配である。ヘゲモニーとは、階級支配という大きな目的の一部として、特定の階級、派閥、階層、社会集団が、同意や文化的知的主導権を通じて支配することを指す。すべての社会秩序は同意による支配と強制による支配の組み合わせで維持される。グラムシによればヘゲモニーとは「強制の鎧を着けた同意」なのである。[98]

資本主義的大衆文化が人びとの思考や態度に浸透すればするほど、支配層は支配を維持するのに直接の暴力に訴える必要がなくなる。こうした大衆文化がグローバル警察国家の論理に取り込まれると、軍国主義、女性蔑視、極度の男性中心社会、人種差別とともにネオ・ファシズム文化が台頭する。それは被差別人種、迫害される民族、女性、貧困者、脆弱層といった人びとに向けられる大衆暴力を許容する雰囲気を生み出す。企業経済をメディアが頻繁に取り上げ、文化構造を作り上げ、人びとの思考を支配する。それは、資本主義による教化を通じて、つまり退屈な画一性を強要し、感覚を麻痺させ、支配的な世界観に囚われず批判的にものを考える能力を奪いつつ行われる。そうした意味でこれはれっきとした全体主義である。戦争と警察による封じ込めは称賛され、常態化し、武力を用いた積極主義やグローバル警察国家の直接の対象者でない人びとにも緩やかに適用される。「軍事的娯楽」――ハリウッド映画やテレビ警察ドラマ、コンピュータ・ゲーム、企業の「新世代」チャンネルなどでヴィジュアル・エンターテーメントとして戦争や暴力がドラマ化され美化される娯楽――は、まさにサド的な資本主義の縮図である。無感覚と満悦、無関心を生み、権威主義的な支配体制を正当なものとして受け入れさせる。

しかし正当性の危機が広がり、文化的へゲモニーが世界各地で崩壊し始めると、支配層はまやかしのドラッグ戦争、反テロ戦争を叫び、余剰人類を犯罪者に仕立てあげ社会的浄化に乗り出す。２００1年9・11テロの後、１４０の国々で、厳しい「反テロ」治安法が通過した。これによって多くの場合、社会運動や政治的批判を抑え込むことが合法化されたと、ヒューマン・ライツ・ウォッチが２０１２年に報告している。「世界で発効した反テロ諸法は、平和裏に政治批判を行う人びとをも含め市民を拘留し訴追する危険な権限拡大をもたらした」と警告する。深刻な人権侵害を招く背景に、テロリズムを「公序紊乱《びんらん》」というように広く曖昧にしか定義していないことがある。令状なしの捜査や逮捕、機密証拠の採用、警察による違法行為の免責といった信じがたい権限も付与される。[99] 2011年米国政府は、「テロ」容疑者は、告訴も裁判もなしに無制限に軍事拘留できると認めている。

剥奪された人びとを社会的に管理する手段として刑罰制度を整備するために、より多くの日常生活をも取り締まる広範な厳罰化が必要とされる。バウマンが指摘するように、投獄が「雇用に代わるものとして、つまり、生産にとって不必要な大量の人口を処分し抑え込む方法として」より意味を持ってくる。[100] 米国では囚人の多くが最貧困層や排除された層によって占められている。囚人の半分以上が逮捕時に正規の職を持っていなかった。3分の2は年間所得が貧困基準の半分以下の家庭出身であり、半分以上がラテン系と黒人である。全人口に占める彼／彼女らの割合はほんの25%に過ぎないのに、である。「大量収監に経済負担が生じるものの、懲罰的な政策は社会的反抗を減らし労働者を低賃金で働かせられるメリットを資本にもたらすことを明記しておかなければならない」とジェイは言う。[101] 米国初の「スーパーマックス」〔高度な監視機能を備えた刑務所〕であるマリオン刑務所はその好事例である。「マリオン管理局の目的は刑務所制度および社会全体における革命的態度を監視することである」。[102]

多くの場合、厳罰化政策は米国の移民労働者の取り締まり強化に見られるように、余剰人類を構造的および法的な集団として位置づける。デンマーク政府は２０１８年に貧困な移民居住区への差別的措置を合法化すると発表した。住民の半数以上が非西洋人である地区、失業率40％以上の地区、平均所得が地域平均の55％未満の地区を「ゲットー」として隔離をするという。[103] 国連「極度の貧困と人権に関する特別委員会」委員フィリップ・アルストンは、貧困と不平等に関して２０１７年に国連に以下の様に報告している。

多くの都市で、ホームレスは存在するというだけで実質的な罪に問われている。路上で寝る、公共空間に座る、物乞いをする、立小便をする、その他数々の行為が軽犯罪とされ、ホームレスの「害毒」を消し去ろうとする。さらに誘導的で踏み込んだ規制としては、まず違反警告が発せられ、それがやがて軽犯罪とされ、さらには逮捕状の発行と拘留、支払えない額の罰金、そして犯罪者としての烙印が押され、その後の雇用や賃貸の道もふさがれるというプロセスがある。[104]

実際、カリフォルニアではホームレスが公共の場で立つ、座る、休憩する、寝る、立ち止まる、物乞いをする、食料支援を受けることを規制する５９２以上の法律がある。私有地でも同様の行為を規制する７８１の法律がある。[105]

以上を要約すれば、より多くの労働者を余剰人員の隊伍に追いやるデジタル化と、より多くの蓄積余剰を実現する制度の必要性との間の矛盾の中で、危険なスパイラルが生じているということである。加えて、消費能力のない余剰人類の隊伍は膨張し続けるので、過剰蓄積問題が深刻化する。いったん大量の人びとが、長期にあるいは永久に必要とされなくなれば、この膨張した余剰人類をどのように統制するのかという政治問題が生じてくる。より厳しい規律が次の両集団に課せられることとなる。一つは不安定雇用と超-搾取の新しい体制の下で何とか職を確保する集団であり、もう一つは放逐され余剰とされた集団である。全体の社会秩序が監視のもとに置かれる。国家あるいはプライベートな監視システムは、今や世界のあらゆる場所や秘匿しようとするいかなる取引をもモニターできる。一体としてのグローバル秩序はますます抑圧的となり全体主義的となっている。21世紀型ファシズムの動きは、次の二つのメカニズム、つまり、不安と希望の操作を含む文化的へゲモニーのメカニズムと、債務などの構造的（経済的）管理のメカニズムが強化された強制的統制を伴いながら融合することで勢いを得ている。米国、イスラエル、南アフリカでの都市、政治、文化の軍事化、北米、ラテンアメリカ、インド、ヨーロッパでのネオ・ファシスト運動の広がり、トルコ、フィリピン、ホンデュラスなどでの権威主義体制の隆盛、これらはみな各国がグローバル戦争網や軍事化したグローバル蓄積、あるいはグローバル戦争経済に取り込まれていることと無縁ではない。次章ではグローバル戦争経済について見ていこう。

第3章

軍事的蓄積と抑圧による蓄積

腐敗や支配者と企業家の馴れ合い関係、天然資源のやりたい放題の略奪、関係者全員によって得られる数億の利益、抑圧、そして、地域住民の貧困化――これらすべては、大統領守備隊やエリートの特殊軍事行動部隊、肥大化した軍隊、至る所にいる保安隊、武器の投入、これらを必要としている。……利益がそこで作られ、それは、既得権を持つ人びとの諸階級によって行使される力である。「国際的ウォーローディズム（武将主義）」は、この世界システムを上手く表現している。トランスナショナル企業とその現場の商業的・軍事的エージェント、腐敗した政治家や支配階級の協力者、保安隊とローカルな司令官たち、これらの閉鎖的な中枢グループは「秩序」を強要し、すべてを動かしている。――他方で、不平を言う大衆を抑圧している。

ジェフ・ハルパー『人民との戦い』[1]（*War Against the People*）

営利企業が投資をするためには、安定した環境が必要である。独裁がそれを実現できる。

シェル石油取締役[2]

ポール・バランとポール・スィージーは、彼らの古典的研究『独占資本』（*Monopoly Capital*, 1966年）において、資本主義システムは、絶えず増大する蓄積された余剰をはけ口として軍事支出レベルを高める必要がある、と主張した。「ここで独占資本主義は〝何が〟問題であるのかについての答えをついに発見した」と、彼らはペンタゴンの予算上昇に関して書いていた。「この体制が不況に陥らないために政府は何に金を使えるか。〔それは〕武器である。多くの武器、さらなる武器への支払いである」[3]。第二次世界大戦後の軍事的ケインズ主義の概念は、資本主義経済の不況を埋め合わせるために軍事予算を拡大することを指す表現であった。同じく、より一般的には、ケインズ主義政策は需要を創出し、経済を刺激しようとした概念である。米国大統領、ドワイト・デビッド・アイゼンハワーは「軍産複合体」という言葉を最初に創り出した。「巨大な軍部エスタブリッシュメントと大規模な武器産業」が米国政治において隠れた勢力として現れたと、彼は1961年の有名な退任の辞で警告した[4]。

半世紀以上が経ち、私たちは軍事化と資本主義との関係についての理解を最新のものとすべき時期がきた。軍事的ケインズ主義が、民間資本への補助金として国家が産業請負業者から兵器体系と軍事装備品の購入を示唆しているとすれば、グローバル資本主義の経済と社会の全面的な軍事化は、近年、とりわけ2001年9月11日の大事件以降に起こってきた。戦争で暴利をむさぼることとは、新しいことではなく、戦争そのものと同じく古い。あらゆる戦争は、最も広い意味で、余剰の横領のために存在する。すなわち、公然たる略奪を超えて、余剰が一定の集団によって生み出され、他者により略奪され得る諸条件を創出し、擁護し、再生産するために戦争がある。この分析において必要なことは、戦争と暴力を通じてこの略奪が行われる様式と、それがより広い政治経済学の内部で果たす役割である。すなわち、私がここで軍事的蓄積と抑圧による蓄積と呼ぶことである。

旧式の軍事的ケインズ主義はまだ機能しているが、軍事的蓄積の観念は、戦争の生成、抑圧、トランスナショナルな社会統制システムが、いま一層の拡張的役割に向けられている。それらはグローバル経済のまさに中核に向かっている。[※1] グローバルな警察国家は、大規模な監禁システム、移民の拘留と追放、難民支配システム、国境建設と封じ込めの壁、大規模な監視、都市警備、準軍事的かつ民間傭兵軍と安全保障集団の展開などに広がっている。これらはすべて過剰蓄積の圧力を埋め合わせるのに役立つ重要な利潤形成の源泉になってきた。投資されない資本が蓄積するにつれて、余剰を処分するためのはけ口を見出すために巨大な圧力が強まる。社会的統制と抑圧に向けたグローバル資本主義の政治的ニーズや不況に直面して、蓄積を永続化する経済的必要性に囲まれて収斂が起こる。前例のないグローバルな不平等が、偏在する社会統制・抑圧システムによって維持されているに過ぎないことが明らかならば、政治的意図とは全く別に、TCCが戦争や紛争、抑圧を蓄積手段として位置づけて既得権益を獲得してきたことも同じく明らかになる。戦争や国家に支援された暴力がますます民営化するにつれて、広範な資本家集団の利害は、中東に見られるように、政治的、社会的、思想的環境を転換して、絶え間ない社会的対立を生み出し、戦争と抑圧、監視、社会的統制のシステムを拡大する方向へと変えていく。

グローバルな警察国家の台頭は、資本と国家の一層緊密な統合を含んでいる。すなわち、それは軍事的蓄積の主要な経済部門を融合する新たな方法での資本と国家の接合である。トランスナショナル資本に絡みつくこの集合体は、グローバルな戦争経済にますます依存しており、国家が組織する永続的な戦争、社会統制、抑圧に依存している。

トランプ政権の初年度における米国のニュースの主要項目を一瞥すると、これらのダイナミクスが強調されている。ドナルド・トランプが選挙で勝利したのち、数百万の移民追放を約束したことで、アメリカ矯正公社（Corrections Corporation of America, 以下、CCA）の株式価格は40％も急騰した。この企業は、米国で最大の利潤追求型の移民拘留・刑務所企業である（以下参照）[5]。レイテオン社とロッキード・マーティン社のような軍事請負業者は、中東で紛争が再燃するたびにその株式価格の急騰を報じている。2017年4月6日、米国トマホーク・ミサイルのシリア爆撃の数時間後に、このミサイルを製造した企業レイテオン社は、その株式総額

※1　軍事的蓄積と抑圧による蓄積は同じではない。後者は、特に直接的抑圧、例えば、移民や社会運動の直接的抑圧を通じて利潤形成に関連する。軍事的蓄積はより包括的なカテゴリーであるが、二つの観念は同一の広がりをもち、多くの場合、私は二つの観念を前者（軍事的蓄積）に組み込んでいる。

を10億ドル増加させたと報じている。２０１８年、トランプは六番目の軍種、「宇宙軍」創設を鳴り物入りで発表した。それほど報じられなかったが、航空宇宙産業に深く結びついている元政府官僚の小グループは、衛星やその他の宇宙システムへの軍事支出を強力に売り込む方法として、その創設に向けた環境を後押ししてきた。[6]

いわゆる、テロとの戦いやドラッグとの戦い、移民や難民、そしてギャング（そして貧民、黒い皮膚の人びと、より一般的には労働者階級の若者）との宣戦布告なしの戦い、さらに世界中の本格的な戦争。これらは結局、軍事化と抑圧を通じた、グローバルな蓄積への広範なプログラムとなる。２００１年の9月11日の攻撃の後の「テロとの戦争」は、軍事（「防衛」）支出※2の拡大を正当化した。そして安全保障の名のもとに新たなトランスナショナル型社会統制システムを押し付けた。ほとんどの評論家は、こうした熱戦や低強度戦争の戦略的・地政学的次元に焦点を当てていた。こうした考察は極めて重要であるが、軍事的蓄積を推進する基盤にある、構造的過程を見失いたくない。ＴＣＣとその政治的代理人や国家の代理人は、グローバル社会の諸領域をますます商品化しなければならない。過剰蓄積や不況に直面して、戦争や社会的紛争、抑圧を強化することである。同時に、グローバルな労働者階級や人民諸階級の現実的および潜在的な反乱を抑え込む社会統制システムをも発展させなければならない。軍事的蓄積の循環《サーキット》は、世界的規模で資本蓄積の機会を強制的に開く。それは軍事力を用いる場合もあれば、社会統制の創出と実行や戦争とＴＮＣ資本へと請負わせる場合もあるが。したがって、世界中での紛争の誘発や社会運動と脆弱な民衆への抑圧が、政治的目的と結びついた蓄積戦略になる。また、これらの目的の捏造もありうるが。

２００１年9月11日の攻撃は、グローバルな警察国家構築の転換点であった。この攻撃は永続的なグローバル戦争の時代の出発点であった。オーストリアの経済学者、ヨセフ・シュンペーターは、資本主義が、絶えず開発の「創造と破壊」サイクルを繰り返している点に関して、「創造的破壊」という言葉を造り出した。[7] 今や「創造的破壊」は軍事的蓄積の論理を推進しているようである。永続的戦争は破壊と再建の終わりのないサイクルを伴い、その諸局面で新たな次元と蓄積を実施している。ペンタゴンの予算は１９９８〜２０１１年に実質91％増大し、戦争の特別合計を別にしても、同期に実質50％近くも増加した。世界規模では、防衛費は２００６年から２０１５年に1兆４０００億ドルから2兆３０００億ドルへと50％も増大した。[8] この数字には、機密費、緊急軍事作戦、「国土安全保障」支出は含まれていない。[9] 一産業集団である

※２　ちなみに、私たちが使用する言葉は、抑圧者と被抑圧者との闘争についてのイデオロギー的・文化的次元の一部である。それは今や、「防衛支出」としてのペンタゴンおよびその他の軍事予算にほぼ普遍的に当てはまる。しかしながら、この支出で防衛的なものはない。米国の軍部は、世界の人民に対する攻撃的な戦争機械である。ハイテク産業とともに、この国の経済の頼みの綱であるイスラエルの「防衛」産業は、自由のために闘っているパレスチナ人に対する攻撃を開始している。そして、世界中の多くの政府に各国の民衆を抑圧する兵器を供給している、等々。

国土安全保障研究公社（Homeland Security Research Corporation）によると、国土安全保障に関する世界市場は２０１８年に４３１０億ドルに達した。そして、２０２４年までに６０６０億ドルに達すると予想されている。[10] 攻撃の直後には、証券取引所に上場されている民間軍事企業（Private Military Firm, 以下、ＰＭＦ）の平均株価は、ほぼ50パーセントも急騰した。[11] ２００１年から２０１８年の10年間に、軍事産業の利益は4倍近くになった。[12] ２００１年から２０１８年の中東戦争で、米国は驚くことに総額6兆ドル近くを使った。[13] この戦争で、２０１５年までに約４００万人が殺されていた。[14] この軍事支出の波及効果がグローバル経済により開放された血脈――すなわち、グローバルな生産、サービス、そして金融システムの統合的ネットワーク構造――に流れ出るにつれ、グローバルな戦争経済の軍事的次元と非軍事的次元との区別はますます困難になっている。

米国は世界の最も強力な軍事国家であり、過去数十年にわたり、その軍事介入は世界中でエスカレートしてきた。米国は70の国と地域に８００以上の基地を維持している（英国、フランス、ロシアはかなり遅れをとり、それぞれ約30の海外基地を持っている）。[15] 私は他でもかなり論じてきたが、米国の介入とグローバル警察国家としての米国の圧倒的な役割は他の国々に対する支配と考えられる米国の新たな「ヘゲモニー」の企てとしてよりも、グローバル資本主義の兵器工場における最も強力な道具として理解されなければならない。それを通じて、世界の貧しい労働者人民大衆は封じ込められ、統制されており、世界はＴＣＣの略奪にますます開かれている。[16] ＴＣ

Cと米国との基本的な階級関係は、この点から理解される必要がある。TNSの最も強力な構成部分として、米国の国家装置は、トランスナショナル投資家とその全体的体系を守ろうとし、何らかの方法でこれらの利益を脅かし、また、トランスナショナルな過程の不安定化を迫る世界中の政治勢力と対決しようとしている。米国のある政府高官が述べているように、米国の軍部や諜報機関は、「グローバルな中枢体系の生存力や安定、すなわち貿易、金融市場、エネルギー供給、気候」を保証するために、世界中で展開している。[17] 理論的には、米国国家は世界中の支配層からの圧力の圧縮点となって、グローバル資本主義の厄介な諸問題を解決する。

2015年、中国政府は、民間資本が主導的な役割を果たすという点で、米国をモデルとした独自の軍産複合体を発展させ始めた、と公表した。[18] これは、中国が地政学的に他国と競争できる点で非常に重大である。しかし、中国のトランスナショナルな資本家と国家–政党エリートは、グローバルな金融循環に深く統合されており、同様に、米国主導の軍–産–安全保障複合体に組み込まれているグローバルな銀行コングロマリットに投資している。さらに、大部分の軍事的請負企業と民間安全保障企業は、世界中で公然と中国やその他の国と取引をし、投資家を引き込んでいる。グローバルな巨大金融機関は、中国を本拠地にした国営銀行と企業に西欧の軍産コングロマリットを結びつけており、それらは中国軍部の強化に関わっている。例えば、ブラックロック社はロッキード・マーティン社やノースロップ・グラマン社、ボーイング社、さらに中国銀行、中国交通建設社、中国建設銀行、中国鉄道工程会社（China Rail Engineering）、中国石油天然気社等に主要な投資を行っている。[19] 第1章で見たように、グローバルな金融循環《サーキット》は完全に統合され、絡み合っているので、軍事的蓄積の分析において国内循環《サーキット》を切り離すことは不可能に近くなる。それは、地政学的緊張がないと言っているわけではなく——実際、この緊張は一触即発のレベルに達しつつある——むしろ、私たちはこうした緊張を説明する別の方法を見つける必要がある。例えば、国家の正当性の危機や軍事的蓄積を実現するために対立を生みだす推進力といった説明である。

世界中の軍事的拡張は同時進行的に、しばしば対立的な過程を通じて起こってきた。しかし、すべては、国家の軍事化とグローバルな資本蓄積との関係では同じであることを示している。米国に主導されたグローバルな軍事展開は、「世界中の権力エリートの資本投資を保護するのに役立っている」とフィリップスは断言する。「軍事・情報機関によって実施される戦争、体制転換、占拠は、世界中の市場で天然資源への投資アクセス、資本や債務、集積、そして投機的利潤に役立っている」。[20] 大西洋評議会（Atlantic Council）は、1961年に北大西洋条約機構（North Atlantic Treaty Organization, 以下、NATO）加盟国によって、安全保障問題に関する政策上の勧告を準備する民間組織として設立された。しかし、この組織の理事会（board of directors）と資金提供者は、グローバルな金融機関と巨大テックを含むグローバルな最上位企業の、紛れもない有力者のように思える。中東で継続中の戦争に関する2016年報告は、新自由主義的経済政策を推進するために米国主導のNATO介入を明確に呼びかけていた。これはこの地域をトランスナショナル資本の投資に開く政策である。すなわち「連携した任務は、企業家への権限付与に特別な焦点を当てて、貿易、投資、経済統合の育成強化のために〝ビッグ・バン〟型規制改革を支持・促進する」ことである。[21]

第1章で検討したが、資本主義国家の財政は社会的再生産における国家の役割を縮小し、排除さえするために再構築されてきた。また、緊縮や救済（bail-outs）企業への補助金、また政府が直接・間接に富をTCCに移転させる国家債務を通じて、トランスナショナル資本蓄積を促進する国家の役割を拡大するためにも再構築されてきた。軍事–産業–安全保障複合体にとって国家が取るに足らないほどに縮小されるにつれて、軍事的蓄積がこの再構築においていかに中心的役割を果たしてきたのかを検討することは決定的に重要である。米国では2001年9月以前に累計5兆6000億ドルの予算上の黒字が算定されていた。しかし、その後、大規模な軍事予算はほぼ一夜にしてこの黒字を赤字に変えた。そして、その額は2018年までに21兆ドルを上回った。急拡大した軍事支出はトランスナショナル金融資本家からの借り入れで償われている。それゆえ、この金は軍事的蓄積の循環に融資するために使われ、利子とともに元々の貸し主に返済されている。イラクとアフガンの戦争遂行で抱え込んだ債務での利子支払い・だ・け・で2050年までに7兆5000億ドルと見積もられていることを考えた時、この過程が金融蓄積と軍事的蓄積を融合させていることが極めて明らかになる。[22]

このパターンは、ヨーロッパや世界の他の場所でも繰り返されている。スペインの軍事支出は、２０００年から２００８年に29％まで増加した。その大部分は、ただ貯蔵のためにトランスナショナル武器供給業者から購入した兵器体系であった[23]。それゆえ、国家債務と赤字は、２００８年危機が襲った時に、この国の経済的暴落を引き起こす結果となった。ギリシャは２０００年代に軍事予算を急速に拡大し、全ヨーロッパの中でもＧＤＰ比で最高の軍事支出を記録した。そして、債務が急上昇し、経済が２００９年に始まった厳しい衰退に陥った時でさえ、ＥＵや米国、ロシアの武器製造企業から数十億ドルの武器を購入している。「〝私たちの軍艦を買え、さもないと私たちはあなた方を救い出さない〟とは誰も言っていない。しかし、明らかな言外の意味があり、それは、もし私たちが救済するならば、彼／彼女らは一層協力的になるであろうということである」。２０１２年、ある側近は当時のギリシャの首相ゲオルギオス・パパンドレウにこう言った[24]。緊縮政策に反対する大規模な暴動直後の２０１５年に権力を握った急進左派連合（Syriza）政府は、抗しがたいほどの公的債務を認め、民間債権者のためにＥＵによって押し付けられた緊縮政策と民営化を甘受した。

資本の複合的循環《サーキット》に関わる軍事的蓄積の規模を突き止めることは困難である。すなわち、グローバル経済全体に対するグローバル警察国家の意味の重要性を測ることは難しい。世界的規模で、２０１５年の国家の公式な軍事支出は、世界総生産75兆ドルの約３％を占めている（これは、未公開の国家軍事支出を含んでいない）。しかし、軍事的蓄積は、国家の軍事予算により生み出された諸活動よりもずっと多い。以下で検討するように、軍事化と社会統制を通じての国家支出と民間企業の蓄積を含んだ総額は膨大である。債務を回収する強制メカニズムや犯罪化によって開かれた蓄積機会を通じて、貧しい人々に対する構造的統制のように、それ自体で軍事化を伴わない抑圧的な社会統制を通じて利潤を生みだす他の形態もある〔以下の章と第2章を参照〕。グローバル経済において、それら〔軍事化と社会統制〕はお互いに密接に絡み合っているので、私たちの分析では異なる部門別蓄積循環と分離するのは難しい。例えば、グローバル経済において、化石燃料生産や鉱業、アグリビジネスのような部門をこれらの諸活動の軍事的側面と抑圧的側面から切り離すことはほぼ不可能になる。一例をあげると、石油とガスは世界総生産の約3％を占めており、[25] これは国家軍事支出に近い割合である。しかし、中東戦争や世界中の他の紛争からこの部門をえり分けるのはとても不可能である。というのは、他の採取産業と同様、それはグローバル警察国家に深く編み込まれているからである〔以下、参照〕[26]。

TCCの視点から、グローバル経済の軍事的蓄積への依存の高まりが長期的にいかに戦略的で機能的であるのか、この点を私たちは問うことができる。すなわち、グローバルな資本にとっての長期的な最善の利益として、TCCがグローバルな警察国家にどの程度依存すべきか、という点である。将来、グローバル警察国家に関連するものよりも優先される他の政策や蓄積戦略が影響をもつであろう見通しについては次章で触れることにしよう。

戦争と抑圧の民営化

ドイツ人の社会学者、マックス・ウェーバーは、よく知られているように、一定の領域に対する暴力の正当な独占を行使する制度として国家を定義した。この定義がおおよそ近代（1648年のウェストファリア条約以降）に当てはまるとしても、もはやそうではない。国家は、この暴力の行使をトランスナショナル資本に委託することにより、蓄積を維持しようとしている。これには、資本が国家に圧力をかけて余剰を取り除き、軍事化と国家容認の規制を通じて利潤を創出する機会を開く限り、二方向の道がある。国家の政策が戦争と抑圧に向かえば、それだけトランスナショナルな資本蓄積に多くの機会が開かれる。トランスナショナル資本の政治的・企業的代理人がこの方向で国家に影響力を行使しようとすれば、政治システムと資本主義文化はそれだけ強くファシズム的になる。

様々な戦争や紛争、そして世界中の社会的統制と抑圧のキャンペーンは、国家の軍事化と私的蓄積をますます深く融合させている。この関係において、国家は軍事化を通じて民間資本が蓄積する機会を拡張している。国家がこれらの機会を広げる最も明瞭な方法は、軍–産–安全保障企業によるグローバルな兵器売却を推進することである。このメカニズムは、軍事的ケインズ主義の開始に遡るが、今や、このメカニズムが関連する総額は、以前には全く想像できない規模となった。例えば、２０１７年、米国政府はサウジ政権への３５００万ドルの武器供与を民間企業と契約調印した。[27] ２００３年と２０１０年の間だけで、途上国世界は武器業者から５０００億ドル近く兵器を購入した。兵器製造と軍事サービス企業上位１００社によるグローバルな兵器販売は、２００２年から２０１６年の間に38％も拡大した。中国企業を除いて、地球上の上位１００企業は２０１６年に３７５０億ドルの兵器を売却し、６００億ドルの利益を確保し、３００万人以上の労働者を雇用している。[28]

しかし、軍事的蓄積における国家と民間資本との関係は、軍事的ハードウェアのために契約者に支払う国家支出以上である。国家は戦争や抑圧や安全保障の設計と執行でさえもＴＣＣに任せている。イラクとアフガニスタンにおける米国主導の戦争は、民間軍事・安全保障企業のための巨大な機会を開き、世界中の民間軍事・警察請負企業の急増を鼓舞し、ＴＣＣとグローバル資本主義を保護するために展開した。中東での民営化された戦争の猛攻撃は、悪名高い傭兵企業ブラックウォーター社に指導された。これは報道記者であるジェレミー・スケイヒルのベストセラー、『ブラックウォーター社：世界最強の傭兵軍の台頭』（*Blackwater: The Rise of the World's Most Powerful Mercenary Army*）[29] により２００７年に暴露された。これらの戦争の絶頂期にイラクとアフガニスタンにおける民間軍事請負会社は、両国における米国の戦闘部隊数を上回っており、アフガニスタンの米軍に3対1で勝っていた。[30] ２０１７年、ブラックウォーターの創設者、エリック・プリンスは、軍事請負会社と民間安全保障企業ダインコープ社を所有している億万長者である金融業者、ステファン・ファインバーグと協力して、トランプのアドバイザーたちの要請でトランプ政権に一つの提案をした。それは文字通り、アフガニスタンにおける米国–NATO戦争を全面的に民営化することであった。この計画は本書執筆時（2019年半ば）には承認されていなかったが。[31]

民間軍事・安全保障企業は、米国を越えて世界中に浸透しており、その展開は中東や南アジア、アフリカの主要な紛争地域に限定されない。シンガーは彼の研究『企業戦士』（*Corporate Warriors*）で、民間の軍事力が軍事的紛争や戦争で、どのようにしてかつて以上に中心的な役割を果たすようになってきたのか、この点を詳細に記録している。2003年に書かれたものだが、中東戦争の結果、民営化への転換が急増した点を豊富な証拠をもとに確認している。[32] シンガーは「新しいグローバルな産業が現れた」と書き留めている。「それは21世紀型のアウトソーシングと民営化である。そして、旧来の国際政治と戦争のルールの多くを変えた。それは領域と活動の両方でグローバルになった」。PMFの活動は、「特定の地理的領域や国家類型に限定されない。PMFは南極大陸を除くすべての大陸で活動してきた」。[33] 彼は続けて言う。「この現象は構造的変化の兆しを意味している。民間軍事産業の出現は、戦争ビジネスの顔をよく示している」[34]。米国に本拠地を置く多くのPMFを超えて、それはロシア、南アフリカ、コロンビア、メキシコ、インド、EU諸国、イスラエルを含め世界中の多くの国から生まれている。PMFをナショナルな企業と見なすことが誤りであるとすれば、それをトランスナショナル資本の統一した集合体から分離した存在と見なすのも間違いである。多くのＰＭＦはＴＮＣの系列会社である。例えば、ヴィンネル社はブラドック、ダン＆マクドナルド社の一部門に過ぎない。そして、世界で最大の未上場企業の一つであるカーライル・グループによっても所有されている軍事請負会社である。このグループは、75か国から投資家を集め、世界中の数百の企業と相互投資（cross-investment）をしている。

戦争の他にも、民間軍事力は経済的資源と企業投資機会へのアクセスを広げている。例えば、採鉱分野や油田へのアクセスがある。こうしたことから、シンガーはＰＭＦを「投資─救済者《イネーブラー》」と呼ぶようなっている。実際、ＴＣＣの一部門であるＰＭＦは、ＴＣＣの他の諸部門──例えばエネルギー、鉱業、そしてアグリビジネス・コングロマリット──が資本を蓄積する機会を広げて自らの資本を蓄積している。あるいは、言い換えると、他のトランスナショナル企業が強奪や搾取といった構造的暴力を通じて利益を得られるように、ＰＭＦは直接的暴力を行使することで利益をあげている。またある時には、チアパスにおける先住民のサパティスタ蜂起を鎮圧するために、南アフリカ企業、エグゼクティブ・アウトカムズ社とメキシコ政府の契約のように、ＰＭＦの介入が民衆反乱を鎮めることもありうる。ＰＭＦは金を払ってくれれば誰のためにでも働く。ＰＭＦの顧客には、国家や企業や地主、非政府組織、コロンビアやメキシコのドラッグ・カルテルさえも含まれている。単一で最大の顧客はペンタゴンである。ペンタゴンは、１９９４年から２００２年だけで、米国を本拠地とする企業と３０００億ドル以上の価格で3000以上の契約を結んだ。「冷戦期以降のあらゆる主要な軍事作戦は、民間企業による高水準の支援と活動を含んでおり、それはかつて米軍自身が実施してきた業務である」[35]。

米国に本拠地を置くハリバートン社とカーライル社は、中東戦争から利益を得た最も悪名高い軍–民企業であった。なぜなら、ジョージ・ブッシュ大統領の多くの最高位の政府高官は、これらの企業の多数の株を保有しており、そこにはブッシュ大統領や副大統領ディック・チェイニーの家族が含まれていた。しかし、中東戦争で契約を結んだ企業は全世界に及んでいた。2005年から2010年に、ペンタゴンはイラク–アフガンの戦争で民間軍事請負企業に1460億ドルを支出した[36]。そして、イラクの支援と安全保障作戦だけで世界中の約150企業と契約を結んでいた[37]。2001年9月の攻撃の結果、民間請負企業は毎年米国の全防衛予算のおおよそ半分を得ていた[38]。2018年までに、PMFは世界中で約1500万人を雇い、企業資産を守るために力を行使し、TCC幹部やその家族に個人的警備を提供し、データを収集し、警備活動や準軍事活動や対ゲリラ活動、監視活動を行い、群衆の統制や抵抗者の抑圧を実施し、刑務所を管理し、民間の拘留と尋問の施設を運営し、公然と戦争に参加している[39]。

これらの企業は、TNCやTCCの金融ネットワークにますます統合された。そして、その取締役会やアドバイザー委員会は、フィリップスが述べているように、「世界で最も強く結びついた特定の人々を代表し、政府と軍部と金融、そして政策集団との多様な結びつきを持っている」[40]。主導的なグローバル金融企業は、ロッキード・マーティン社やノースロップ・グラマン社やボーイング社、レイセオン社のような20世紀の有名な軍–産–安全保障企業に完全に組み込まれている。これは、伝統的な軍産複合体とトランスナショナル金融資本およびテック部門との融合を意味している。一例をあげると、次のトランスナショナル金融投資企業は、ロッキード・マーティン社に10億数百万ドルの所有財産を保持している。すなわち、〔ボストンの金融機関〕ステート・ストリート社（152億ドル）、〔世界最大の資産運用機関〕キャピタル・グループ社（121億7000万ドル）、〔世界最大規模の資産運用会社〕バンガード社（65億ドル）、〔世界最大の資産運用会社〕ブラックロック社（61億ドル）、バンク・オブ・アメリカ社（31億ドル）、〔世界的な金融機関グループ〕モルガン・スタンレー社（7030億ドル）、〔金融系企業グループ〕ゴールドマン・サックス社（4億7400万ドル）、〔世界最大規模の金融コングロマリット〕クレディ・スイス社（1億4900万ドル）など[41]。これら金融コングロマリットは、前の二つの章で検討したように、等しく、巨大テック企業に大部分組み込まれている。シリコンバレーとウォール街の運命が戦争と抑圧の運命に結びついているように、このシリコンバレーとウォール街の結びつきは軍事–産業–安全保障複合体とも連動している。2020年代、戦争と抑圧の機構がいかなる公益（しかし、それは誤った定義だが）よりも、株主に対する義務により駆動される段階に私たちは達したのである。ある米軍高官が述べたように、「それは1トンのレンガがあなたに当たる（It just hits you as a ton bricks）」ようなものだ。「国防省はもはや戦争を戦う組織ではなく、それは一つのビジネス企業である」[42]。

１９９０年代、米国政府は16の政府偵察機関による分析及び業務作業を民間請負企業に委託し始めた。２００６年までに、これらの16機関はその連結予算の70％を利益追求の請負企業に割り当てていた。前述の米軍高官が「諜報–産業複合体」と呼んだものは、２００８年までに数百のＴＮＣに利益を提供する５００億ドル市場となっていた。民間企業に委託された業務は、グローバルな偵察ネットワークの管理、情報分析、通信情報収集、監視、政策レポートと情報要旨の起草、秘密軍事作戦、捕虜の拷問、これらを含んでいた。２００１年９月の事件の結果、ＣＩＡの契約従業員数はこの機関の常勤労働力を上回るようになり、その秘密軍事作戦部門の半数以上をも構成するようになった。偵察機関と契約を結んだ最大の民間企業の中で、コンサルティング会社、ブーズ・アレン・ハミルトン社は、一部カーライル・グループに所有されているのだが、少なくとも１万の民間情報兵を指揮した。他方、サイエンス・アプリケーションズ・インターナショナル社（ＳＡＩＣ）の従業員４万２０００人のほぼ半数は、米国政府の秘密情報利用許可を所持している[43]。情報産業複合体で働くほぼ４万５０００人の民間部門従業員の80％は、２０１０年代の合併の波の結果、わずか五つの巨大企業で働いていた、ショロックはこう見積もっている。この巨大企業とは、ロッキード・マーティン社に一部保有されているレイドス社（Leidos）、ブーズ・アレン・ハミルトン社、世界中のドローン・プラットフォームを管理するＣＳＲＡ社ＣＩＡドローン暗殺部隊を指揮し、軍事衛星を展開するＳＡＩＣ、そして、とりわけＮＡＴＯに「対ゲリラ・ターゲティング戦略」を提供するＣＡＣＩインターナショナル、この五つである。[44]

一方、民間安全保障（警備）ビジネス、すなわち、戦争と安全保障の民営化の下位集団は、今や世界中の公的安全保障をずっと小さく見せている。

民間安全保障ビジネスは、多くの国で最も急速に成長している経済部門の一つである。……１９９０年以降、米国の安全保障産業は劇的に成長した。民間警備保障に費やされた金額は、公的な警備保障よりも73％も多く、民間の警備保障では公的機関の三倍の人員が雇われている。この傾向と関連して、「ゲーテッド・コミュニティ」が今や住居建設で標準となっており、米国ではこのようなコミュニティが2万以上もある。実際、米国で新規の五つのコミュニティができると、そのうち四つは民間の警備保障会社に警備されている。公式な警備活動はさておき、民間安全保障企業が、かつて政府により実施されていた多様な他の国土安全保障機能を担っている。例えば、業界大手のリーダー、ワッケンハット（Wackenhut）社は、米国の13州と四つの外国で刑務所を経営している。この会社はＳＷＡＴ（特殊武装・戦術）チームを提供し、サウス・カロライナ州とネバダ州にある核施設をテロリストの脅威から守っている。同様の傾向が地球上の全域で起こっている。南アフリカでは、民間警備保障人員と制服警察官の割合は4対1である。英国とオーストラリアでは、この割合は2対1である。英国内の民間警備保障人員（約25万人）は、実際に英国軍を上回る。アジアの一部では、民間警備保障業は年率20％ないし30％ずつ伸びている。共産中国でさえ、25万人ほどのガードマンが民間警備保障企業に雇われている。たぶん、民間警備保障の最大の爆発的伸びは、共産主義後のロシアで見られるもので、それは公的機関の完全な崩壊の結果である。1989年以来、1万社を超える新たな警備保障企業が新規開業している。[45]

2003年に、シンガーがこうした傾向を書いた以降に、実際、民間安全保障ビジネスは急激な成長を続けてきた。世界最大の民間安全保障企業であるG4Sは、世界第3位の企業主になり（ウォルマートとフォックスコンに続く）、66万人の従業員を抱え、年間売上1000億ドル以上を得ていた。[46] 2017年、世界中には2000万人の優秀な民間安全保障労働者がいたし、この業界は2020年までに2200億ドル以上の資産が見込まれた。世界の半数の国で、民間安全保障従業員は警官数を上回っている。グローバルな不平等の悪化がこの分野の急速な拡大を引き起こしてきたと、フォーブスさえも認めなければならなかった。「億万長者クラブに参入する個人が増えるだけ、警報モニタリングや護身輸送のようなサービスの需要は急上昇している。結果として、民間安全保障企業はグローバルな富の分かれ目のシンボルになっている」[47]。民間武装集団は、企業の依頼人やグリーン・ゾーンに住む富裕層に民間安全保障システムを提供している。例えば、デトロイトでは、民間安全保障企業セキュリタス社は、2013年から2019年までに民間依頼主へのサービス提供が年率25%の伸びを報告している。もう一つの企業、脅威管理センター社は、5000人以上が住み、100の企業がある都市における顧客名簿を自慢している。[48]

ここで、言うまでもないことを言うのは重要である。すなわち、企業は民間軍事・安全保障集団を雇い、規制からも自由になろうとするにつれて、警察権力を引き出し、国家の権限を手に入れる。数世紀前、アジアにおけるヨーロッパの植民地開発の絶頂期に、英国とオランダの特許状を付与された会社は帝国政府から認可を受けて、インド、インドネシアなどで植民地遠征隊のために独自の私兵を集め展開した。この過去の時代は、今や、TCCが世界を征服し、再植民地化するにつれ、グローバル資本主義の現代的諸条件の下で復活してきたということだ。

シリコンバレーと監視資本主義

CITは、戦争や国家暴力と私的暴力、社会統制手段を革命的に変えてきた。それは20世紀末に始まった、いわゆる、〝軍事革命〟(Revolution in Military Affairs, 以下、RMA)である。そして、一層進んだ第四次産業革命のデジタル型テクノロジーを伴っている。このRMAは、新たな段階に突入しているようである。事実上、あらゆる新しいテクノロジーは、伝統的な武装勢力や警察、諜報諸力の多様な結びつきを活用し、戦争や社会的統制と監視や抑圧の実施をあらゆる方法で相互に連携する能力を伴っている。前章で検討したことを繰り返せば、デジタル化の発展により可能となった戦争と抑圧の、ぞっとする新しいシステムとはすなわち、AIを備えた兵器である。それには、無人攻撃・輸送手段、ロボット兵士、新世代のスーパー・ドローンや虫型ドローン（flybot）、マイクロ・ドローン、極超音速兵器、行動の自由を奪うマイクロウェーブ銃、ナノ兵器、サイバー攻撃と情報戦争、生体認証、国家や民間による生物兵器データ・マイニング、瞬時追跡・統制を可能にするグローバルな電子・照準監視、これらが含まれる。国家によるデータ・マイニングとグローバルな電子監視は、戦闘地域から軍事的都市や農村に至るまで紛争の舞台を世界中に拡大している。[49] こうしたことは、新たな形態の空間的封じ込めや監視、周辺地域の統制を可能にする空間の再構築と結びついている。

支配層が軍事用語で「フルスペクトルの優位性」または「全面的戦闘空間認識」と言及してきたことを行使する、新たな可能性をこのRMAは切り開いてきた。この戦闘空間はすべてを包含するようになる。すなわち、伝統的な地形空間（陸地、海洋、大気）、サイバースペース、政治的システム、「情報環境」、電磁領域、社会的メディア、等々。[50] グローバル社会はすべて高度に監視され、広く利益を生む戦闘空間になっている。グローバル警察国家のこれらのテクノロジーは、資本蓄積に向けての新たなはけ口を開く推進力により駆動されている。同時に、それはさらに戦略的あるいは政治的思考によっても推進されている、この点を忘れてはならない。

デジタル経済の出現、そして軍事部門と文民部門との境界の希薄化は、金融の投機と軍事的蓄積の結合過程をめぐっていくつかの資本分派を融合させている。デジタル・テクノロジーにより可能になった新たなシステム向けの市場は、数千億ドルに達している。例えば、グローバルな生体認証の市場は２０１５年の１５０億ドルから２０２０年の３５０億ドルに急拡大すると期待されている。[51] 金融資本はグローバル警察国家のテクノロジーやテック部門への投資への融資をはかっている。テック企業は、今やグローバル経済で中心的重要性を持つ新しいデジタル・テクノロジーを発展させ、供給している。２０１３年に、ＮＳＡの内部告発者、エドワード・スノーデンが名乗り出て以来ずっと、グローバルな警察国家構築において、米国やその他の政府と巨大テック企業との共謀に関する暴露が次々に飛び出した。そして、反乱住民の統制と抑圧を通じ、また戦争の民営化を通じて、軍─産─安全保障複合体が余剰資産のはけ口と利益を得るための一手段となるにつれて、軍─産─安全保障複合体は、このテクノロジーを利用している。

調査・研究型のジャーナリスト、ヤシャ・レバイン（Yasar Levine）は、彼の啓発的研究、『監視バレー：インターネットの隠された軍事史』（*Surveillance Valley: The Secret Military History of the Internet*）で、１９６０年代に米国国家と軍事─産業企業によるＣＩＴとインターネットの開発に関する、ほとんど知られていない歴史を記録にとどめている。[52] ＣＩＴとインターネットは、戦争と対反乱作戦や監視、政治的抑圧の手段として開発されたが、それは軍事と営利目的の両用の視点をも含んでいた。それゆえ、米国政府はインターネットを１９８０年代末に始まった企業コンソーシアムに任せた。シリコンバレーが新たな情報テクノロジーのグローバルな拠点として現れつつある時期であった。第一次デジタル化の波は１９９０年代に始まった。こうして、テック産業の出現は、軍―産―安全保障複合体とグローバルな警察国家の誕生に結びつけられていた。しかし、初期のこの産業は、啓発的な対抗文化運動を前進させる、進歩的で反抗的なイメージを意図的に並べ立てた。このプロパガンダ・キャンペーンは、ビル・ゲイツやスティーブ・ジョブズ、イーロン・マスクのようなグローバル資本主義のハイテク・サミットの大物を、情報テクノロジー崇拝に引き込まれて夢中になった若者の中でテクノ・フォークの英雄に変えるのに、何がしかの成功を収めてきた[53]。しかし、この宣伝活動の外見の影では、イラクの米兵に使われたマッピング技術、ＣＩＡのためのホスト型データ、国家安全保障局のインデックス化された膨大な情報データベース、軍事ロボットの構築、ペンタゴンと共同開発されたスパイ衛星、警察部門が犯罪を予想するのに役立つ専用のクラウド・コンピュータ・プラットフォーム、これらを何年にもわたりグーグル社が供給した。「さらに、グーグル社だけではない」、とレバインは言う。「アマゾン社からイーベイ社、フェイスブック社まで……こうした会社のかなりの部分は、米国の安全保障サービスと完全に絡み合っているので、企業がどこで終わり、米国政府がどこで始まるのかを語るのは難しい[54]」と。

　データ・マイニングは、商業的マーケティング・キャンペーンにおいて極めて有益であるだけでない。すなわち、それはグローバル警察国家の監視・統制システムに欠かせない。デジタル化が拡大するにつれて、事実上、あらゆるコミュニケーションが対面を超える場に移っている。社会諸制度のすべてのやりとりと活動が、デジタル・データになっている。これらの果てしないデータ蓄積は、それを収集する企業と国家の自由になる。グーグル社はデータ証跡のマイニングと商品化のさらなる拡張に向けて、シリコンバレーでの主導権を握ってきたようである。「ウーバー社、アマゾン社、フェイスブック社、イーベイ社、ティンダー社、アップル社、リフト社、フォースクエア社、エアビーアンドビー社、スポティファイ社、インスタグラム社、ツイッター社、アングリーバード社。もし視野を広げより大きな構図を見返すならば、全体として、これらの企業は、私たちのコンピュータと電話機を、広大な企業所有の監視ネットワークに接続されている盗聴器に変えてきたことを理解できる」、レバインはこのように考えている。「私たちが訪れる場所、すること、話したこと、話す人、会う人――すべてのことが記録され、それがある時点で価値に反映される」。こうして、グーグル社は2017年に900億ドルの収入を得、200億ドルの利益を得た。[55]

ハーバード・ビジネス・スクールのショシャナ・ズボフ（Shoshana Zuboff）は、彼女の著書『監視資本主義の時代』（*The Age of Surveillance Capitalism*）において、データ抽出とデータ分析がほんの数年前には想像できないほどの優れた水準に達したことを示した。実質的に、世界中のあらゆる情報は、今やデジタル化され、そのデータを収集し、取捨選択し、分析できる人々に信じられないほどの力を与えている。[56] ズボフは、グーグル社やその他のテック企業が、今やビッグ・データが開放している利潤創出の新たな広大な機会に駆られていると見ているが、これは正しい。そして、「この新しい市場形態が蓄積の独特な論理であり、そこでは監視が投資を利益に変える基盤的メカニズムである」[57] と考察している。しかし、私たちが強調したいことは、「この新たな市場形態」は、今度は、グローバルな警察国家につながれているということである。当時のCIA長官、マイケル・ハイデンは、2001年9月11日から数年後、CIA当局は「世界のインターネットの軍事化にかなり責任がある」と2013年に説明したが、その当時、彼は全く誠実であった。[58] 私たちの関心のある軍事的蓄積に関する限り、商業的企業分析およびデータと軍事的なそれとの相違は実在しないことが明らかになる。グーグル社が人々の生活を監視し、彼/彼女らのデータ収集を行う同一のプラットフォームとサービスは、広範囲の米軍の諜報機関および警察部門の運営に使われている。軍–産–安全保障複合体の企業でも同様である。シリコンバレーとこの複合体の融合は世紀の展開期に急拡大した。当時、CIAはベンチャー資本基金、In‐Q‐Telを創設し、スタートアップに投資し、CIAをシリコンバレーと一層緊密に結びつけた。こうしたスタートアップの一つであるキーホール社は、アメリカ国家地理空間情報局（National Geospatial-Intelligence Agency：NGA、CIAとペンタゴンに衛星情報を伝えている）と連携するCIAにより融資を受けたが、2004年にグーグル社により即金で買収された。

さらに進んだ統合はその年から始まり、その統合にはグーグル社やシリコンバレーの他の企業と米軍および国家安全保障に関わる諸機関、さらにはレイテオン社、ノースロップ・グラマン社、ロッキード・マーティン社のような軍産複合体の、より伝統的な企業が関わっていた。インターネット企業の巨人グーグル社は、これらの伝統的軍事請負企業や「おおよそすべての主要な軍事・諜報機関」と、さらに国務省、ＦＢＩ、その他の連邦機関と連携してこの統合を先導した。「グーグル社は諜報・軍事機関と業務を行っただけでなく、文民関連連邦機関、都市、州、地方警察部門、緊急対応機関、病院、公立学校、あらゆる種類の企業、非営利機関、これらを含むあらゆるレベルの社会にも浸透しようとした」。さらに、その統合はインターネットの巨人であるグーグル社にとどまらず、アマゾン社、ペイパル社、フェイスブック社、イーベイ社、そして、多数の小企業と協力して、ＣＩＡやＮＡＳ、ペンタゴン、地方警察本部などとも数十億ドルの契約に調印した。[59] アマゾンＣＥＯのジェフ・ベゾスは世界で最も裕福な人間であるが、防衛イノベーション諮問委員会の一員となっている。この委員会は、２０１６年に主導的シリコンバレー企業から米軍高級将校に提出するために始められたペンタゴン・イニシアティブである。[60] 2年後、アマゾン社はＣＩＡと6億ドルの取引に調印した。[61] ソーシャル・メディアが兵器として使われるにつれて、ＣＩＡが支援する他の企業、ジオフィーディア社は、ソーシャル・メディアの投稿を地理的特定地区からクライアントが見ることを許可している。２０１６年には、５００の警察部門をクライアントとして持ち、組合や抗議、暴動、活動家グループを監視する企業の能力が宣伝された。ジオフィーディア社やＣＩＡが支援する他の企業は、「ソーシャル・メディアのデータへの特別アクセスとしてフェイスブック社やグーグル社、ツイッター社に支払いを行い、シリコンバレーにもう一つの収入源を追加した」[62]。

前章で検討したように、マスメディアと娯楽産業（この二つを区別するのは時として不可能である）が果たす役割は社会的意識を形成している。実際、グローバル資本主義の文化は、全能でないとしても、強力で全知的な力である。というのも、多様な抵抗の文化があり、支配的な文化の語られ方と民衆の生きた現実、そして物質的諸条件との間の諸矛盾をも飲み込んでしまうからだ。企業メディアは広がりと影響力の点でグローバルであり、娯楽産業やトランスナショナル金融機関やテック企業と相互に投資し合った極めて集中した「メディア独占体」である。その２０１７年の収入は2兆ドルと抜きん出ている。アルツが著書、『グローバル・エンターテイメント・メディア』（*Global Entertainment Media*）で述べているように、トランスナショナルメディアは「国境を越えた資本主義の変容を再生産し反映」している。トランスナショナルなメディア・コングロマリットは「ＴＣＣの道具であり、そのための道具である」[63]。同様に、私たちがグローバル経済の中枢と認識してきたグローバルな金融の巨人は、シリコンバレーを通じて、同じく企業メディアと娯楽を通じてその投資影響力を広げている。例えば、ブラックロック社、バンガード社、ステート・ストリート社、J.P. モルガン・チェース社、キャピタル・グループ社、ゴールドマン・サックス社は、コムキャスト・コーポレーションに約４００

億ドルの複合保有（combined holdings）をしている。この企業はメディアやテレビの放送、インターネット、ケーブルその他の通信サービスを供給している。これらの主導的な金融コングロマリットは、ウォルト・ディズニー社にも数百億ドルもの所有権を保持している。この企業は世界中に20万人を雇用する巨大な企業コングロマリットであり、２０１６年の収益は５５６億ドルを有し、放送、娯楽、パーク、その巨大帝国内のホテルの株式を所有している。たとえば、アメリカン・ブロードキャスティング・カンパニー社が含まれる（一方、カリフォルニアのリゾート地にあるディズニー・アナハイム社の労働者はほとんど賃金を支払われておらず、彼／彼女らの3分の2は、毎日3食を十分に食べていない、という）[64]。同様なパターンは、ベルテルスマン社（Bertelsmann）、バイアコムＣＢＳ社（Viacom and CBS）、タイム・ワーナー社（Time Warner）などの他のメディア独占体でも当てはまる[65]。

メディア–金融–ＣＩＴ連結体は、グローバル資本主義の文化とイデオロギーの形成およびこのシステムのヘゲモニーの再生産に巨大な影響力を及ぼしている。企業メディアは「世界中の人間の感情と認識を操っている」と、フィリップスは語る。そして、「グローバルな不平等を邪魔なものと見なす娯楽」を奨励する[66]。企業メディアは、フィリップスが広報とプロパガンダ（ＰＲＰ）企業と呼ぶところから報道および印刷コンテンツの約70～80％を受けている。それは販売前にパック詰めされたニュースやオピニオン、娯楽で作られたグローバル企業メディアシステム内のほぼすべてのコンテンツである。すなわち、

「進行中の戦争やテロリズムに対する準備と報道は、事前に計画されたイデオロギー的万華鏡に上手くはまる。政府と民間の広報専門家は、トランスナショナル・メディア配信制度にニュース情報を提供する。その結果は、ニュース管理者と供給元との巨視的な共生関係の出現である。この関係の完全な事例は、中東とワシントンD.C.の双方にペンタゴンにより組織された記者会見である。それは特定のメディア機関を通じて選別されたニュース収集者（ジャーナリスト）集団に、戦争とテロリズムに関するあらかじめ用意されていた記事を配給している[67]」

ここでの要点は、娯楽産業のハリウッドと企業メディアが兵器として使われ、軍事的蓄積の循環に取り込まれることである。それらはヘゲモニー的秩序を構築するのに役立ち、戦争と社会的統制から自分自身が利益を得るにつれて、グローバルな警察国家を正当化し、標準化するための文化的・イデオロギー的キャンペーンで中心的な役割を果たしている。グローバルな警察国家はマスメディアと娯楽を通じて日々の社会組織に織り込まれている。例えば、2005年から2016年に、米軍と諜報機関は800以上の主要な映画と1000のテレビ番組に影響を与えており、ハリウッドを戦争と抑圧の有力なプロパガンダ機構に変えている[68]。軍と諜報機関が影響力を行使してきた映画とテレビ番組のリストは驚くほどで、以下のようなハリウッドの多数のヒット作品がある――『トップガン』（*Top Gun*）、『ウインドトーカーズ』（*Windtalkers*）、『愛と青春の旅だち』（*An Offer and A Gentleman*）、『パラダイス・アーミー』（*Stripes*）、『インデペンデンス・デイ』（*Independence Day*）、『ジュラシック・パーク』（*Jurassic Park*）、『ブラックホークダウン』（*Blackhawk Down*）、『レッド・オクトーバーを追え！』（*The Hunt for Red October*）、『パトリオット・ゲーム』（*Patriot Games*）、ジェームス・ボンド・シリーズ（*the James Bond series*）、『ハルク』（*Hulk*）、『トランスフォーマー』（*Transformers*）、『ミート・ザ・ペアレンツ』（*Meet the Parents*）――また、「アメリカズ・ゴット・タレント」（*America's Got Talent*）、「オプラ・ウィンフリー・ショー」（*Oprah*）、「ＮＣＩＳ～ネイビー犯罪捜査班」（*NCIS*）、「ザ・ジェイ・レノ・ショー」（*The Jay Leno Show*）のテレビ番組からＢＢＣ、ヒストリーチャンネル（History Channel）によって放映される多くのドキュメンタリーに及んでいる。

デジタル化とビッグ・データは、あらゆるレベルで「監視資本主義」への道を開いており、20世紀に想像できなかった高水準のテーラー型規律に労働者を導いている。ビッグ・データは労働者との絶え間のない闘争における資本の強力な道具である。フォードは次のように述べている。

「ビッグ・データとそれに付随するアルゴリズムは、仕事場と企業主としてのキャリアに直接的なインパクトをもたらしている。とりわけ大企業は、職場と従業員の社会的相互作用に関する多種多様な統計やメトリックスをますます追跡する。企業は労働者の雇用、解雇、評価、昇進の方法に関する、いわゆるピープル・アナリティクス〔人材データの活用と分析〕にこれまで以上に依拠している。企業が関与する諸個人や仕事に関して集められているデータ量は膨大なものである。ある企業は全従業員によりタイプされたすべてのキーストロークを集積している。Eメール、電話記録、ウェブ検索、データベース検索、ファイル・アクセス、ファシリティへの入力と出口、そして大変な量の別のタイプのデータ、これらも集められる。労働者が認識していようが、いまいが[69]」

こうした職場での労働への統制を超えて、すべての社会秩序が監視されている。国家と民間の監視システムは、今や世界の隅々をモニターしているので、すべてのやり取りが秘密にされることはない。フランスの哲学者ミシェル・フーコーは、特定の組織で働く全展望監視システム《パノプティシズム》を恐れていた。トランスナショナル資本のこの独裁において、支配層が地球全体の広大なパノプティコン的監視を、すなわち蓄積機能とコントロール機能を同時に果たす監視をいかに達成してきたのか、この点を彼は確かに想像できなかったであろう。

犯罪化と軍事的蓄積

前章で、犯罪化が反対勢力を抑圧し、余剰な人間の社会的統制を推進するメカニズムであることを検討した。しかし、犯罪化は私的利益のための特別な市場を国家が活用する方法でもある。[70] それは、抑圧による最も明瞭な蓄積方法である。このタイプの犯罪化は、資本蓄積を強制する「正当な」国家抑圧を活性化している。それは第二の搾取に関する多様な国家メカニズムの強制的諸機関を通じて制度化することも含む（前章参照）。結局、国家が犯罪化された人びとに対する抑圧の実行へと民間資本を向けている。

米国に主導され、世界中の国々で収監状態が急速に拡大してきた。そして、米国は自国の大規模な監禁システムを輸出してきた。２０１９年、そのシステムは少なくとも33か国の刑務所制度に関わっている。これらの諸国における米国のプログラムは、新たな刑務所建設、刑務所監視訓練、設置許可、データ運用、全般的設計を含んでいる。いわゆる「ドラッグ戦争」（以下参照）の一部として、米国はメキシコにおける連邦刑務所建設の急拡大に資金を提供した。それは5か所から14か所に増加した。[71] 世界中で１０７０万人が刑事組織に留置されている。米国はその先頭にあり２３０万人が収監されている。次が、１６５万人の中国である。そして、ブラジル、ロシア、インド、タイ、インドネシア、トルコ、メキシコ、フィリピンが続く。世界の刑務所人口は、2000年~2018年の間に24%拡大した。オセアニアにおける収監人口は、86%拡大し、米州大陸では41%、アジアでは38%、そしてアフリカでは29%拡大している（対照的に、ヨーロッパでは22%減少している）[72]。

今や、米国の大規模な拘禁状態に関する膨大な文献がある。そして、米国は牢獄国家に関する事例研究を提供している。刑務所産業複合体（prison-industrial complex）の台頭については多くの研究があるが、ルース・ウイルソン・ギルモアは、『ゴールデン・グーラグ』（*Golden Gulag*）の中でカルフォルニアが大規模な拘留戦略の中心地であり、それは「世界史上最大の刑務所建設計画」において先導的であったことを示している。彼女は余剰資本蓄積と並んで急進的闘争の敗北がいかに余剰労働者を刑務所に入れる戦略に導いたのか、この点を描いている。この余剰労働者は、人口全体の割合から極めて不均衡に人種的・民族的に虐げられた集団出身の若者から構成されていた[73]。全国的に、刑務所人口は過去40年で900%増大し、2018年には230万人に達している[74]。しかし、この数字は、刑務所外にいる他の500万人を含んでいない。のみならず、保護観察中の社会復帰施設や仮出獄のような別の形態の刑務所監視の下にいる人々をも含んでいない。さらに、逮捕や有罪記録を持つ数千万の人びと、公判前の拘留者や少年院にいる青少年も含まれていない。『刑務所政策イニシアティブ』（*Prison Policy Initiative*）は、米国では毎年1060万人が刑務所に入ることを報じている[75]。

この牢獄国家は多様なレベルで軍事的蓄積に広範な機会を開いた。2001年、世界規模でほぼ２００の民間経営の刑務所があらゆる大陸に存在した。その多くは民間刑務所サービスや民間電子モニタープログラムのような利潤追求の監察サービス形態を含む「官民連携」である。民間刑務所を発展させた国は、ＥＵの大部分の加盟国から、イスラエルやロシア、タイ、香港、南アフリカ、ニュージーランド、エクアドル、オーストラリア、コスタリカ、チリ、ペルー、ブラジル、カナダに広がっている。これらの刑務所経営企業は、それ自体巨大なＴＮＣであり、米国を本拠地にしているが、グローバルに展開するＣＣＡ、ジオ・グループ社、マネジメント＆トレーニング社、そして、英国を拠点とする〔民間軍事・警備会社〕Ｇ４Ｓ社やセルコ社を含んでいる。そして、それらは金融産業と連携している。[76] 米国の民間刑務所は１９７０年代に遡る。当時、民間企業は最初、社会復帰施設を肩代わりすることで出発した。１９８０年代、ＣＣＡは最初の利潤追求の刑務所会社となり、民間施設経営の契約を確保した。２０００年以降、米国の刑務所人口が全体的に９％上昇したのに比して、民間刑務所にいる人数は47％増加した。２０１８年、米国連邦刑務所局（U.S. Bureau of Prisons）が発表しているが、連邦施設にいる人びとによる民間刑務所利用は拡大している。[77] 政府諸機関が収監者数に応じて民間企業に支払いを行って以降、できるだけ刑務所人口を増加し、できるだけ長期に在監者を拘留し、したがって、犯罪化の方法を拡大することは、これらの企業やその投資家にとって利益になる。

これらの米国の民間刑務所は、連邦と州刑務所の全人口の10％以下であり、それがこの重要性を曖昧にしている。しかし、この数字はかなり誤解を招く。というのは、刑務所が公的である時でさえ、健康管理や教育、食料、電話、輸送のような刑務所サービスの広範な民営化が行われている。「官民連携」や民間の青年拘留センターや社会復帰施設（halfway house）も同様である（それに、以下に議論するのだが、移民拘留センターが付け加えられねばならない）[78]。さらに、これらの全収監者数が2010年代初期にピークに達して以降、部分的には刑事裁判改革の運動の発展の結果、全収監者数がゆっくりと着実に低下した[79]。しかし、この低下は刑務所民営化の新たな諸形態に反撃されてきた。それは「コミュニティ獄舎」と呼ばれてきたことである。すなわち、日報センター、中間制裁施設、社会復帰施設、そして電子モニタリングである。電子モニタリング計画は、2010年代に米国では2倍以上となり、60億ドル産業になったと見積もられている[80]。2010年代にこれらの「コミュニティ獄舎」プログラムに（サービス）を供給している企業買収の波が起こった。「刑事裁判改革の一部としての犯罪者の更生とコミュニティ復帰プログラムの強調は、私たちの企業にとって成長機会を創出すると確信している」[81]、こうジオ・グループの一人の理事が説明した。

牢獄国家は、自由自在に利用できる監禁された労働者を喜んで資本に供給している。2017年、連邦および州刑務所にいる約15％の収容者は、ボーイング社やスターバックス社やビクトリアス・シークレット社のような会社で仕事を行っている。他方、移民法の侵犯で逮捕された移民は、刑務所労働者の最も急速に増大している部門の一つである。例えば、コロラドでは、2014年におよそ1600人の収監者が家具製造、乳製品産業、自動車修理、造園、そして軍事産業などの民間の会社に、1日1ドル以下で雇用されていた。[82] 民間企業にとって、刑務所労働は黄金のポットのようであると、ゴールドバーグとエヴァンスは、2012年のエッセイ「刑務所産業複合体とグローバル経済」で述べている。すなわち、「ストライキがない。組合もない。失業保険や払うべき労働者補償もない。新たなリバイアサンである刑務所は、壁の内側に数千エーカーの不気味な工場を建設している。すべては〝無償労働〟費用の、ほんの一部である」[83]。これに加えて、刑務所は医療からトイレット・ペーパーや「食事付き宿泊施設」経費に至る基本的必要品の請求を、在監者にしている。貧窮している州政府や地方政府は、ますます有罪となった人々に――交通違反やその他の軽微な違反に罰金未納の人さえにも――料金を請求して収入を生み出そうとしてきた。それには国選弁護人や検察官、法廷管理、刑務所運営、執行猶予監視などの費用を含んでいる。これらの料金を払えない人は、しばしば何年にもわたって刑務所に監禁される。[84]

犯罪化には多くの方法がある。第2章で見たように、債務の商品化は、余剰人類を搾取する新たな様式を生み出してきたが、一方で、同時にそれはグローバルな労働者階級を規律化する強力な手段となってきた。二次的搾取を通じての価値の取得に加えて、債務の束縛はますます軍事的蓄積とグローバルな警察国家と密接な関係となっている。米国では、約7700万人――これは成人人口3人に1人であるが――が民間の取り立て機関に任されてきた債務を有している。元々の債権者が債務で生じる収益の一部をかすめ取る、こうした取り立て機関は、債務国家の法廷や検察官事務所、警察と刑務所制度によって、たとえ債務者が失業やその他の理由で支払えない場合でも、債務者を処罰し返済を強要する絶大なる権限を付与されてきた。近年、こうした数千の債務者が逮捕、投獄されてきた。そして、彼／彼女らは車の支払いからガス・電気・水道代、学生ローン、医療費というお金を持っていることを理由に、あるいは不渡りの小切手を理由に、数百万人が債務で脅されている。アメリカ自由人権協会レポートによれば、この民間債務の犯罪化は、「取り立て機関の要請により、民事未払い債務裁判を審議する裁判所に出廷しない人々に裁判官が逮捕令状を発する時に起こっている」。多くの場合、これらの債務者は返済を訴えられているのを知らない、あるいは裁判所に出廷すべきとの知らせを受け取っていない。[85] 同時に、国家はこうした就労に公的支援を結びつけることでこの強制力を強化するにつれて、こうした厳しい措置は、労働者が極めて搾取的な条件であっても就労を受け入れるよう強制される（「ワークフェアー主義（workfarism）」）。

犯罪化は民間保釈金産業を巨大な収益のあるものにした。保釈金を支払えないことは、公判前の大量投獄において決定的要素である。すなわち、米国では1日で約40万人が拘置所で裁判を待っている。[86] 貧しい人々は保釈金を支払えない時、民間の保釈金会社に頼らなければならない。

保釈金産業は「典型的な家族営業」事業として自分たちを描くが、トランスナショナルな保険企業がこの産業を支配し、年間数十億ドルの利益を貧困状況から得ている。そして、貧しい人々の犯罪化の進行を促進している。[87] 九大企業だけで毎年発行される、ほぼ140億ドルの保釈金保証証券の大部分を引き受けている。これらの企業は、同様に、グローバルな株式市場で取引するトランスナショナルな大企業の子会社であることも多い。これらの企業はアメリカ立法交流評議会（American Legislative Exchange Council, 以下、ALEC）を通じて活動することが多いが、利益追求型の保釈金制度を劇的に拡大し、改革を阻止するための法律や規制や実践の点での変更を推し進めた。1990年から2009年に、保釈金制度に頼らざるを得ない人々の数は2倍になり、保釈金の総額は上昇してきた。保釈金企業の支配の結果は、あるレポートが指摘しているように、「数百万の人びとはもはや自由ではなく、刑務所に居続け、家族は借金でこうした企業のために利益を生み出している」。このレポートは、次のように続ける。

「利潤追求型の保釈金産業は、こうして、説明責任も持たずに、裁判所の役割と機能を奪い、家族を債務の罠に追い込み、利益を確保する方法を生み出してきた。一方で、消費者慣行のための監督を逃れ、警察による重要な取り締まりもなしに人々を監視し、武装逮捕し、保険監査人を避けた。……当面の資金を必要とする家族から利益を得る臨時の金貸しのように、保釈金企業は拘留という差し迫った危機を利用して、人びととその家族をあくどい契約や監視と支配、そして債務に固定する。真相がどうであれ、逮捕自体が不法であると決定された場合ですら、家族がかき集めて保釈金企業に支払った金は永久に戻ってこない」[88]

移民と難民に対する戦争[89]

資本主義のグローバル化や国家暴力と私的暴力、そして軍事的紛争により引き起こされた大規模な移動は、近年の世界規模での空前の移民の波を生んできた。1960年、世界中に約7500万人の移民労働者（出生国を去った労働者）がいた。そして、1980年にはその数は10億人となった。国連の低めの見積りによると、2005年にこの数字は、世界中で約2億人の移民労働者に急拡大しているが、これは1980年の2倍の数字である。国際労働機関（ＩＬＯ）は、この数字が2014年までに2億3200万人になると見積もっていた。[90]加えて、戦争や政治的抑圧により移動を余儀なくされた7000万近くの人びとが世界中にいる。彼／彼女らは難民と見なされている。しかし、自国の外に退去しているならば、おそらく難民はグローバルな移民労働力の一部としても見なされる必要があろう。[91]さらに、これらの数字は数億人の中国人を考慮していない。彼／彼女らは中国内陸部から沿岸の工業地域で働くために沿岸都市に移動した人びとであり、また（中国の戸籍制度）湖口（hukou system）[92]として知られているが、中国の国内用旅券と居住法の結果、社会的サービスへのアクセスや労働諸権利を剥奪された移民労働力を構成している。この世界的移民人口が増加するにつれて、世界中の国境は軍事化され、国家は抑圧的な反移民統制を加速し、現地の人びとは移民をグローバル資本主義の危機の連鎖的深化のスケープゴートに変えている。しかし、「国境が国家間の地理的フィルターやラインでなくなる地点がある」、とグラハムは注意を促し、「代わりに、それは世界のインフラや流通、都市、組織体を横断して広がるますます相互に情報交換可能な規制テクノロジー集合体として現れている」、と述べている。[93] 国際移住機関（IOM）によると、これらの規制テクノロジーの誘導によって、地球規模で2005年～2014年に国境を越えようとした4万人が死亡していると推測している。[94]

この移民人口は、グローバル資本主義に十分奉仕している。それは、グローバル経済にとってほぼ無尽蔵の労働者余剰を提供している。トランスナショナルな労働流動性は、TCCが世界中の労働市場を再編成し、市民権を剥奪された短期滞在労働力をリクルートし、容易に統制できることを可能にした。移民人口に対する抑圧的な国家統制と市民権のない労働者の犯罪化は、グローバルな労働者階級のこのセクターを超-搾取と超-監視に対して脆弱にしている。同様に、この抑圧はその本質上、トランスナショナル資本の一層重要な蓄積の源泉になっている。それは二重の意味で蓄積の源泉である。第一に、移民との戦争の全局面は利潤創出の源泉である。すなわち、健康管理、食料、電話システムのような公的拘留センター内部におけるサービスの提供や私的な利潤追求の拘留センターから、追放レジームに付属する別の諸活動（追放者を帰国させる民間チャーター機やフェリーの政府契約や国境機関の軍配備）まで。米国では、アメリカ合衆国国土安全保障省（Department of Homeland Security, 以下、ＤＨＳ）は国境と移民規制サービスのために34万４０００以上の契約をし、２００６〜２０１８年までに８００億５０００万ドルを払っている。[95] 第二に、もしこの戦争が余剰なものの処分に、新たな大量のはけ口を開くとすれば、それは搾取を強め、闇市場およびインフォーマル市場の賃金を抑制し、より一般的な賃金を下げる機会を資本に提供している。

米国の移民との戦争は、軍事的蓄積と抑圧による蓄積に関する典型的な事例研究を提供している。ある試算によると、国境安全保障産業は、２０１１年の約３０５０億ドルから２０２３年にはほぼ７４００億ドルへと2倍の価値になると見積もられた。[96] ２０１６年11月のドナルド・トランプの選挙勝利の翌日、ＣＣＡ（後にコア・シビック社に名前を変えた）の株価は、トランプが数百万人の移民追放を約束したので、40％も急上昇した。ＣＣＡは米国最大の利潤追求型の移民拘留・刑務所企業である。２０１６年初め、ＣＣＡの最高経営責任者（ＣＥＯ）、デイモン・ヒニガーは次のように報告していた。中米における暴力から逃れてきた移民と女性と子どもの拘留拡大の結果、「私たちの連盟の仲間、とりわけ移民・関税執行局（Immigration and Customs Enforcement, 以下、ＩＣＥ）からの予想以上の要求」があり、第1四半期の儲け口（earners）が5％増加している。[97] 別の主導的な民間刑務所・拘留企業、ジオ・グループ社の株価は、トランプ政権の初年度数か月で3倍になった（この企業はトランプの就任に２５０万ドルを献金し、それによりカルフォルニアの新たな移民拘留センター建設で1億１００万ドルの契約を与えられた)[98]。世界中から数百の民間企業がトランプの有名な米国–メキシコ国境壁建設に入札した[99]。コア・シビック社とジオ・グループ社のような企業は、ウォールストリートの証券取引所に上場されていたので、世界中の投資家はその株を売買した。こうして、このような企業は、むき出しの政治的・イデオロギー的目的と離れて、しかし、全く関係がないわけではない、移民の抑圧への関与を発展させている。

米国–メキシコ国境は20世紀末までにすでに世界中で最も軍事化した広がりを持つ土地の一つであり、2000マイルの国境のマイルごとに10人の監視人がいた。国境に沿った多くの地域は戦争ゾーンに類似している[100]。トランプの「壁建設」のキャンペーンは、民主党や共和党を含め、彼の前任者たちによって追求された国境の軍事化とはレトリックの点で異なっていた。この政府は、移民規制の名目ですべての米国国境内に100マイルの幅で「憲法の停止地域」を主張している。それは沿岸を含め約2億人に及んでいる。この地域で、国家は検問所を建設し、身分を決定し、停止させ思いのままに検査し、ラップトップ型コンピュータと携帯電話を自由に押収し、コピーする権限を要求している[101]。1990年代、米国議会と国防省はハイテクの軍事・安全保障産業の開発に向け、米国–メキシコ国境を確保した。研究者、ファン・マヌエル・サンドバルは、国境地域（の米国側）が「トランスナショナル資本拡大のためのグローバルなスペース」にどのように再構成されたかを追跡している。それはハイテク軍事産業と航空宇宙関連産業、軍事基地に集中していた。そして、「移民、ドラッグの違法販売、低強度戦争戦略を通じたテロリズム」と戦う市民および軍事的諸勢力を展開している。国境地域（のメキシコ側）では、マキラドーラ（搾取工場）の拡大、鉱業、資本主義的グローバル化と北米統合の枠組みでのメキシコ側の産業の拡大と連携している。彼は、国境地域がいかにグローバル資本主義の広範囲な循環に統合され、集中的な軍事蓄積の唯一の統合の場になってきたのか、このことを明らかにしている。[102]

ALECの活動は、大企業と国家、軍事化と警備、市民社会内の反移民とネオファシスト的諸勢力、これらの内的連携を暴露している。[103] ALECは州および連邦選出議員と法の執行制度や刑事裁判制度を一体化させ、そこには最も強力なTNC約200社の代表がいる。とりわけ、〔米国の情報・通信メディア・コングロマリット〕ATT社、コカ・コーラ社、エクソンモービル社、ファイザー社、クラフトフーズ社、ウォルマート社、バンク・オブ・アメリカ社、マイクロソフト社、ネスレ社、アストラゼネカ社、ダウ・ケミカル社、ソニー社、コーク・インダストリーズ社などが含まれている。コーク・インダストリーズ社はALECの最大の創設者である。ALECは、TNCの行動計画を前進させ、立法上のイニシアティブを発展させている。例えば、集約されたドラフトの中の刑事裁判、反組合、税制改革、財政および環境の規制緩和、そして、ALECと連携する州と地方選出の議員により提出された関連諸法案を調整している。これらの法案には、悪名高い「三振法（three strikes law）」が含まれていた。これは三度目の罪を犯した人（重大でないドラッグの不法所持に対しても）に25年から終身刑までを命じている。

またこの法案には、人びとが仮釈放の可能性を持たずに全刑期を務めることを要求する「判決の真実（truth in sentencing）」が含まれていた。

２００９年、ＡＬＥＣ構成員とＣＣＡ出身の代表者たちは、モデルとなる反移民法を起草した。そして、それは、州下院議員でＡＬＥＣ評議会委員のラッセル・ピアーズ（Russell Pearce）によりアリゾナ州議会に提出された。法令ＳＢ１０７０として知られるこの法案は、36名の共同発起人の支持で通過した。そのうち30名はＣＣＡのロビイストから選挙運動への献金を受けていた。同様に、ジオ・グループやその他の民間刑務所企業（マネジメント&トレーニング株式会社）のロビイストからも献金を受けていた。そして、この法案はアリゾナ州知事、ジャン・ブリュワーにより署名された。彼女自身はＣＣＡやＡＬＥＣと結びつきが強かった[104]。ＳＢ１０７０は、州の法執行機関に、ビザなしと思われる人には誰でも尋問し拘留するよう命じ、人種的プロファイリングを合法化した。また、それができない警官を告訴する権限を与えた。それは事実上、いつでも市民証明あるいは法定居住の証明書を携帯することをすべての人に要求していた。最も厳格な条項は、後に連邦裁判所で取り消された。だが、このアリゾナ法は「コヨーテ」法のモデルになり、他の5州で通過し、より多くの州で導入された。２０１０年と２０１１年だけで、このような１６４の法律が州議会で通過した。これらの法律や民間と州による移民迫害キャンペーンの背後にある敵意に満ちた人種的反移民ブロックに関する研究は、極右やネオファシズムの広範囲にわたる連結を明らかにしている。それは、市民社会や政府機関、(地方や連邦の)選出議員、政治家、企業、財団創設者、圧力団体、活動家、これらの中に浸透している。[105]

民間の移民拘留複合体は急激に発展している産業である。ビザなし移民は、米国の刑務所人口の最も急速に成長する部門を構成し、彼/彼女らは民間拘留センターに留置され、米国国家と請負契約した民間企業により国外追放されている。2010年時点で、270の移民拘留センターがあり、そこには3万人以上の移民が収容されていた日もあった。1980年代以前には、すなわち、資本主義的グローバル化とこのグローバル化に結びついた新たなトランスナショナル型労働者採用・統制システムが始まる以前には、移民拘留は毎日、わずか数十人であったことに比べると、毎年、約40万の個人が刑務所に入れられていた。[106]オバマ大統領任期中、それ以前の半世紀のどの時代よりも多くの移民が拘留され国外追放された。そして、拘留と国外追放はトランプ政権下でさらに拡大した。これは1980年代以降に当てはまる継続的パターンである。一部の拘留センターは家族全員を収容した。それゆえ、子どもたちは両親とともに拘留された。拘留施設と国外追放業務が民間企業に下請けされて以来、資本は移民の犯罪化と移民に対する統制の軍事化で既得権益を持っている。したがって、より広い意味で、これはネオファシズム型反移民運動に貢献する既得権益である。

SB1070が法制化されて1か月後、ジオ・グループ社長、ウエイン・カラブレスは、投資家と電話会議を開き、自社の抱負を説明した。そして、アリゾナ法に触れながら、「生じていることの結果として、連邦レベルで好機が同じペースで継続している」と述べた。「国境を越えてやってくる人びとは、捕らえられ、拘留されなければならなくなりそうだ。少なくとも私には、それは私たちがすべきことの好機を高めているように思える」。CCAの2005年報は、刑務所-産業複合体により開かれた利益をあげる好機について、以下のように述べていた。

「私たちの成長は、一般的に言って、新たな更生・拘留施設を発展させ、運営する新規契約を獲得する私たちの力量に依存している。……私たちの施設とサービスの需要は、法執行活動の緩和、寛大な有罪判決、量刑の緩和により、あるいは最近、わが国の刑法で禁止されている諸活動の犯罪対象からの除外を通じて、不都合な影響を受ける」[107]

2010年まで、移民の絶対数は低下してきた。しかし、毎年、35万人以上の移民がビザなし移民の理由で民間経営刑務所に留置されており、記録的な数の人が国外追放されている。移民との戦争が拡大するにつれて、その戦争により開かれた営利目的の機会もまた広がってきた。2017年に明らかになったことだが、ジオ・グループの拘留センターに収容されている約6万人の移民は、会社施設の保全のあらゆる仕事を1日1ドルで行うことを強制されている。会社に訴訟が提起されているが、拘留者の無償労働に依拠することで、ジオ・グループはわずか一人の管理人でコロラド州のすべての施設を維持していた。[108] 政府の移民・関税執行局は、移民を国外追放するフライトの民営化にも取りかかった。ＩＣＥと契約した企業の一つ、ＣＳＩアビエーション社は、２０１４年から２０１６年の３年間に航空旅客サービスをＩＣＥに提供する契約で３億ドル以上を受け取った。政府のある報告によれば、ＩＣＥはほとんど空席のチャーター機に支払いを行うことも多かった。拘留や国外追放だけでなく、拘留施設に提供される食料から電話システム、その他のサービスに及ぶすべての業務が民間企業に発注された。ここには、保釈金を支払って釈放された拘留者に着けられたＧＰＳ足首モニターに関する民間企業と政府の契約も含まれている。この拘留者はモニターを着けるのに、ひと月数百ドルを自前で支払わなければならないとしても、である。[109]

これまで見てきたように、デジタル化はグローバルな警察国家の成長と展開の新たな技術的可能性を開いている。そして、シリコンバレーが逮捕、拘留、国外追放を拡大し、加速化させるますます決定的役割を果たす。それにつれて、米国のテック部門は移民との戦争に深く関わるようになってきた。自身らの利益がこの戦争への参加から得られるにつれて、主導的なテック企業は移民の拘禁や国外追放の拡大を迫り、反移民キャンペーンでの社会的統制と監視テクノロジーの活用を推進するよう国家に働きかけてきた。ある報告書は次のように述べている。

「移民社会と過剰に警備された社会は、今やかつてないレベルの監視、拘留、国外追放に直面している。技術革新とインフラはこのことを可能にし、巨大なデータベース、コンピュータ・プログラム、ビッグ・データを分析する技術従業員、そして共用可能なクラウド・ベース・ストレージを通じた警備に依存する移民取り締まりを可能にしている。これらのシステムは、移民の発見、国外追放、拘留のために、前例のない人的・個人的な情報量を蓄積し、都市や州や地域の法執行局間での、同様に、一定の国外政府間での情報交換能力を急速に拡大している。移民取り締まりと拘留は、今やシリコンバレーのビッグ・ビジネスである。ICEやDHS、その他の多くの法執行機関は、こうした新たなシステムを監督し、維持に納税者の数十億ドルを使っている。最近、DHSの440億ドル予算のほぼ10%がデータ管理に向けられている。アマゾン・ウェブ・サービス社やパランティア社のような一握りの巨大企業は、拘留と国外追放の体制を活気づけるシリコンバレーの役割を発展させ確立させるために『回転ドア』を構築してきた[110]」

二つの巨大テック企業、アマゾン社とパランティア社は、クラウド・コンピュータを通じてICEやその他の政府機関のために先端的な生体認証、データ収集、追跡システムを開発した。この報告書が、いわゆる「クラウド産業複合体」と呼んでいることである。アマゾン社や他のテック産業と軍–産企業、とりわけアドビ社、IBM社、オラクル社、セールスフォース社、ロッキード・マーティン社、シマンテック社、レイセオン社（この会社は、例えば、ヨーロッパ、中東、アジア、米州諸国を横断する24か国以上で「国境安全保障」の提供に関わっている)[111]、そしてズーム社、といった企業は、政府に働きかけ、「クラウドファースト」プログラムに連邦政府の200億ドルの承認を受けるため議会選挙キャンペーンに数千ドルを献金した。そして、このプログラムは、特にすべてのDHSとICEのデータポートフォリオのアマゾンのクラウド・コンピュータへの移転を含んでいた。巨大テクノロジー企業に先導されて、数百の中小規模の会社は、DHSとICEのための先端的データ収集と生体認証追跡システムの情報共有プラットフォームとソフトウェア・プログラムを競って構築している。他方で、海外に本拠地を置くトランスナショナル・テック企業も、特にフランスのIDEMIA社や東京のNEC社なども、請負契約がなされていた。忘れてはならないが、これらのすべての企業はグローバルな株式市場で一般に売買されているので、世界中のこれらの会社の投資家は誰であれ米国の移民との戦争に関わりがあることになる。

一方、ヨーロッパでは難民危機と「国境を守る」EUのプログラムが、国境部隊の軍装備や監視システム、ITインフラを提供し、軍事・安全保障企業に思いかけないぼろ儲けをもたらしてきた。米国と同様に、これらの企業はこの危機の受動的な受益者どころか、いわゆる「安全保障化」の拡大を後押ししてきた。2007年、ヨーロッパの軍–産–安全保障複合体の主導的な企業は、欧州安全保障機構を設立し、国境の軍事化と包括的な安全保障化プログラムを実施するため政府に働きかけた。これらの企業はヨーロッパにおける数十億ドルの国境安全保障契約から利益を受けると同時に、２００５年から２０１４年までに１０００億ドル近くの武器を中東と北アフリカ地域（Middle East and North Africa, 以下、ＭＥＮＡ）諸国に売却するライセンスをＥＵ加盟諸国から与えられていた。ＭＥＮＡ諸政権は、２０１１年のアラブの春の間、民衆蜂起を弾圧するため武器販売市場の高まりを利用した。

戦争と国家的抑圧、そして、経済的崩壊はアラブの春の結果、数百万の人びとがＭＥＮＡからヨーロッパのより安全な場所に難民として逃げることを余儀なくされた。そして、この難民危機は、企業主義メディアとヨーロッパ右翼によりセンセーショナルに扱われ、企業・戦争複合体にとって一つの天恵であることが明らかとなった。ＥＵ国境安全保障機関、フロンテクス（欧州国境沿岸警備機関）の予算は、２００５年から２０１６年の間に３６８８％という途方もない割合で増大した。一方、ヨーロッパ国境安全保障市場は、２０１５年の約１８０億ドルから２０２２年には３４０億ドルへとほぼ倍増すると見込まれた。安全保障化キャンペーンを推進し、それから利益を得てきた主要なＴＮＣは、とりわけ、軍需品と航空宇宙産業やテクノロジーの複合体であるエアバス社、フィンメッカニカ社、タレス社、サフラン社、同じく巨大テック産業のインドラ・システム社、これらの企業を含んでいる。そして、これらのすべての企業は、グローバルな株式市場で公然と取引を行っている。２０１０年代末までに、ヨーロッパの国境はますます米‐メキシコ国境に類似してきた。そこでは、コンクリート壁、仮想壁、軍事パトロール、監視と狙撃兵の見張り塔、カメラと陸上電波探知機（land radars）や無線通信赤外線監視、ドローン、二酸化炭素プロブ、生体認証システム、そして移民関連データベースが使われている。「結論的には、国境の軍事化と、その主な防衛を追求するヨーロッパの政治的リーダーと、サービスを提供する安全保障を請負う大企業との間で、利害の一致があることを多くの証拠が示している」と、このようにアムステルダムに拠点を置くトランスナショナル・インスティテュートによって発行された2016年レポートは警告している。「今日、私たちはこれまで以上に強力な軍–産–安全保障複合体を経験している。それは国内外に向けられたテクノロジーを活用し、今では地球上の最も脆弱で絶望的な人びとに向けられている[112]」。

世界中の社会的クレンジングと軍事的蓄積※3

この数十年の開発において、米州の労働者や抑圧された人びとに対するグローバルな資本主義的攻撃は極めて実利的であった。それは、いわゆる「ドラッグとの戦争」以上である。1990年代にニカラグアのコントラや中米やアンデス地域の右派準軍事集団にCIAが武器をいかに送り届けていたのかを、また、米国のスラム、主としてアフリカ系アメリカ人の地域にドラッグを持ち込み、配分していたのかを、ジャーナリストや学者が暴露した[113]。ミシェル・アレクサンダー（Michell Alexander）の2012年のベストセラー、『新しいジム・クロウ』（*The New Jim Crow*）は、米国のばかげたドラッグとの戦争が余剰のアフリカ系アメリカ人や在米ラテンアメリカ人、貧しい白人の大規模な拘留を進める仕組みであったことを暴露した。[114] 支配的な記事は、ドラッグ戦争を異常なマフィア・カルテルと犯罪的集団に対する米国やメキシコ、その他の米州の政府による英雄的戦いとして描いている。これは、大混乱を「愚かな暴力」としてセンセーショナルで当惑させる典型として描いている。しかし、これらの同じ軍部と警察がドラッグの取引に深く組み込まれていることが多いのである。

実際、ドラッグとの戦争は、グローバル資本主義のフォーマル経済と犯罪経済を含めたインフォーマル経済を架橋している。資本主義はいつもヤヌスの顔を持っていた。正直な「合法的」で「正当」な諸活動の裏面は、「不正」で「非正当」な闇経済、あるいは地下経済である。米国のマフィアは、20世紀を通じて企業のために行ってきた主要な違法活動からインドシナにおける国際的なドラッグ違法販売まで、この二つの顔は機能的に統合されている。インドシナでは、米国の対ゲリラ活動に資金を提供し、新たなグローバル資本主義への地域的統合の基盤を構築する手助けをした。[115] とりわけ、ギルバーが明らかにしているのだが、米州における米国が組織した「ドラッグとの戦争」は、ドラッグ取引を終わらせることではなく、秘密のカルテ

※3　本節は社会的クレンジングと軍事的蓄積に関する包括的説明を意図していない。それには複数の巻を必要とする、社会的統制と軍事的蓄積といった二つの領域の交差という点から、グローバル警察国家が世界中でどのように展開されているのか、若干の事例に光を当てるつもりである。

ルと軍事的、経済的、政治的エリートたちとのこの取引の利権をいかに騙し取るのか、ということである。さらに、彼は以下のように明らかにしている。この不法な取引は、略奪的なグローバル銀行システムの中心であり、彼／彼女らの財源に入った100億ドルのドラッグ利益は蓄積され、グローバル経済の金融ネットワークで再び循環される。[116] 世界的規模でのグローバルなドラッグ取引は、2013年に4350億ドルに値し、[117] その大部分はグローバル金融システムで再循環され、活力のないグローバル経済にとっての重要な静脈注射となっている、と考えられている。この意味で、暴力的なドラッグ取引はそれ自体軍事化したグローバルな資本蓄積方法である。[118] だが、ドラッグ取引はそれ以上の意味がある。ドラッグ戦争はメキシコやコロンビアなど西半球で、広大な軍事的蓄積プログラムと資本主義的グローバル化が展開する基軸となっている。そして、トランスナショナルな軍–産–安全保障複合体を、新自由主義改革や貧しい人々の社会的クレンジング、社会運動の抑圧と結びつけているTCCにとっての本源的蓄積の多面的な手段である。[119]「ドラッグとの戦争は、資本主義の苦悩にとっての長期的解決策である」、とジャーナリストのドーン・ペイリーは見ている。そして、この解決策は「経験を積んだ新自由主義を寄せ集め、開かれた社会的世界を打ち破り、グローバル資本主義にとってかつては自由にできなかった領域での政策立案にテロを結びつけている」[120]。

　1990年代以降、米国は数百億ドルをラテンアメリカの「ドラッグとの戦争」に投資してきた。この投資は多様なレベルで蓄積の機会を開いている。ドラッグの不正取引との戦いの名目で、軍部と警察の活動はコロンビアや中米、メキシコにおいて、ローカルな貧民や先住民とアフロ系子孫たち、そして他の農村共同体の排除を引き起こしてきた。その後、その土地はローカルな地主やトランスナショナルな資本家により割り当てられた。「戦争戦略としての住民の排除は、集団行動の阻止や社会的ネットワークの損壊、市民の脅迫と統制を目的としている」、とペイリーは述べている。「人民を土地から取り除くことにより、新たな領土はいわゆるフロンティア投資に開かれている」[121]。この活動は、資本主義的グローバル化を通じてこの地域で拡大してきたアグロ・インダストリーや鉱業、その他の採掘活動のための安定的労働力を生み出す[122]。こうした活動は社会運動を抑圧するための煙幕を提供する。特に、コロンビアでは対反乱活動のために。結局、多くの金がトランスナショナルな企業の財源になる。例えば、米国政府は２００８年から２０１５年に25億ドルをメリダ・イニシアティブに割り当てた。それはドラッグ不正販売とメキシコ軍部が戦うための支援プログラムであった。しかし、ある研究者が指摘したように、この金の多くは「国境を越えることさえない」。それは米国の国庫から直接、テキサスを拠点とするフェアチャイルド社の口座に向かった。コネチカット州にあるシコルスキー社が所有しているこの会社は、メキシコの空軍のレーダー飛行機を製造している[123]。シコルスキー社はメキシコ軍に使われているブラックフォーク・ヘリコプターを製造し、米国─メキシコ国境の監視で使われているドローンを製造しているゼネラル・アトミックス社のカリフォルニアに本部にも金が流れた[123]。

ラテンアメリカは政治的反乱を鎮圧し、企業の略奪を推進し、この大陸を開放する目的で国家暴力と私的暴力とが融合する危険な状態になっている。この地域は世界の他の地域が進む場所をそのまま映し出している。すなわち、グローバルな警察国家の象徴であり、極右やネオファシスト勢力の世界中の復活を反映している（次章、参照）。近年、ラテンアメリカは極右の抑圧的・権威主義的レジームの権力への回帰が見られてきた。２００９年のホンジュラスのクーデタに始まり、労働者党支配に反対するブラジルでの２０１６年の「議会クーデタ」、同様に、地域全域での抑圧のエスカレートと極右政党やビジネス集団の動員。「最近の独裁は憲法的観念に対する尊敬という市民的イメージを示し、政党の参加やその他の民主的レジームの特徴を持った普通選挙を維持している」、とバインスタインは述べている。「政治犯は、合法的見せかけの下でほとんどいつも独断的判決を出す判事の前に連行される。反対派の人物の暗殺は企業メディアにより報告されずに（裁判は）進み、政治的意見の相違に対する国家の抑圧は、貧民や人民の抵抗や一般犯罪に対する政治的暴力としばしば混ぜ合わされる」[124]。

この地域の極右への転換の中心には、ＴＮＣ権力の強化・拡大のための人種主義的、権威主義的、軍事主義的な包囲状況があった。[125] 例えば、メキシコやアルゼンチンでは、軍が警察機能を実行するのを許す憲法修正があった。他方で、特別任務を訓練する米国の特別軍事行動集団は、２００７年から２０１４年に3倍に増加した。[126] ワシントンD.C.を拠点とするシンクタンク、インターアメリカン・ダイアログ（Inter-American Dialogue）の２０１８年版報告書「セキュリティ・フォー・セイル」（Security for Sale）によれば、２０１７年にラテンアメリカにおける１万６０００以上の民間軍事・安全保障会社が約２４０万人を雇用し、社会運動を抑圧する際に国家の諸勢力としばしば協力している。最近退役した軍人や警察職員と、こうした民間企業との境界線は曖昧であり、「現役軍人、元軍人、民間安全保障、ビジネス・エリート、政府職員の織り混ざったネットワーク」を含んでいる。メキシコだけでも、民間安全保障産業は２０１２年から２０１８年までに１８０％拡大し、２０１８年は15億ドルの価値に値した。ブラジルでは、この産業は毎年１４０億ドルも稼いでいる。[127]

ラテンアメリカの軍人は、近年、新たな次元でＴＮＣの浸透や地域の豊富な天然資源の略奪、そして労働力供給を急速に拡大してきた。中米の軍人は１９９０年代以降20％拡大した。ブラジルやボリビア、メキシコ、ベネズエラの軍人はこの時期に2倍の規模になり、コロンビアの軍人は4倍に増えた。その他の地域でも、軍人は規模として平均35％成長してきた。[128] 軍人たちは地域の巨大都市で配置され、社会的クレンジングや組織的反対集団の抑圧に関し、実体の分からない死の部隊とともに活動することが多い。[129] ＴＮＣによる地域の資源の略奪や軍と警察部隊の全国的展開、準軍事化、民間安全保障会社の膨張、これらの間には密接な重なりがある。これらの公的・私的暴力は、地域の資源をＴＣＣに開放し、ＴＮＣに対して安全保障を直接提供するため展開している。例えば、エクアドルでは、先住民のシュアール族（Shuar）を追放し、彼/彼女らの祖先からの土地を中国鉱山企業に渡すために政府が軍隊を展開している。「状況が制御できなくなると、軍隊を招集するよりも、［国家］は日常的に、重要なインフラと資産を監視し、保護する任務を軍部に課してきた」と、カイルとレイターは指摘している。「ボリビアでは天然ガス・パイプラインを保護するため軍隊を使っており、隣国のペルーでは、政府は国の唯一の石油パイプラインを『戦略的資源』と宣言し、それを破壊者から守ることを軍人に課している」[130]。

同時に、民間の安全保障にとって最大の顧客の中には、これらと同様の抽出産業や天然資源プロジェクト、そしてアグリビジネスがいる。「メキシコからチリまで、金や水、石油、石炭、ガス、鉄、木材、その他の利益があがる輸出品を求めている企業や集団が、彼／彼女らの投資を保護するために武装監視人を雇っている」とインターアメリカン・ダイアログの前述の報告書は指摘している。

「……これらの活動に抵抗している地域の住民は（いることも珍しくはない）、時々、暴力を受けてきた。企業や企業と契約した安全保障の提供者に責任を問う政治的意思がないので、このことが多様な事件を導いてきた。こうした事例では、民間安全保障の従業員が地域の住民や活動家と衝突し、刑罰を受けないまま殺害に及んでいる。企業と民間安全保障（会社）、軍部、そして政府の間には緊密に結びついたネットワークがあることが多い。環境活動家や地域の住民と地主および企業所有者との間で緊迫状況が生じる時に、このネットワークはしばしばエリートに保護を提供している。……ブラジル、メキシコ、ペルー、グアテマラ、コロンビアなど、この地域全域で不正取引商人やギャング、治安部隊、民兵、民間安全保障企業――この境界線は曖昧であることが多いが――が、先住民の権利擁護者や環境活動家を殺害し、襲撃し、脅かしていることが見出されている。ブラジルに次いで、コロンビアは環境保護活動家にとって二番目に致命的な場所である。２０１５年から２０１７年の間に95名の死が記録されている。犯罪グループに加えて、民間安全保障部門や軍隊がこうした殺人に関与してきた」[131]

15世紀や16世紀の〔大航海時代の〕征服以来、ほとんど変わっていないようである。ＴＣＣは新たな征服者である。

他方、イスラエルは多分、世界のどの国よりも軍事的蓄積に基盤を置く経済的、政治-植民地主義的システムを誇示している。同国は過去２００年の激しい国際紛争に最も巻き込まれた国別リストにおいてトップを占めている。[132]この国は、グローバル警察国家の、まさに中心にいる。グローバル軍事化指数（Global Militarization Index）によると「世界で最も軍事化した国家」[133]として挙げられている。１９８０年代と90年代、イスラエルは主として農業や国内産業に基盤を置く伝統的経済から、戦争とハイテク経済に移行した。テルアビブやハイファはシリコンバレーの中東における出先機関になった。イスラエルは他のどの外国よりもＮＡＳＤＡＱ株式取引所に上場された多くのテクノロジー株を持っている。その多くは安全保障関連である。それゆえ、２００1年の9・11攻撃は、イスラエルがその開発と世界中への輸出を加速化することを可能にした。これはいわゆる「国土安全保障産業（homeland security industry）」である。イスラエルは１９４８年の初めからほぼ世界中に武器を輸出してきた。[134] イスラエル経済は、ローカル、リージョナル、グローバルな暴力、紛争、不平等を育ててきた。しかし、9・11の結果、イスラエルは兵器のサブシステム、テクノロジー、グローバルな国土安全保障産業の訓練の世界的規模の提供者としてユニークなニッチ（最適な地位）を開拓した。それは軍事と民間の市場に適用できる「デュアル・ユース」であり、約１３０か国との武器および安全保障ビジネスを行っている。この４００の公的・私的軍事企業は、その多くは公然と取引をしていたのだが、２０００年から２００７年に約３００億ドルの武器を世界中で売却した。これに国土安全保障、インテリジェンス、これらの軍事企業の警備の輸出が加えられなければならない。そして、国内の安全保障財やテクノロジーやサービスを販売する他の数百の企業が追加される必要がある。イスラエルは２００のサイバーセキュリティ企業があり、今やサイバー製品とサービスの第二の世界的な輸出国である。[135]

イスラエルの研究者、ジェフ・ハルパーが述べているが、このニッチを確保する秘密は、これらの兵器、安全保障、インテリジェンス・システムとテクノロジーを検証する実験場としてのパレスチナ占領地の利用にある。それゆえ、それらは「戦闘テスト済み」として世界中に売り出すことができる。その最大の企業が戦争と紛争を後援している。すなわち、「占領地はイスラエルにとってもう一つの意味でも資源を示している。つまり、経済的には、それは兵器開発、安全保障システム、住民コントロールの様式と戦術のための実験場を提供した。それなしではイスラエルは国際武器市場と安全保障市場で競争できなかったであろう」[136]。開発された兵器体系、監視、諜報テクノロジーの完全装備が占領地のパレスチナ人に向けて広範囲に配備されてきたのか、この点をハルパーは続けて肌寒い詳細な説明を提供している。

「パレスチナ占領地は、多分、地球上で最も監視され、統制され、軍事化された場所に変えられてきた。全面的な生政治的統制を行使できることは、すべての将軍や安全保障専門家、警察幹部の夢の縮図である。地域の住民がいかなる有効な法的保護やプライバシーも享受できない場所で、彼／彼女らとその土地は、監視と統制と抑圧の最新テクノロジーが完成され、展示される実験室になる。それは、高度な競争的グローバル市場での優位性をイスラエルに与えている。イスラエル製品あるいは外国製品の〝戦闘実績〟〝ガザでテスト済み〟〝IDF［イスラエル防衛軍］の承認〟というようなラベルはその市場価値を大きく増している」[137]

パレスチナ人に対して機能したコントロールと抑圧のこの方法は、イスラエルにより米国のインナーシティにおける人種差別主義的な警察に輸出されてきた。リオのファベイラに住む貧しい住民をパトロールするブラジルの治安部隊も、社会運動に反対する戦いでコロンビアやグアテマラの軍や準軍事勢力にも、また、人権活動家やジャーナリストを監視する中央アジアの情報将校にも、さらに国内の社会統制システムを発展させている中国軍事エージェントにも輸出されている。そして、世界中の企業の顧客や抑圧的国家と警察機関に輸出されている。[138]

中国では、労働者の戦いと社会的抵抗の大規模で急激な高まりに直面して、国内の社会的統制を目的にした特殊展開部隊が急速に構築された（実際、多くの人は顕在化するグローバルな労働者の闘争の震源地として中国を見ている）。[139] 中国政府は、2011年、防衛費（1060億ドル）よりも国内の安全保障費（1110億ドル）に多くを支出している。[140] 中国の軍産複合体の発展と並んで、国内安全保障と統制のハイテク・システムは、失業の拡大や鋭い社会的分極化と不平等の急拡大、経済的不安定、搾取の激化、保健と教育条件の低下、こうした状況によって生み出された不穏な状態に直面して急拡大している。中国国家が政治的不安定を防ぐ時、中国市民は世界で最も監視された住民になっていく途上にあるかもしれない。2016年、中国は1億7600万台の運転中の監視カメラを保有し、2020年までにこの数字は6億2600万台に達し、3倍以上になると考えられた。[141]

国家が、国内の社会的統制と大規模な監視といったこれらの開発途上システムに対して絶対的な権限を行使するとする仮説とは反対に、国内の安全保障プログラムは、民間監視企業などの参入を必要としている。例えば、労働運動の指導者や政治的反対者が公共空間をあちこち移動するとすぐに、民間監視企業は疑わしい犯罪者を見つけるために顔認識と歩行認識テクノロジーを実施するために警察と協力する。顔認証プロジェクトは、様々な民間テクノロジー・安全保障企業の参加により２０１５年に開始された。それは数秒以内に国内１４０億の市民を認識できる適切なデータベースを確保することを目標としていた。[142] この顔認識監視プログラムは世界で生み出された最速プログラムで、２０１７年に64億ドルの市場価値があった。その年、米国での市場価値は29億ドルであったが。このプログラムは、２０２１年までに12パーセント以上成長すると予想されていた。[143] 中国を拠点とする主導的な民間企業、ハイクビジョン社は、中国中央電視台（ＣＣＴＶ）カメラとビデオの監視機器においてすでに世界市場の約20％を支配している。米国の軍部や主な顧客であるメンフィス警察（Memphis Police Department）から受注を受けていた。[144] ハイクビジョン社ともう一つの主導的な中国監視企業、ダーファ・テクノロジー社は、両社とも深圳証券取引所に上場している。グローバルな金融コングロマリット、ＵＢＳ社とJ.P.モルガン社はハイクビジョン社のトップ10株主にいる（中国政府は少数株主である）。[145]

中国の監視テクノロジーは、政府が国家規模での開発を計画している「社会信用システム」にも適用されている。それは市民の行動に基づき市民を序列化し、スコアによって賞罰を施す広範な行動統制システムである。開発中のこの全面的介入システムは、メッセージング・アプリ上で始められたグループのチャットで掲示された内容が、刑事上抵触する人びとを把握することを含んでいる。市民は法律により携帯電話の写真やビデオを政府が監視できるアプリをダウンロードすることを義務づけられている。もし許可なしで政治的見解をネットに投稿する、あるいは最近の出来事に関する政府の公式な発見を疑問視すると、そのスコアは減少する。監視プログラムに参入する企業には、一般にグローバルな取引を行う科学技術コングロマリットのアリババ社とテンセント社が含まれている。同様に、数ある小規模企業のうち、特に商湯科技社、メグヴィイ社、LLビジョンテクノロジー社、インテリフージョン社も含まれている。〝統合共同運用プラットフォーム〟として知られている、中国国家の中枢システムは、人工知能、データマイニングおよびデータ記憶装置を引き寄せ、データ収集や民衆のプロファイル分析をし、国家に脅威を引き起こす人を予測するためアルゴリズムによる監視を行っている。[146] その他の中国企業やTNCは、急速に中国国内安全保障市場に進出している。例えば、2019年、ブラックウォーター社から分離独立したフロンティア・サービス・グループ社（SFG）は、新疆西部のウイグル少数民族に対するプログラムの訓練施設を建設する中国政府との取引を取り決めた。中国の国家所有コングロマリット、中国中信集団公司社はSFG株の4分の1を所有しており、香港証券取引所に上場している。[147]

すでに議論したように、一定の資本分派は、グローバル警察国家にかなり投資してきたし、トランスナショナル金融資本の循環と新たなデジタル技術の適用を通じて結びついてきた。その金融部門と軍–産–安全保障複合体と抽出産業は、とりわけグローバル警察国家に依存し、ハイテクあるいはデジタル資本と密接な関係を持っている。抽出・エネルギー複合体はコミュニティを攻撃し、その資源を略奪しなければならない。それはグローバル警察国家を通じて抑圧的・ネオファシズム的な政治的配置を支持し、あるいは促進さえするようにそれらを導いている。軍–産–安全保障複合体の資本蓄積は、決して終わりのない戦争と抑圧システムに依拠している。金融的蓄積はこれまでより厳しい緊縮政策を必要とする。それは不可能でないが、同意のメカニズムを通じて押し付けることは難しい。

これらの資本の三部門が、米国において国家や準軍事集団と一体化する方法は、2016年に、先住民活動家とその同盟者に対する軍事スタイルの対反乱作戦に十分示された。彼/彼女らはノースダコタ州スタンディング・ロックのスー族居留地近くの島のダコタ・アクセス・パイプライン建設に平和的に抵抗していた。ウエルズ・ファーゴ社とバンク・オブ・アメリカ社を含めた銀行コンソーシアムに融資されてこのパイプラインを建設する、『フォーチュン』誌トップ500社の民間石油・ガス企業、エネルギー・トランスファー・パートナーズ社は、タイガースワン社として知られている傭兵・安全保障企業を雇った。この企業は、中東戦争のためにペンタゴンと国務省が契約した（戦争）請負企業として始まった。タイガースワン社は、企業や国家警備隊（National Guard troops）を含めた、地域や州や連邦の警察と調整して、抵抗者に対する、対反乱作戦キャンペーンを組織する責任を負っていた。「戦場における攻撃的なインテリジェンス準備およびインテリジェンスと安全保障の諸要素の積極的な協調は、今やパイプラインの暴徒を敗北させる試験ずみの方法である」とタイガースワン社は語った。そして、反パイプライン抵抗者を「ジハード戦士」呼び、抵抗地域を「戦場」と呼んだ。官民の対反乱作戦機関によって使われた「致死性の低い」兵器は、ゴム弾、ビーン・バッグ・ペレット、長距離音響装置サウンドディバイス、放水砲、攻撃犬、捕食者ドローン、メタデータ・イメージング、対反乱作戦、そして心理作戦、これらを含んでいる。[148] スタンディング・ロックの結果、このような抵抗を抑えるため56法案が30州に導入された。[149]

スタンディング・ロックの試練は、グローバル警察国家が準軍事化する恐ろしい事例研究である。社会正義運動に対して実行されるこうした作戦は、今や世界中でありふれている。[150] グローバルな保険・金融コングロマリットであるロイズ・オブ・ロンドン社の報告書が警告するには、「政治的暴力の伝染の実例はますます頻繁になっている」。そして「〔PV政治的暴力の〕パンデミック」と呼ばれる状況へ向かっていた。「反帝国主義者」、「独立運動」、「占領軍」の撤退を求める社会運動、「政府に抵抗する大規模な改革支持」、そして「マルクス主義」と「イスラム主義」に鼓舞された「武装反乱」、このような状況を報告書は、政治的暴力のいわゆる「スーパー株」と認識している。[151] この「政治的暴力」はビッグ・ビジネスである。『フォーチュン』誌500社に含まれているグローバル情報企業によって準備された2016年報告書「世界の暴動制御システム市場　2010-2020」(*Global Riot Control System Market, 2010-2020*)によれば、数年内に「反乱抑止システム」市場が世界的に数十億ドル規模のブームになる。スタンディング・ロック事件やファーガソン風の出来事〔ミズーリ州ファーガソンにおける黒人少年マイケル・ブラウン射殺事件〕に突き動かされて、世界中で市民的な不穏な状態が劇的に高まっていると、この報告書は予測している。「抵抗、暴動、デモは世界中心警察が直面する主要な問題である」とこの報告書は述べていた。「加えて、シリアやイラク、レバノン、エジプトのような国々の内戦の増大は、グローバルな防衛費の拡大と合わさって暴動抑止システムへの需要を生み出すであろう」と。アジア・太平洋地域の国々は、「暴動の伝染」対策や設備への需要の点で極めて高い成長を経験すると報告書は予測していた。この報告書は、2014年の香港の雨傘革命を引き合いに出して、「特殊な備品」への需要の急拡大が「都市の戦争の多発」により推進されている、と述べた。香港の雨傘革命は、「道路をふさぐ10万人の抗議の人びとを目撃した。そして、これは警察を軍事化の採用へと導いた」（香港の抵抗する人びとは全く平和的であった点に注目すべきである）[152]。

要するに、下からの大衆動員と人民闘争によって体制に押し付けられた進路の転換がなければ、危機の高まりは軍事的蓄積と抑圧による蓄積をますますグローバルな経済と社会に押し付けるであろう。グローバル経済がこの軍事化と紛争に依存するようになれば、一層、戦争への軍事行動が強まり、人類に対する危険度は高まる。資本主義的グローバル化の最近の成り行きには戦争を組み込んだ衝動がある。歴史的に、戦争は資本主義システムを危機から救い出してきたが、同時に政治的緊張や正当性問題から注意をそらす役割も果たしてきた。ヘゲモニーの崩壊はグローバル資本主義危機の政治的次元を示している。今や、私たちはこのヘゲモニーの危機ともう一つの可能な未来に対して、上からと下からの応答に向かっている。

第4章

未来をめぐる闘争

過去の延長線に未来があるのではない。また、歴史的危機を迎えている兆しが外部にも、ある意味内部にもある。人間が住む社会の構造そのものが、資本主義経済を支える社会的基盤も含め、人類が過去から継承したものが蝕まれていくなかで、壊されようとしている。私たちの世界は、外的爆発と内的爆発の、両方の危険性に晒されている。変わらねばならない……。もし人類に未来が与えられるとすれば、それは過去や現在を延長して可能になるのではない。そのつもりで第三千年記を築こうとすれば、失敗するほかない。そしてその失敗の代償は、つまり、社会を変えることができなかった時に残るのは、暗闇である。

エリック・ホブズボーム[1]

階級闘争だ、畜生！

フレッド・ハンプトン
ブラックパンサー党のシカゴ代表

問題を解決するのに1時間あるとすれば、55分かけて問題について考え、5分で解決策を考える。

アルバート・アインシュタイン

これまでの章で、グローバル警察国家が関係する三つの相関する展開のうち二つを検討してきた。それらは、グローバルな労働者階級と余剰人類による実際の、および潜在的な反乱を抑える大衆統制や抑圧の偏在的システム、そして、余剰蓄積資本を処分する戦略としての軍事的蓄積である。ここでは第三の展開、すなわち、21世紀型ファシズム、あるいは、広義の全体主義として特徴づけられ得る政治システムを構築する動きの活性化に目を向ける。[2] かつてないほどの強制的・抑圧的な支配形態を強いるようTCCを駆り立ててきたのは、資本主義へゲモニーの瓦解の進行である。格差の拡大やグローバル資本主義が数十億の人びとの生存を保証できないことが、国家を正当性の危機に陥れた。おそらくシステムは、資本主義の支配の全面的な危機に近づいている。

イタリアの卓越した政治思想家で社会主義革命家のアントニオ・グラムシは、彼の著書のおそらく最も引用されているであろう一節において、「近代の危機は……いわゆる『権威の危機』と関連している。仮に支配階級が同意を失っているとすれば、すなわち、もはや『指導する』のではなく強制力のみを行使して『支配する』のであれば、これは、大衆の大部分が彼／彼女らの伝統的イデオロギーから離れ、かつて信じていたものを信じなくなることなどを明確に意味する」と述べている。「危機は、従来の方法が死に瀕しており、新たな方法が誕生しえないこと、すなわちこの空白期間において多種多様の病的症状が現れるという事実にまさにある」[3]。彼はこの一節により、20世紀初頭のヨーロッパにおける資本主義の危機を描写した。当時、彼自身の国ではファシズムが権力を掌握していた。未来をめぐる闘争が具現化するなか、そうした空白期間に私たちが再び立っていることに疑いの余地はない。私たちは、ネオファシズム、戦争、エコロジーの崩壊といった脅威のみならず、解放に向けた取り組みの新たな可能性をも拡大する不確実で流動的な時代にいるのである。

とりわけ米国のトランプ主義に象徴されるような、ネオファシスト、権威主義、右派ポピュリストの諸政党や運動が世界各地で影響力を増していることは、ファシズムが再び台頭しているのか否かといった多くの論争を巻き起こしている。[4] 2019年半ばの、本書の執筆時点でファシズムになった国はない。とはいえ、危機は、一方に反体制左翼と人民諸勢力、他方に一部が公然とファシストの性向を持つ極右反体制分子といった著しい分極化を帰結している。21世紀型ファシズムの企ては、世界各地で多くの国々の市民社会において台頭している。この企ては国家権力の獲得競争において近年目覚ましく前進しており、資本主義国家に足掛かりを獲得している例もある。しかし、グローバル資本主義の危機が必然的にファシズムに帰結するというわけではない。ファシストの企てが結実するかどうかは、今後数年のうちに社会的および政治的諸勢力の闘争がどのように展開するかによる。仮に、歴史的根拠と理論的に裏打ちされた分析が、極右反体制分子があからさまなファシズムに発展する危険性に警鐘を鳴らす一助となるのであれば、その分析はそうした帰結を回避する政治的、イデオロギー的闘争の一部となる。まずは、グラムシのヘゲモニー理論を活用して理論的検討を始めよう。

グローバル警察国家と21世紀型ファシズム[5]

ファシズムは、それが20世紀の古典的な形態であれ21世紀型ネオファシズムの考えられる変異型であれ、資本主義の危機への特定の反応である。米国のトランプ主義、英国のブレグジット、ヨーロッパの至る所（ポーランド、ドイツ、ハンガリー、オーストリア、イタリア、オランダ、スペイン、英国、デンマーク、フランス、ベルギー、ギリシアを含む）[6]や、イスラエル、トルコ、コロンビア、フィリピン、ブラジル、インドといった世界各国におけるネオファシストおよび権威主義的な政党や運動の増大する影響力は、それぞれ異なる特徴を有するかもしれないが、グローバル資本主義のヘゲモニーの危機に対する極右的な反応を示しているという点で共通している。

グラムシによるとヘゲモニーは、支配のシステムに被支配層が「積極的な同意」を与える社会支配の特定の関係を意味する。ヘゲモニー構築の企ては、単なる支配のみならず、支配層が形成してきた一連の階級間同盟や政治的連合を基礎とした、支配層の政治的およびイデオロギー的な先導的地位にも関連している。ヘゲモニーは絶えず再構築されるものである。なぜなら、ヘゲモニーあるいは同意に基づく支配の実現性は、支配層の政治的およびイデオロギー的な先導性の獲得のみならず、物質的基盤にもかかっているためである。換言すると、支配層にとっては、被支配層の主要な集団の社会的再生産と安寧のため——つまり彼/彼女らの福利のために、ある種の物質的（経済的）「見返り」を与えることも必要なのである。様々な正当化のメカニズムの開発と社会的基盤の確保なしに、支配を企てる集団はヘゲモニーを行使することはできない。それは、ある人びとにとっての物質的報奨を通した同意に基づく統合と、システムが吸収しようとしない、あるいは吸収できない人びとに対する、強制力による排除の組み合わせとなる。ここで強調する論点は、グローバル化がすべての人びとを新たな秩序へ引き入れようとする一方で無数の人びとを排除し、また、とりわけ富裕な主要資本主義国家においてある程度の安定を得ていた人びとの多くを社会経済的に不安定化しており、それが支配層がシステムのヘゲモニーを再生産することを今より一層困難なものにしていることである。

21世紀型ファシズムとグローバル警察国家の台頭を理解する上で極めて重要であるため、こうした分析を深めていこう。グラムシは、階級あるいは階級の一部は、自らの利益を社会全体の利益として提示することができる限りにおいて、また、「支配層の利益が優勢ではあるが、それはある地点まで、すなわち狭義の企業の経済的利益の手前までである」[7]限りにおいてヘゲモニーを獲得すると主張する。グラムシがこれによって意味するのは、資本家階級と国家における彼/彼女らの政治的代理人がヘゲモニーを確立したいのであれば、ある時点で被支配層に譲歩、妥協して、利潤を最大化するという当座の目的よりも、何らかの方法で資本家支配の総体的な安定の保持を優先しなければならないということである。トランスナショナルな新興エリートは、1980年代と90年代に、グローバルな資本家の歴史的ブロックを形成し、グローバル社会におけるヘゲモニーの構築に着手した。グラムシが歴史的ブロックで意味するのは、優勢にある社会層を引き込み、支配層を超えた社会基盤を形成する「社会集合体」あるいは同盟である。この歴史的ブロックの形成に成功するためには、支配層は自らの階級の企てを全体に利益をもたらすものとして提示し、そして物質的報奨（すなわち、被支配的な社会基盤への「見返り」）とイデオロギー的先導性の組み合わせを用いて、ブロックに参加する集団の同意を得ることができなければならない。これらすべては非常に抽象的に思えるが、次に、これがいかにグローバル警察国家への転換と21世紀型ファシズムの脅威を理解する一助となるかを見ていきたい。

1990年代の一時期には、トランスナショナルなエリートがこの歴史的ブロックを形成できていたようである。トランスナショナルな国家機構、マスメディア、文化産業を通じて活動するTCCの政治的および文化的代理人たちは、社会主義的選択肢と第三世界の革命運動が破綻した後に訪れた20世紀末のグローバル化ブームを、グローバル資本主義が世界における唯一の選択肢であり新時代の繁栄と好機を導くものであることの証明として支持した。しかし、ブロックを強固にする取り組みが達成しがたいものであることが判明した。TCCがグローバル化するにつれ、国家の規制から自由になり、また、表面上は下からの大衆圧力に動じなくなり、自らの企業利益の追求に邁進するようになったのである。グローバル資本主義がかつてないほどに収奪的なり、正真正銘のギャング資本主義になるにつれ、ＴＣＣはもはや「全体的な利益」を代表する素振りさえ見せず、ましてやヘゲモニーを維持するために必要なグローバルな労働者および人民諸階級の社会的再生産を保証することもしなくなった。こうした状況下、強制力による支配や暴力による排除が、同意に基づく包摂に勝るようになる。他方で２０００年前後に、対抗ヘゲモニー勢力が拡大し、新自由主義による略奪に反対してグローバルな正義を求めるトランスナショナルな運動へと発展した。そして、２００８年の金融危機後に発生し今日まで続くグローバルな抵抗運動へと続いていく。

政治的権威やヘゲモニーの危機に本質的な解決策を見出せない時、「それは、静的な均衡が存在すること（諸要素は異なるが、決定的なものは進歩的勢力が未成熟であるということ）を意味する」とグラムシは述べた。「それは、保守派であれ進歩派であれ、いかなる集団も勝利を得る力を持たないこと、そして保守派勢力でさえ指導者を必要とすることを意味する」[8]。このような時に、「危機は短期的に危険な状況を作り出す。それは、民衆の様々な層のすべてが等しく迅速に自らを順応させることができるわけではないし、同じ周期で再組織化できるわけではないためである」とグラムシは指摘する[9]。グラムシが言及したのは１９２０年代と30年代のヨーロッパにおけるファシズムの台頭であった。しかし彼の分析は現在の危機的状況を明らかにする際にも有用である。それは、左翼／進歩派と極右による危機への対応における著しい政治的分極化（実際には「進歩派勢力の未成熟」）である。グローバル資本主義のヘゲモニーが衰退する中で、左翼と極右のいずれもが優位に立てないでいる。

21世紀においてもファシズムの階級的特徴は、20世紀におけるものと同様である。すなわち、ファシズムは資本を本質的危機から救い出す企てである。しかし、世界資本主義やその危機の固有の歴史的特徴については、現在と前世紀とでは大きく異なる。第1章で検討したように、世界の主要な資本主義諸部門のトランスナショナル化は、国民‐国家を基礎とする政治的権威のシステムの枠組みの中で起こった。こうした乖離状態は、一連の政治的およびイデオロギー的矛盾を生み出した。それはシステムが対応できてこなかったものであると同時に、私たちが21世紀型ファシズムの亡霊を理解するための一助となるものである。それでは、21世紀型ファシズムは20世紀の前身と何を共有し、何が異なるのだろうか。何よりも20世紀におけるファシズムは、反動的政治権力とナショナルな資本との融合を伴っていた。19世紀末の帝国主義的侵略や第一次世界大戦におけるドイツの敗北の後、危機が最高潮に達した1930年代のドイツやイタリアにおいてファシスト的反応を引き起こしたのは、一つには両国のナショナルな資本が他のヨーロッパ大国のナショナルな資本に打ち勝つ力を持たないことが要因であった。対照的に21世紀型ファシズムは、トランスナショナルな資本と反動的および抑圧的政治権力との融合を伴っている。すなわちそれは、TCCによる独裁の体現である。

加えて、1930年代に政権を奪取したドイツ、イタリア、スペインのファシストの企てや、多くのヨーロッパ諸国[10]、米国、いくつかの南アメリカの国々において権力奪取には至らなかったファシストの企ては、強力な労働者階級や社会主義運動を粉砕することを基本的な目標としていた。しかし、今や、米国やヨーロッパおよびその他の地域では、革命的左翼や組織化された労働者階級は、歴史的に見ても弱い状況にある。これらの国々では、21世紀型ファシズムは労働者階級や拡大する大衆の抵抗に対する、グローバル警察国家の展開による先制攻撃であるように見える。第四次産業革命は余剰人類の増加を約束するとともに、ＴＣＣにより強い競争圧力をかけており、すでに見てきたように、結果として、ＴＣＣがグローバルな労働者階級に一層抑圧的で権威主義的な労働統制を課す必要性を高めている。同様に重要であるが、支配層は、余剰人類の実際および潜在的な反乱をいかにして封じ込めるかという課題に直面している。こうした課題を前にして、資本主義国家は、余剰人類の間で正当性を獲得する努力を放棄し、代わりに貧困層や剥奪された人びとを犯罪化するようになった。場合によっては大量殺戮の性向を伴って。

21世紀型ファシズムの社会的基盤

20世紀のファシズムは資本主義の発展の比較的早い段階で勢いを得た。その時代、人口の大部分を構成する中産階級とプチブルジョアジーは、彼／彼女らの地位の不安定化とプロレタリアートへの没落の恐れに直面していた。ファシズムの運動は、労働者階級からも参加者を募りはしたが、中産階級とプチ・ブルジョアジーの忠誠をめぐって大衆労働者階級政党と巧みに競争する力を支配層に提供した。これらの層は、ファシズム運動の中心的社会基盤と見られるようになった。つまり、資本主義の危機を解決しようと試みるナショナルな資本家階級の手先である。[11]中産階級とプチ・ブルジョアジーは、小規模商店の経営者、実業家、独立した職人、専門家、家族経営農家、他の小規模商品生産者など、自らの生活手段を持つ社会層であり、資本に自らの労働力を売る必要はない。これらの層は、20世紀後半、とりわけグローバル化の時代においてプロレタリア化が加速する時に、世界資本主義の中核の小集団へと縮小していった。現在の政治過程を評価するにあたってプチ・ブルジョアジーの分析は依然として重要であるが、この階級は、21世紀型ファシズムの勝利に必要な社会基盤となり得る一線を越えるほどには多くない。

今日、世界資本主義の中核におけるそのような役割は、労働者階級の特定のセクターが担っている。21世紀型ファシズムの企ては、グローバルな労働者階級の歴史的に特権的地位にあるセクターに大衆基盤を組織しようと努める。それらは、グローバル・ノースのホワイトカラー労働者、グローバル・サウスの都市中間層などであり、彼／彼女らは社会的地位の下降と社会経済的不安定化の恐怖や高まる不安に直面している。20世紀の前身と同様にこの企ては、資本主義の深刻な危機の時に大衆の恐怖や不安をスケープゴートとなる共同体に向けさせる社会心理的メカニズムに依拠する。それらの共同体は、米国やヨーロッパの移民、イスラム教徒、難民、南アフリカに住む南部アフリカからの移民、インドのイスラム教徒や下層カースト住民、パレスチナやイスラエルのパレスチナ人、ブラジルの肌の黒い住民や不釣り合いなまでに困窮した住民などである。極右勢力はこうしたスケープゴート化を、広範なレパートリーの排外主義、人種的／文化的優位性に関するごまかしのイデオロギー、理想化された神話的過去、千年王国説、戦争・社会的暴力・支配を常態化し美化さえする軍国主義的および男権主義的文化、弱者への共感ではなく軽蔑、などを通して行うのである。このようなネオファシスト的な訴えにおいて重要なのは、地位の下降と社会的不安定化を防ぐ、あるいは元通りにするという約束である。つまり、ある種の安定と安心の回復である。

もちろん、こうした21世紀型ファシズムの広範なレパートリーは、20世紀の古典的ファシズムと多くの特徴を共有する。それは、ウンベルト・エーコが「伝統崇拝」、「差異の恐怖」、攻撃的性向、明確な社会的アイデンティティの欠乏感、「選択的ポピュリズム」などとして描いたものや、オーウェル的な「ニュースピーク」[12]などである。ただし、こうした広範で感情的な要素は、世界資本主義の異なる状況および異なる歴史的瞬間においても見られる。ここで議論するつもりはないが、極端な男権主義化に関していえば、トランプ（他にもフィリピンのロドリゴ・ドゥテルテ大統領やブラジルのジャイール・ボルソナロ大統領など）による公衆の面前での女性一般への中傷や性的嫌がらせは、彼の筋金入りの支持者たちの間で彼の評価を上げる要素になると思われる。こうした現象は、社会的・経済的去勢への恐れを性的に変換したものであろう。

共感よりも軽蔑を示すことに関しては、トランプが貧しい国々を「肥溜めの国々」と称した悪名高い2018年のコメントや、2016年大統領選挙戦の最中に障碍をもつリポーターを公の場で馬鹿にしたことなどに見られる。ネオファシズムの企ての社会的大衆基盤となる人びとのありふれた意識において、弱者を攻撃・抑圧する政策が広範なあるいは社会心理的な正当性を獲得する過程と、このような軽蔑の公での開陳を関連づけるのは、飛躍した分析ではない。

民族的／人種的な純粋性や国家再興のイデオロギーと、21世紀型ファシズムの特徴であるヒロイズムの神秘感には重複する点が多くある（トランプの場合については、後者は彼自身の極端な自己愛からくる神秘感のようであるが）。21世紀型ファシズムは20世紀の前身のように、反動的ナショナリズムと人種差別主義の極めて毒性の強い融合体である。ベネディクト・アンダーソンが指摘するように、国民は「想像の政治的共同体」である。そこでは、実際の不平等や搾取の有無にかかわらず、「国民は常に水平的な深い同志関係にあると見なされる」[13]。同時にカリニコスは、支配的な人種あるいはエスニック集団の労働者に、真の矛盾に対する架空の解決策、つまり苦難や抑圧の存在についての承認を、たとえその解決策が誤ったものであったとしても、人種差別主義が提供すると主張する[14]。現在台頭するネオファシズムの企ては、資本主義のグローバル化の中で社会的・経済的な不安定化を経験する労働者階級の比較的裕福な層を組織化する試みとして、まさにこのナショナリズムと人種差別主義の融合体を提供するのである。

このような企てに関係する政党や運動は人種差別主義者の言説を用いてきた。それは主流にいる政治家が用いるよりも率直で直接的であり、人種的に抑圧された人びとや民族的・宗教的マイノリティ、とりわけ移民や難民をスケープゴートとして標的にする。悪化する社会経済的状況が自動的に人種差別主義者的反動を引き起こすわけではないことに留意することは重要である。政治的代理人や国家機構が、こうした状況の人種差別主義者的/ファシスト的解釈に介在しているはずである。現在の極右への急激な傾倒がファシズムに帰結する必然性はまだないが、現在の人種差別主義者の動員が、そのような帰結をもたらす危険性はますます高くなる。米国では、極右やネオファシストが白人至上主義者の歴史連合を再建しようと試みてきた。それは南北戦争後の復興期の終わりから20世紀末まで、ある程度の支配的な力を持っていたが、資本主義のグローバル化を通して揺らいでいた。ヨーロッパでは、極右やネオファシズム運動がトランプと非常に似た経路を辿ってきた。それは、イスラム教徒や移民および他の弱者をスケープゴートにし、危機の下で苦しむかつての特権的部門の労働者階級を取り込み、またプレカリアート化する労働者に対しては状況を安定化すると約束することで、取り込んできたという経路である。インドでは、ファシズム運動の民族義勇団（Rashtriya Swayamsevak Sangh：RSSとして知られる）[16] の派生組織である与党のインド人民党が、国内のイスラム教徒マイノリティのスケープゴート化や下層カーストへの攻撃と極右ヒンドゥー・ナショナリズムを結びつけた。これらすべての事例で、「国民」アイデンティティがスケープゴートに対して人種差別主義者を動員する代役（すなわち記号）となった。

しかし、国家再興の言説は、主要な資本家集団と国家エリートの階級や地位に基づく利益が左右される資本のトランスナショナルな統合や、グローバル規模で統合された生産および金融システムと明確に矛盾する。前世紀のファシストの企てと21世紀型ファシズムの企ての実態において決定的に区別すべき点がここにある。ドイツやイタリアにおけるファシズムは国民-国家資本主義の最盛期に登場し、選ばれた集団以外の人びとにはジェノサイドを引き起こしたが、コーポラティスト的協定を通して労働者階級の一部にはいくらかの物質的利益——雇用と社会的賃金——を提供した。一方、このグローバル化した資本主義の時代に、米国あるいは他国において、このような利益が提供される可能性はほとんどないため、「ファシズムの報酬」は今やもっぱら心理的なものであるように思われる。こうした観点からすると、21世紀型ファシズムのイデオロギーは、安心の実現や安定の回復の約束という感情的で非合理的なものに依拠しており、合理的なものなどではない。それはまさに、真実と嘘を区別しない、または区別する必要のない企てである。

例えば米国では、トランプ政権のポピュリズムやナショナリズムの言説は、実際の政策となんら関係がない。政権1年目、トランポノミクスは規制撤廃——規制国家の事実上の解体——を含んでいた。それは、社会的支出の削減、福祉国家の名残の解体、民営化、企業や富裕層に対する減税、資本への政府補助金の拡大などであり、要するに新自由主義の強化である。これは多くの論評者が見落としている特徴である。ドイツの独占資本家は、強力な労働組合や社会主義者および共産主義運動を壊滅させるためナチスに頼った。しかし彼／彼女らは、蓄積の膨大な機会を新しく開くため、また、他国の資本家集団と、領土拡張を通したものも含めて、競争するためにも、やはりナチスの国家に頼った。ドイツのナショナルな資本とファシスト国家のこうした融合とは明確に異なり、トランプ主義はトランスナショナルな資本が米国国内（および世界中）で利潤を創出するための膨大な機会を新たに開こうと努めてきた。トランプのホワイトハウスは、世界のトランスナショナルな投資家に米国に投資するよう呼びかけ、投資家たちの背後で事業展開する世界各地の集団の利益となる、逆進的税改革、前例のない規制撤廃、限定的な関税障壁などで気を引いた。「米国はビジネスに開かれている」。２０１８年、スイスのダボスで開催されたＷＥＦの年次会議に集まったグローバル・エリートの会議でトランプはこう宣言した。「今があなたのビジネス、あなたの仕事、あなたの投資を米国に持ってくる絶好の時だ」[17]。

21世紀型ファシズムのメカニズムは、締め出された人びとへの誘惑と彼／彼女らの受動性に狙いを定めたイデオロギー的活動とも関連している。デジタル化およびコミュニケーションにおける革命は、20世紀のファシズムが容易に手にすることができなかった文化的・イデオロギー的装置を、ネオファシズムが活用することを可能とした。知的生産、マスメディア、教育システム、文化産業といった手段のコントロールを通して政治的支配を達成する能力をトランスナショナルな資本が新たに獲得し、それにより文化や共同体の領域への、それどころか生活世界そのものへの、より一層深く完全な浸透を果たすことが可能となった。排除された人びとの不満や失望を、システムへの集団的動員による政治的要求にではなく、ささいな消費や幻想への逃避へと向けるために、企業のマーケティング戦略は欲望や性的欲求の操作を通して脱政治化する。世界規模のメディア企業コングロマリットは、世界中の人びとにグローバル資本主義を正当化するイデオロギーを浴びせかけ、システムに批判的な情報の検閲により情報の流れを統制し、人びとに取るに足らない情報を投げつけ、そしてグローバル資本主義のシステムが正常化するように出来事に枠づけをして語るのである。

この点については私が以前の著書で述べたが、デジタル化の時代においては、メディアおよびイメージ・象徴の流れの統制を通した政治的・イデオロギー的支配の役割が増大しており、それが21世紀型ファシズムの企てをより洗練されたものにしている。また、新たなパノプティコン的監視や社会統制の技術により、企てが全般的ではなく選択的な抑圧を活用することを恐らく可能としている――ただし下からの抵抗がTCCの支配を実際に脅かすようにならなければ、であるが。こうした社会統制やイデオロギー的支配の新方式は、境界を曖昧にする。そのため、トランスナショナルな資本とその代理人たちが政治システムを厳重に統制し、システムを実際に脅かす反対勢力が一掃されずとも無力化される状況下での、立憲的あるいは正規化された（公式の代表制度、憲法、政党、選挙のある）ネオファシズムというのもあり得る。[18] もしグローバル警察国家と21世紀型ファシズムへの衝動が抑制されないのであれば、私たちは立憲的秩序の破壊よりもむしろその「死滅」を見ることになろう。

20世紀の、および今やあらゆる21世紀型ファシズムの条件として肝要なのは、市民社会においてファシスト運動が広がり、それがある時点で国家の反動的政治権力と融合することである。グラムシは、市民社会と政治社会は統一体であり、両者の一致がなければ、安定的あるいはヘゲモニー的な企てはあり得ないことを指摘する。「今日、イタリアには二つの抑圧的、懲罰的な機関が存在する」「ファシズムとブルジョア国家である。有益性からの単純計算は、ある時点で支配的階級がこれら二つの機関を結びつけることをわれわれに期待させる」と、グラムシはファシストが権力を奪取する直前に述べている。[19] グラムシは、政治社会あるいは国家（政府）プロパーと市民社会から構成される社会諸過程の場を拡張国家と呼ぶ。実際、社会形成において国家機構と他の機構の間の明確な境界を示す国家はない。つまり国家と市民社会の境界線は、人工的な概念上のものである。

こうした政治社会と市民社会の差異と統一性は、右翼権威主義とネオファシズムが双方ともにグローバル警察国家に関係しているとはいえ、両者の区別を可能とする。まさに、両者が同じではないからこそ区別しなければならないのである。それらを区別するため、権威主義は、市民社会における下からの大衆動員に対する合法的または超法規的抑圧による空間の封鎖に努める国家の抑圧機構の拡大による支配、を意味する。おそらくこの権威主義を最も象徴するラテンアメリカでは、前章でみたように、極右の抑圧的・権威主義的政権が近年、猛烈な勢いで復権している。しかし、抑圧的権威主義とネオファシズムには重要な違いがある。ブラジルとコロンビアは例外かもしれないが、ラテンアメリカでは、ネオファシズムの運動とイデオロギーの市民社会全体での広がりを、米国やヨーロッパ、インド、イスラエルなどで見られるのと同じようには見ることができない。要するに、ラテンアメリカはグローバル警察国家に飲み込まれてはいるが、ネオファシズムよりむしろ右翼権威主義として見た方が妥当である。

権威主義とファシズムを同一視することで、私たちは両者を区別できなくなる。21世紀型ファシズムとグローバル警察国家は、国家の反動的政治権力と結びついた市民社会内の、極右勢力、権威主義勢力、ネオファシスト勢力とトランスナショナルな企業資本の政治戦略的な接近を含み持つ。古典的および現在のファシズムに関する議論は、国家の軍事的拡張主義をも強調する。私たちは実際に、米国や世界の多くの国々において軍部の自律性や権力の増大を伴う軍事化の拡大を目の当たりにしている。しかし私は、現在のグローバルな軍事化の本質を議論する際、グローバル警察国家がより大きな分析上の利点を持つ確固たる概念であると考える。

統一体としてのグローバル秩序はますます抑圧的、権威主義的になっている。また、例外的な国家や政策の固有の形態は、21世紀型ファシズムを含めて、固有の国家や地域の歴史、社会および階級勢力、政治的条件と情勢に基づき発展する。しかし、米国やイスラエルといった国々の、都市、政治、そして文化の軍事化や、北米、ヨーロッパ、イスラエル、インドにおけるネオファシズム運動の広がり、また、トルコ、フィリピン、ホンジュラスなどにおける権威主義的政権の台頭などは、これらの国々が、グローバルな戦争や軍事化したグローバルな蓄積、あるいはグローバルな戦争経済などが織りなす複雑な関係に絡め取られていることと不可分である。

21世紀型ファシズムのインターナショナル？

新たなファシズムの脅威に拍車をかけたのは、何をおいても米国のドナルド・トランプ大統領であった。しかし、資本主義の危機に対する反応としての21世紀型ファシズムの企ては、ひとりの個人や一つの政府だけに関連しているのではない。これを理解するために、市民社会と政治社会が一つの統一体を形成しており、両者の一致がなければ安定したあるいはヘゲモニーを有する企てはあり得ないことを今一度繰り返したい。米国では、ネオファシストの反乱は極右運動に遡ることができる。そうした極右運動は、1960年代と70年代の大衆闘争、特に、黒人やメキシコ系アメリカ人の解放闘争、第三世界の住民による闘争的な運動、フェミニスト運動、ゲイ解放運動、反戦運動、対抗文化運動、労働者階級の闘争などによりもたらされたヘゲモニーの危機の結果として始まった。[20] ファシスト運動は共和党右派を通じて、20世紀末に市民社会や政治システムにおいて急速に拡大した。

トランプは、白人優位主義者、白人ナショナリスト、民兵、ネオナチ、KKKから、オース・キーパーズ〔米国の憲法擁護を掲げる極右反政府武装組織〕、パトリオット・ムーブメント〔米国のナショナリストや保守的な政治運動・集団〕、キリスト教原理主義者、反移民自警団まで、多種多様なネオファシスト勢力を刺激し勢いづけることのできるカリスマ的人物であることを示した。[21] 一部で反移民および反イスラム教徒感情や排外主義的感情などの煽動に基づくトランプの帝国主義的虚勢、ポピュリストあるいはナショナリスト的レトリック、あけすけな人種差別主義的言説などに勇気づけられ、彼／彼女らはホワイトハウスや中央および地方政府内部に足掛かりを得て、数十年で見ることのなかったほどの規模で影響力と存在感を拡大し始めている。そして、準軍事主義がこれらの組織内部で広がり、国家の暴力機構と重なり合っていった。例えばオレゴン州では、共和党が党開催イベントの警備のため、武装した右翼民兵を配備した。[22] ニューメキシコでは、ユナイテッド・コンスティテューショナル・パトリオットを自称するファシストの武装民兵組織が、2019年に国境警備隊と連携してメキシコとの国境沿いの武装パトロールを実施した。この年の4月には、彼／彼女らは独断でおよそ300名の不法入国者を逮捕した。[23] 南部貧困法律センター〔米国の人権団体〕は2017年に、前年の917から増加し954のヘイト集団および689の「過激な反政府集団」が存在すると報告している。同センターによると、「リベラルな都市部における選挙後の一連の抗議行動は、より大きな反政府勢力の一部である民兵運動が、米国の都市部で大きな注目を浴びることを可能とした。それは2015年にミズーリ州ファーガソンで、オース・キーパーズが白人が大半を所有する企業を守るために民兵を展開して以来初めてのことであった」[24]。

しかしトランプ主義は、米国のレーガン政権や英国のサッチャー政権の台頭に遡る抑圧的な資本主義的グローバル化の極右的課題の――逸脱よりむしろ――まさにドラマチックな（文字通りドラマや演劇のような）強化であった。グローバル資本主義の危機に対する極右的反応やトランプ主義は、短命に終わったグローバルな資本家の歴史的ブロックの瓦解に直面し、政治勢力の新たな均衡を生み出そうとした。私たちはグラムシの言うカエサル主義を目の当たりにしているのかもしれない。そこでは、社会および政治勢力の均衡あるいはヘゲモニーの瓦解の危機といった不安定な行き詰まりを打破するために、カリスマ的な人物が登場する。グラムシは、カエサル主義的解決策は、カエサルやいかなる偉大な「英雄的」または代表的人物が不在でも、また現下の大衆への抑圧がない場合でも現れ得ると述べている。それは代わりに、この先、立憲的秩序の断絶を必ずしも付随しない、より権威主義的な形態の議会政治をもたらすかもしれない。

トランプ主義や他の類似する運動は、資本主義のグローバル化が不安定化する状況下で国家の正当性を再発見しようという矛盾する試みである。国民-国家は、その領域内でトランスナショナルな資本蓄積を推進する必要と、政治的正当性を獲得する必要の間の矛盾に直面している。その結果、世界各地の国家は、困惑を招くような、また矛盾するように見える危機管理の政治を生み出す正当性の危機のスパイラルを経験してきた。その危機管理の政治は、相反する要素を持つ、あるいは一貫性のない文字通り支離滅裂なものとして現れる。この支離滅裂な危機管理は、新自由主義を推進するにもかかわらずナショナリズムと保護主義のレトリックを信奉する極右およびネオファシスト勢力の再興を説明する一助ともなる。トランプ主義やヨーロッパおよび他地域の類似する運動は、TCCによる独裁からの逸脱ではなく、その新たな生まれ変わりなのである。米国では、TCCはトランプの新自由主義的政策に気をよくしているが、彼の無作法で道化師のような振る舞いやネオファシスト的な政治的性向をめぐって分裂している。[25] プロセインの偉大な戦略家であるカール・フォン・クラウゼヴィッツが残した「戦争は他の手段による政治の延長である」との名言を引用すると、トランプ主義や程度の差はあれ世界各地の極右運動は、資本主義のグローバル化の他の手段による、すなわちグローバル警察国家やネオファシストの動員拡大による延長である。

ナショナリストの言説を弄するにもかかわらず、トランプ政権は資本主義のグローバル化に反対せず（彼自身がTCCの構成員であった）、実際は極端な新自由主義の政策や「他の手段によるグローバル化[26]」を推し進めた。それは、米国における景気の低迷や過剰蓄積を前にして、トランスナショナルな資本蓄積を補助する国家の役割を拡大させることや新自由主義の強化を含むものであった。トランプのポピュリズムや保護主義に政策的な内容はほとんどなかった。それは、ほぼ完全に象徴的なものであり、それ故に彼の狂信的な「壁を作れ」というレトリックに意義があった。そのレトリックは、国家がほとんど、あるいは全く物質的なばら撒きもできない中で、社会基盤を維持するためには象徴として欠くことのできないものであった。フランスの社会学者ピエール・ブルデューが言うところの、そうした「象徴資本」が、TCCやその代理人による身体的な支配をこのような状況下で再生産するために必要とされるのである。[27]グローバル化の過程からの離脱を求める右翼ポピュリスト運動がヨーロッパ中で台頭していることからも明らかなように、大衆ならびに労働者階級やエリートの中でも国内志向の層および右翼ポピュリストの間で、資本主義のグローバル化に対する反発が実際に高まっている。これらの展開は、グローバル資本主義の高度に衝突性のある本質と、それが一触即発の矛盾と広範な反発を生み出しているにもかかわらず、さらにグローバル化を進めることの不確実性を浮き彫りにしている。

例えば2018年にトランプが輸入鉄鋼とアルミニウムに関税を課し、翌年にもさらに関税を課した際、多くのTCCや共和党の多数の議員を含む米国の政治エリート、そして鉄鋼産業界でさえそれに反対した。[28]鉄鋼産業界は、中間製品および完成製品の鉄鋼の生産に必要な安価な輸入鉄鋼に依存していたのだ。実際、関税への支持は主として労働組合からのものであった。トランプの行動は明らかに、彼の社会的基盤である不安を抱く労働者階級をなだめるためのものであった。また、思い起こしてもらいたい。クリントンからブッシュ、そしてオバマにいたる彼の前任者たちは皆、新自由主義的グローバル化と共鳴する一方で、任期中のある時期に関税を課してもいる。より一般的に言うと、膨張するグローバル警察国家、ネオファシストの動員、支離滅裂な危機管理などに向かう傾向は、トランプ主義よりかなり前から極めて明白に現れており、トランプ主義に固有のものではない。

21世紀型ファシズムは、グローバル資本主義の時代における国民‐国家の企てとして理解することはできない。ただし、それは単一の国民‐国家に根を下ろすことができないという意味ではなく、その衝動が資本主義のグローバル化によってもたらされる危機から生じるという意味である。資本主義のグローバル化は、すべての国民‐国家をグローバル資本の循環に統合し、極右やネオファシスト勢力のトランスナショナルな動員を伴う。ネオファシズムに関する近年の議論はこのようにネオファシズムの輪郭を描き、ナショナリズムをファシズムに内在する特徴として強調するため重要である。しかし、私がすでに強調しているように、20世紀とは異なり、極右集団が用いる現代のナショナリスト言説は、もっぱら政治イデオロギー的である。というのも、危機の状況が変化しヘゲモニーが瓦解しているにもかかわらず、トランプ主義や国家権力を狙う他の集団のような極右勢力の計画の内容は、明らかにナショナルではなくグローバルなものなのである。

米国の白人ナショナリストのような市民社会内のネオファシスト集団は、内向きのナショナルな計画を推進するかもしれないが、こうした市民社会の集団はそれ自体がシステムとしてのファシズムになることはない。ファシズムが現れるには、すでに述べたように、これら市民社会の集団が（トランスナショナルな）資本および国家と融合する必要がある。ただし、TCCにとって経済ナショナリズムに利益はない。資本主義のグローバル化は大衆の不満と不安を生み出してきた。極右集団が信奉し、彼／彼女らの勢力拡大戦略に人種差別主義とナショナリズムの有毒混合物として利用される反グローバリズムや経済ナショナリズムは、実際の社会的不平不満を反映したものである。資本主義のグローバル化の矛盾は、私が強調したように、国家権力を狙う極右の台頭や新たな政治同盟および連合を含む独特の政治的表現を帯び、それはグローバル化をめぐる支配階級のコンセンサスをばらばらに崩壊させる恐れのあるものである。経済ナショナリズム気取りは、グローバルなサプライチェーンを破壊し、TCCの利益を蝕む。それは支配ブロックに深刻な亀裂を生み、支配層の統治能力を侵食し、政治危機を増大させる。

米国を超えて、21世紀型ファシズムのインターナショナルが生まれているようである。例えば、世界各地の極右およびネオファシストの集団が、2018年10月の選挙におけるブラジル人ファシストのジャイール・ボルソナロの勝利を祝福した。トランプ大統領の元アドバイザーでネオファシストのまとめ役でもあるスティーブン・バノンがボルソナロの選挙アドバイザーを務め[29]、また、イタリアの極右的な内務大臣のマッテオ・サルヴィーニが熱狂的なツイートで「ブラジルにおいてさえ、国民は左翼を追い払った」と断言し、そのツイートを米国のネオナチの指導者であるリチャード・スペンサーがシェアした。ロンドンのガーディアン紙はトップ記事で「ボルソナロの勝利に対するトランプの歓喜は、南北アメリカ大陸内外での新たな右翼の枢軸を示唆している」と警鐘を鳴らしている[30]。バノンやサルヴィーニのような21世紀型ファシズムの政治的代理人以上に、TCCはボルソナロをあてにしており、彼の勝利に歓喜した。トランプ政権下の米国のように、ボルソナロは大規模な民営化と経済の規制緩和、木材や採鉱およびトランスナショナルなアグリビジネスへのアマゾンの開放、逆進税および全般的な緊縮財政などを打ち出し、並行して、こうした政策に反対する社会運動や脆弱な共同体の抑圧と犯罪化を行った。ボルソナロの勝利の翌日に、ある評論家は、ボルソナロが約束する「新たな投資の機会を、世界の資本家たちは喉から手が出るほど欲している」と述べた。[31] 同日に、資本市場とブラジルの国債が世界の株式取引所で急騰した。ここに私たちは、危機に陥るグローバル資本主義のための「ファシズムの報酬」を見るのである。

グローバルな改革主義：資本主義をそれ自身から救い出す

トランスナショナルなエリートの中の改革主義者たちの間では、悪化する不平等がグローバル資本主義の安定を脅かしており、何らかの再分配が必要であるとの懸念が広がっている。これらのエリートは、資本主義をそれ自身および急進的な下からの挑戦から救うために、躍起になってシステムを改革する方法を模索している。2500億ドル規模の医療企業エトナのCEOマーク・ベルトリーニは2017年に、「資本主義の現状のモデルの中で何もしないということは、資本主義を破壊することになろう。35歳以下の人びとの65％が、社会主義がより良いモデルであると考えるのは、私たちが問題を抱えているということなのだ。私たちが変えなければ、それはおそらく良からぬ方向に変わるであろう」と警鐘を鳴らしている。[32] これらの懸念は、システムがより深刻な危機に陥るにつれ、一層広がっていくであろう。グラムシは「危機が存在すると、しばしば数十年続く」と述べる。「これが意味するのは、手の施しようのない矛盾が構造の中で表面化すること、および、それでもこの構造そのものの維持に積極的に動く政治勢力が、一定の限度内でこれらの矛盾を解消しようと努めることである」。[33] 同様にマルクスとエンゲルスは『共産党宣言』で、資本家階級の中の一部は彼／彼女らの支配の「存続を保証するため、社会的不満を除去することを望んでいる」と述べている。[34]

ネオファシストによる危機への対応とは違って、改革主義者の戦略は、資本家による支配の全体的な安定を維持するために、利潤追求の短期的な目的に多少の制約を求めるものである。改革者から見ると、不平等に対して責任があるのは、資本主義システムそのものではなくシステムにある特定の制度的組織なのである。彼らは、トマ・ピケティが『21世紀の資本』[35]（*Capital in the Twenty-First Century*）で提起したような政策によってシステムは改革し得ると考えている。同書は増加するトランスナショナルなエリートや知識人の改革主義的課題とまさに交差していたため、２０１３年の発行後、学術界の一部、メディア、政治的エスタブリッシュメントに絶賛された。自称改革主義者たちは、グローバル市場の勢力に限定的な再規制を求めた。それは、企業や富裕層への増税、より累進性の高い所得税、社会福祉政策の再導入、そして「緑の資本主義」[36]などのような穏やかな再分配手段であった。彼／彼女らはまた、極端な水準の不平等は成長と利潤追求の可能性を台無しにすると懸念した。例えば、34か国からなる富裕国のクラブであるＯＥＣＤは、２０１５年の報告書で「グローバルな不平等格差」が「岐路に来ている」と警鐘を鳴らしている。報告書は、そのような不平等が象徴する社会不正義について、あるいはそれがもたらす人びとの苦しみについてはほとんど言及していない。しかし、「高い不平等は成長の足を引っ張る」と強調し、富裕層への増税を勧めている。[37]

事実を明かすと、新自由主義政策を考案し、世界銀行やＩＭＦなどのトランスナショナルな国家機関、そして米国や他の有力国を通して世界でそうした政策を遂行した、まさにその経済学者や政策立案者たちが、今や「市場原理主義」――これはジョージ・ソロスによって作られた言葉だが――の主要な批判者なのである。ハンガリー生まれの億万長者投資家・投機家のソロスは、１９９２年に彼が国際通貨市場でおよそ１００億ドル相当のポンドを売り払い一夜にして10億ドルの利益を得る一方で、これにより英国の経済を崩壊に追いやったことで悪名を轟かせた。このウォールストリートの大物は、ベストセラーとなった１９９８年の彼の著書『グローバル資本主義の危機』（*The Crisis of Global Capitalism*）で「市場原理主義」という言葉を最初に作り出した。同書は、市場原理の盲信は、システムの安定を脅かす不平等の拡大および危機の進行をもたらすと主張した。[38]もう一人の指導的な改革者はジョセフ・スティグリッツである。彼は１９９７年から２０００年までの間、世界銀行の上級副総裁とチーフエコノミストを務め、世界に新自由主義を強いるのに一役買ってきたが、1997〜98年のアジア通貨危機の後に新自由主義に反対の立場に立つようになった。さらに最近では、ローレンス・サマーズが改革者に加わった。かつて彼は1991年に、世界銀行のチーフエコノミストとして、有毒廃棄物を第三世界諸国に捨てることが経済的利益をもたらすという、非の打ちどころのない新自由主義の論理を誇示していた。「人口が少ないアフリカの国々は、はるかに汚染が進んでいない「原文ママ」と私は常々考えている」「その大気の質は、ロサンゼルスあるいはメキシコシティに比べて、おそらくはるかに無駄に低い」とサマーズは述べている。サマーズは世界銀行からクリントン政権そして後にオバマ政権に移り、自由貿易や他の新自由主義政策を立案した。[39] 2012年まで話を進めると、サマーズは、悪化する不平等は資本主義への幻滅の増大を煽るため是正されるべきであると主張している。[40]

おそらく、新自由主義者兼改革主義者を最も象徴するのはジェフリー・サックスである。国際的な金融機関や政府のコンサルタントとして、サックスは1985年に、初めての新自由主義的構造調整プログラムをボリビアに対して考案し実施した。このプログラムはボリビアの貧困層に大きな被害を与えた。ほぼ一夜にして購買力を70%減少させ、何千もの人びとの解雇やストライキの非合法化を進め、失業率を25%へと急上昇させ、ほとんどすべての社会福祉給付金を廃止して数百万の人びとを計り知れない困窮に追い込んだのである。[41] サックスのプログラムに対する度重なる民衆の反乱は、最終的に2006年のエボ・モラレス大統領の誕生に帰結する現地の人々による革命をもたらした。次に構造調整の「ショック・プログラム」を先導するため、サックスはボリビアからソ連崩壊後のロシアへと移った。結果、GDPを一夜にして50％減少させ、貧困を10倍に拡大し、労働者の死亡率を75％急騰させた。また、彼はポーランドや他の東欧諸国における資本主義への移行計画も設計した。それは、急速な緊縮財政、大量の国有資産の民間銀行や企業への売却移転を含んでいた。

グローバル資本主義が危機に陥った時、かつて新自由主義を唱道したこれらの人びとおよび他の人びとは、グローバルな貧困と不平等に関する公共の課題を立案した。彼らの著書はベストセラーになり、また、大学の授業の定番テキストとなった。[42] 彼らは、こうした課題の内部で穏やかな改革主義言説がヘゲモニーを確立するのに一役買った。この課題は実のところ、トランスナショナルな規制や、課税および限定的な社会的セーフティネットを通した緩やかな再分配の新たな枠組みの中で、トランスナショナルな資本に世界を開放する活動の継続を包含するものである。適当な例として、2000年の国連ミレニアムサミットで盛大なファンファーレとともに公表された国連ミレニアム開発目標（サックスが目標策定の国連の最高戦略責任者であった）を改革者たちが推進したことが挙げられる。目標は2015年までに達成すべき一連の8つの開発目標を提示する。例えば、極端な貧困状況で暮らす人びとや飢餓に苦しむ人びとの割合を半減させる、初等教育の完全普及、5歳未満の子供の死亡率を3分の2および妊産婦の死亡率を4分の3削減する、重大疾病の蔓延防止と削減、ジェンダー平等の推進と女性のエンパワーメントなどである。しかし、これらの高尚な目標の達成に向けた処方箋は、医療や教育制度のより徹底した民営化、国家の規制からの市場のさらなる開放、より広範な貿易自由化と一層の構造調整、農地の私有商業用地への転換などに基づいている。言い換えれば、根絶すべき社会状況を生み出してきた資本主義的開発そのものを強化するものである。

トランスナショナルなエリートの改革者たちは、世界的なインフラや環境テクノロジーを含む「緑の資本主義」への大規模な投資を通してグローバル経済を再生し、さらなる危機を回避する可能性に、今や期待をかけているようである。ジェリー・ハリスは、軍事的蓄積についての私の分析への回答で「抑圧による蓄積とは異なり、緑の資本主義は、ある程度の民主的正当性を回復し、環境および社会運動の重要なセクターを新たなヘゲモニー連合に取り込む力を持っている」と主張する。

中国の政府や民間のグリーン・エネルギー部門が指導性を発揮し始めるなか、緑のニューディールに関する議論が、米国のメディアや政界で急速に広がっている。グローバル・サウスのあらゆる場所で新たな大規模インフラ建設を進める一帯一路構想と相まって、トランスナショナル資本主義の新たな戦略的目標が姿を見せ始めている。それは、成長と市場の必要性に適合したものである。[43]

デジタル化、あるいは「緑の資本主義」が、過剰蓄積の危機を一時的に相殺し得る、資本主義の拡大の新たな局面を引き出すというのは確かに説得力がある。しかし、たとえ「緑の資本主義」が矛盾語法ではなく、[44]また実際にエコロジカル・ホロコーストの発生を防ぐかもしれないと仮定しても、そのような拡大が必ずしもグローバル警察国家の脅威を後退させるわけではない。それを後退させるためには、グローバルな不平等、排除、困窮を減少させ得る世界的な富の下方への再分配を必要とするであろう。それが結果として、システムが社会の統制や抑圧を強化する必要性を減少させるのである。そのような再分配なしに、民間の営利目的の代替エネルギー産業あるいはインフラへのTCCによる投資が、余剰人類やプレカリアートの窮状を解決すると期待できる理由はない。[45]同様に、デジタル化がグローバル経済やグローバルな労働に第2章で論じたものとは異なる影響を与えるかもしれないということ、あるいは改革政策が余剰および不安定な労働の現在の拡大傾向を抑制するかもしれないということは、確かにあり得る。すなわち、グローバル警察国家が確立されるか否かは、社会諸勢力とその個々の政治的企ての間の争いの結果次第である。

見識のあるエリートたちが信奉する「緑の資本主義」にかけられた希望は、この点についてリベラルなアプローチを反映している。そのアプローチは、人類の危機はグローバル社会における諸勢力の対立なしに解決できる、また、利益が根本的に反目しあう集団や階級は、良心の説得あるいは理性への訴えに基づいて統一された計画の下に結集し得る、などと想定する傾向にある。基本的な仮定は、下から対抗権力を形成し支配者を失脚させる闘争よりもむしろ、私たちを支配する者たちが倫理や理性への訴えによって啓蒙されさえすればよい、あるいはグローバル警察国家以外の道に彼/彼女ら自身の長期的な戦略的利益があると知らされさえすればよい、というものであるようだ。しかし、繰り返し述べておくべきであるが、蓄積は資本の容赦ない衝動である。それは環境を収奪し、土地と資源を奪い取り、あらゆる場所で共同体を略奪し荒廃させる。そしてその制御不能のシステムが生み出す一触即発の矛盾を抑えることが、グローバル警察国家が登場する原因となるのである。

このすべては、改革者のエリートたちがエコロジー崩壊の脅威について想定しているようなグリーン・テクノロジーなどの技術的考慮あるいは上からの政治ではなく、社会・階級闘争の結果に帰着するのである。再分配とエコロジーは、下からの大衆闘争を通してシステムに強制されなければならない。グリーン・ニューディール運動が着想を得た米国最初のニューディールが、大衆労働者階級の闘争によって支配層に強制されたものであったことを思い起こしてみよう。トランスナショナルなエリートの改革者との同盟は重要かもしれないが、グローバルな危機に対する改革者のアプローチを超えることも同様に重要である。このアプローチは、グローバル資本主義とその危機の、まさに中核を成す権力の問題と地球の生産資源に対する企業支配の問題を等閑に付すため、全く不適切なのである。この危機に対するいかなる解決策も、人類の多数派である貧困層への富と権力の急進的な再分配を必要とする。この急進的な再分配に不可欠な第一歩として、社会正義は、一定のグローバルな生産や金融のシステムに対するトランスナショナルな社会的ガバナンスを必要とし、これは次に、階級や所有関係の変容および究極的にはエコ社会主義に向けた闘争と結合されるべきである。

支配階級に広がる亀裂と第二次世界大戦後の国際秩序の解体は、より遠大な変化に向けて闘争する下層の人びとに、戦略的政治同盟を探し出す新たな可能性を提供した。改革者のエリートに関して、左翼と進歩的勢力はどのような立場を提唱するべきだろうか。ネオファシズムの脅威とエコロジーの崩壊は、広範な階級同盟あるいは統一戦線の政治の必要性を提起する。歴史的に、そのような戦線は、改革志向および「民主的な」ブルジョアジーに左翼を従属させてきた。グローバル警察国家に抵抗するため、私たちはファシズムに対する統一戦線を早急に構築する必要がある。しかし、広範な反ファシズム同盟のあらゆる戦略は、必然的にＴＣＣとの戦いでもある。そのような統一戦線を構築する取り組みは、グローバル資本主義とその危機についての明晰で鋭敏な分析を前面に押し出すべきである。また、大衆および労働者階級の勢力が、そうした同盟の中で彼／彼女らのへゲモニーを行使できるよう尽力すべきである。

支配層が分断され強力な下からの大衆社会運動が存在するような深刻な危機の時、大きな変化が訪れることを歴史は示している。例えば１９３０年代と１９６０年代の大きな改革運動は、急進的な変化を国家やエリートに要求した戦闘的な大衆闘争から生まれた。仮に特定の企業集団（例えば、代替エネルギー産業）やトランスナショナルなエリートの中の改革主義者の一派が、急進的な変容の取り組みに参加し得るのであれば、歓迎すべきことであり必要でもある。ただし、反資本主義および社会主義の課題を、穏健な改革のリベラルな課題と置き換えるという犠牲を払ってはならない。これは改革に反対する主張ではない。私たちは、人びとがグローバル資本主義の略奪を生き延びる助けとなる改革、および環境政策や民主的自由を推し進めるあらゆる改革のために戦わなければならない。しかし、危機の深さと性質を考慮すると、今となっては、資本主義を終わらせることなしに私たちの破滅を回避できるとは思えない。

左翼を再生する

資本主義の危機がより多くの人びとの未来を不確かなものにするなか、社会主義が、とりわけ若者の間で、次第に好意的に見られるようになったと思われる。反共産主義および資本主義的個人主義への賛美が長らく人びとの意識を支配してきた米国では、２０１９年のある調査で、18歳から24歳の米国国民の61％、ミレニアル世代の50％以上が、社会主義を好意的に見ていることが判明した。[46] 支配層は増大する社会主義の人気に注意を払ってきた。米大統領のドナルド・トランプは２０１９年の一般教書演説で、米国は「決して社会主義国ではない」と宣言し、下院議長のナンシー・ペロシは「私たち［民主党］は資本主義者である」と繰り返し宣言した。[47] TCCも同様に注意を払ってきた。J.P. モルガン社の最高経営責任者で億万長者のジェームズ・ダイモンは、2019年に株主への手紙で、社会主義を「停滞、汚職、権威主義」を生む「災害」であると攻撃した[48]（一見して明らかなのは、グローバル資本主義が慢性的な停滞、汚職の蔓延、権威主義への転落を生み出している事実である）。社会主義が民衆の課題として再登場していなければ、こうした支配層の代弁者たちがそれについて発言する理由はまずないであろう。

どのようにエコ社会主義に到達するのだろうか。社会主義が人気を取り戻すなか、ポスト資本主義の未来がどのようなもので、いかにして私たちはそこに至るのか、についての英語による研究が近年急増している[49]。しかし、これらの研究で提示されたアイデアから世界各地の民衆による社会主義運動へと進むには、私たちは実に程遠いところにいる。アミール・サミンは2018年に、私たちは「現在、『資本主義の秋』の局面にいるが、これは『人民の春』の出現や社会主義の展望により強化されることを伴っていない」と強く主張した[50]。エリートによる改革主義の失敗やトランスナショナルなエリートがグローバル資本の略奪や強欲に異議を申し立てようとしないことが、危機への極右的反応を招く一助となってきたことは真実である。政治的・経済的エリートは、仮に穏健な改革によって資本主義を安定化できないのであれば、資本主義的統制を維持するために躊躇することなく権威主義やネオファシズムに走るであろう。また、仮に資本主義のグローバル化と並行した穏健な改革計画が大衆の窮状を改善できなければ、大衆の一部は、安定を求める窮余の策としてネオファシズムという選択肢を受容するであろう。それが現在起こっていることである。仮に右翼が、ナショナリスト、ポピュリスト、排外主義、そして人種差別主義者の、よく知られたレパートリーを巧みに利用して、増大する不安を媒介し、大衆の反システム感情をネオファシストや権威主義的計画に対する支持へと変換してきたのであれば、私たちはエリート的改革の失敗にすべての責任を押し付けることはできない。右翼がこのような力を得てきたのは、実行可能な代替策を発展させ擁護することを怠ってきた左翼の怠慢に一因があるのだ。

2008年の崩壊以来、グローバルな反乱が広がっている。例えば、オキュパイ・ウォール・ストリート、ブラック・ライブズ・マター、移民の権利運動、ダコタ・アクセス・パイプラインへの抗議、米国のファストフード店従業員の闘争などから、ヨーロッパのポデモス、シリザといった左翼政党、英国のエクスティンクション・リベリオン〔環境保護団体・運動〕、フランスの黄色いベスト運動、中東や北アフリカのアラブの春、南アフリカのスラム住民や他の貧困層による運動、チリの急進的学生運動、インドや中国の大衆労働者闘争、スーダンの軍事政権に対抗する蜂起などまで多岐にわたる。こうしたグローバルな反乱は確かに一様ではない。発生には波があり、しばしば抑圧、取り込み、消散へと展開する。極右勢力は大衆の不満を結集することができたが、他方でアラブの春のようないくつかの運動は悲劇的な転換を迎えた。これらの反乱の多くでは、社会運動が何に対して戦っているのかについては明確であったように思われる。エジプトではムバラク大統領、ヨーロッパでは緊縮財政、チリでは教育の民営化、99%、などである。しかし多くの場合において、具体的で実行可能な社会主義志向の計画や、そうした計画を推し進めることのできる政治組織がなかったことにより、支配層やその代表者らが反乱を無力化することができたのである。

こうした教訓は、21世紀初頭に「ピンク・タイド」（左傾化）が起こり大きな希望と期待が膨らんでいたラテンアメリカにもたらされた。ピンク・タイド政権は、新自由主義に対する民衆の反乱の直後に実施された各地の選挙で権力を奪取した。これらの政権は新自由主義政策の最も顕著な構成要素に挑戦し、時には覆した。しかし、変容に取り組む国家や社会運動の努力に対するトランスナショナルな資本の、とりわけグローバルな金融市場の構造的な支配力は強大であり、ピンク・タイド国家はこうした市場への順応を余儀なくされた。米国や現地右翼の敵意と連動するこれらの構造的制約を過小評価することはできない。とはいうものの、左翼のレトリックは別にして、ピンク・タイド政権はTCCの海外および現地派遣団と協力して原材料生産を大幅に拡大することにその戦略の基礎を置いていた。

開発された「施し主義（assistencialism）」のモデルは、余剰の獲得と再分配に基づく社会扶助計画を含む。その余剰は、所有関係の根本的な転換あるいはトランスナショナルな資本が持つ特権へのより直接的な挑戦によってではなく、むしろ、鉱業、炭素系エネルギー資源、大規模アグリビジネスなどの拡大や、資源を採取し世界市場に輸出するための巨大インフラ整備計画によって生み出される。ボリバル革命の絶頂期のベネズエラは例外であったが、注目されるのは、政治連合や言説が大衆階級に有利に変化したり社会福祉政策が拡大したりしたにもかかわらず、基本的な所有および階級関係に何の変化もなかったことである。トランスナショナルな採掘企業やアグロ・インダストリーの拡大は、土地と資本の一層の集積をもたらし、左翼国家に対するＴＣＣの構造的権力を強化した。その結果、ピンク・タイド諸国は、これまで以上にグローバル資本主義の循環に統合され、グローバルな商品および資本市場に依存するようになった。

大衆は、より実質的な変化を強く求めていた。左傾化はこうした大衆に、闘争を展開するための空間を開いた。しかし、トランスナショナルな企業の投資誘致や採掘業者による蓄積拡大を進めるために、国家はより深層の変容を求める下からの要求をしばしば抑え込んだ。こうした国家は、運動の指導者を政府や資本主義国家に取り込むこと、および、運動の大衆基盤を左翼政党の選挙至上主義に従属させることで社会運動を解体した。貧困や不平等の根本原因に対処する実質的な構造の変化がなかったため、これらの社会的プログラムは、ピンク・タイド諸国の統制が及ばないグローバル市場の変動に左右されることとなった。２００８年に世界金融危機が襲った際には、グローバル資本主義の論理の中での再分配的改革の限界に直面した。原材料の輸出に極端に依存するこれらの国々は、グローバルな一次産品市場が破綻した時に経済的混乱に陥った。そして、社会的プログラムを維持する政府の力を弱体化させ、大衆の抗議行動を刺激し、右翼が台頭する空間を開く政治的緊張を生み出した。[51] ラテンアメリカ中で、実行可能な自らの計画により大衆と国家の間を仲介する力を失った制度化され党派の論理に埋没した左翼と、現在再燃する大衆の社会運動との間の歴然とした乖離が浮き彫りになった。これは、左翼に見られる世界的現象の前兆であった。

ここでは検討できないが、これらの事例は、左翼による危機への対応が極右による対応に比較してなぜそれほど弱いのかについての、より広範な議論を提示する。西洋では、その問題の一部は、「差異」と際限ない細分化の世界を賛美するポストモダンのアイデンティティ主義政治による限界を、左翼の大部分が受容していることにある。そこでは資本主義は、多数の抑圧的システムのなかの「単なる一つ」に過ぎない。ポストモダニズムの最盛期は過ぎ去ったようだが、それがもたらした政治行動の様式は、西洋における民衆の社会正義の闘争に今もなお多分に存在している。この細分化への賛美や「日常の抵抗」の理想化から生じる「下位の政治（infrapolitics）」とリードが捉えるものが、共同の綱領を中心に据えたあらゆる種類の結束の形成を不可能にするのである。[52] 同様に、スルニチェクとウィリアムズは、共著の『未来を創る（*Inventing the Future*）』で「フォーク政治（folk politics）」〔即時性や直接性を重視し、長期的な目標や戦略、新たなビジョンを形成しようとせず、受動的な抵抗を手法とする政治行動や政治思考〕を批判する。彼らは「フォーク政治的な思考の支配下で、反グローバル化や反戦からオキュパイ・ウォール・ストリートまでの直近の一連の闘争は、ローカルな空間、緊急行動、単発的行為、そしてあらゆる種類の特殊主義への異常なまでの執着を伴ってきた」と述べる。「成果を拡大および確立させるという困難な作業に取り組むよりも、むしろこの形態の政治は、グローバルな新自由主義の侵略に抵抗するための掩蔽壕《えんぺいごう》を建設することに焦点を当ててきた。そうすることで守りの政治となり、新たな世界を明確に示す、あるいは新たな世界を建設することができなかった」。「21世紀のテクノロジーに固有の」夢想家的な可能性は、「偏狭な資本主義者の想像力に縛られたままではない。その可能性は野心的な左翼のオルタナティブによって解放されるべきである」と彼らは締めくくった。しかし、左翼の運動は代表制度に関連する綱領や組織をしばしば意図的に避ける。「フォーク政治の支配下にある左翼の運動は成功しそうにないだけでなく、実際、彼／彼女らに資本主義を変容させる力はない」[53]。

そのようなアイデンティティ主義政治は、異なる集団が直面する特定の形態の搾取や抑圧に対する闘争と混同されるべきではない。民族、人種、ジェンダー、そして性的な抑圧は、資本主義から逸脱したものではなく、資本主義の本質である。これらの抑圧からの解放（liberation）なくして、全体的な解放（emancipation）はありえない。しかし、その逆も同様に重要である。つまり抑圧の特定の形態はすべて、これらの抑圧を絶えず再生するグローバル資本主義の、より大きな社会秩序に根差している。ポストモダンの物語やアイデンティティ主義政治は、資本主義がグローバル化する現在に切実に必要とされるマルクス主義的資本主義批判を受容することから、20世紀末および21世紀に生きるすべての若者世代を遠ざけてしまう。アイデンティティ主義政治が求め得るものは、せいぜい、象徴的な権利の擁護、多様性（支配連合のなかの多様性をしばしば意味する）、支配的な社会制度内での平等、そしてグローバル資本主義内部での公平な包摂と代表である。

1960年代と70年代の大衆闘争を契機に、トランスナショナルなエリートは、社会正義や反資本主義的変容を求める闘争を、明白な取り込みとまではいかずとも平凡で無害な包摂の要求へと媒介する戦略として、「多様性」や「多文化主義」の政治をこの上なく積極的に受容した。この戦略は労働者や人民諸階級の言葉および反資本主義の言葉を覆い隠す働きをした。そしてそれは、下からの反乱の展開を頓挫させる一助となった。グローバル警察国家や21世紀型ファシズムへの転落を食い止めるために、私たちは、無数の分断された闘争を結束させる必要がある。それには、アイデンティティ主義政治や「フォーク」政治を乗り越えることが求められる。現在あらゆる場所で活気に満ちた反乱が発生している。そのため、グローバル資本主義とその危機に対するマルクス主義的批判を、21世紀型ファシズムの社会基盤になり得る人びとの支持を獲得することができる解放のための労働者階級の政治的指針として再生することが急務である。

皮肉にも、この挑戦はグローバル化によって後押しされる。それは、抑圧され搾取される人びとの間の国境および地域的境界を横断した、より深く有機的な連携を生み出す一助となり、真にグローバルな労働者階級を形成するのである。多様性あるこの労働者階級は、32億人にのぼるメンバーが無数の方法で日常の生存戦略を追求し搾取や抑圧に抵抗しており、グローバル警察国家に対する闘争および社会主義的未来への闘争における主要な主体となるはずである。

かねてからグローバル化は、新しいトランスナショナルな労働組合主義の生成を促してきた。「グローバル化によって閉じられた扉と同じ数の扉がグローバル化によって開かれたかもしれない」とマンクは述べる。「最も基本的なレベルでは、コミュニケーションのグローバル化が、グローバルな行動に対する最も厄介な障壁の一つを打ち破った。Eメール、ソーシャルメディア、他のオンライン・プラットフォームなど、労働者は国をまたいで組織化するためのより良いツールを享受している」。実際、「グローバル化した資本主義は、物質的条件においてのみならず、意識の上においても新たなグローバルな労働者階級の基盤を創り出したのかもしれない」と彼は結論付ける。[54] 近年、多くの異なる国々の労働者たちが、ナショナルな規模の組合の合併や全く新しい労働組織の形成などを通じて、トランスナショナルな労働組合に参加している。国際労働組合総連合には2019年の時点で、163か国から2億7000万人の労働者が参加している。インダストリオール・グローバルユニオンは統合によってできたグローバルな労働組合で、2019年には5000万人のメンバーと世界各地に800の構成労働組合を有していた。[55]

デジタル化によって労働過程の断片化と個別化が続くなか、人びとの正式な組織化以上に解放のプロジェクトを再建する重要課題となるのは、個別化され孤立を経験する労働者と、不安定な雇用下で極端な脆弱性に直面している人びとおよび排除されているがゆえにストライキに参加できない人びととの連帯である。ルンペン・プレカリアートが直面する状況は、知識労働者の孤立や個別化された性質と相まって、階級意識と集団的主体の軸が、孤立した生産現場から、日常生活、共同体、そして政治システムへと確実にシフトすることが必要であることを示唆している。闘争は、ローカルであれ世界レベルであれ、常に具体的で、特定の場において、エコロジー、女性の権利、社会サービス、共同体の要求などの特定の分野を対象として行われる。闘争の断片化に留意しながら、私たちはどうすれば、日常生活の政治と特定の場所にとどまらない集団的解放のプロジェクトを結合させることができるだろうか。いかなる反攻も、正規雇用の労働者による伝統的な闘争と並行して、排除に異議を唱え、不安定な労働形態に取り組まなければならないであろう。グローバルな労働者階級および大衆の闘争のレパートリーは、ストライキ活動に加えて、排除された人びとがストライキにより闘えない限り、システムを広範にわたり崩壊させる戦略を必要とする。

この反攻になるかもしれない希望の兆しが、2019年5月8日に現れた。この日、世界各地の都市でウーバー社のドライバーたちが、低賃金と彼／彼女らの「請負業者」としての地位に抗議するためストライキを実行した。その地位は、数十億ドルの規模の企業が、医療、年金、その他の手当の提供を避けること、および生産手段（彼／彼女らの車）を維持する負担をドライバーに転嫁することを可能とするものである。「ギグ・ワーカー」の労働運動が出現する口火となる一斉射撃と言われたように、この行動は四つの点で注目に値する。第一に、それが「プラットフォーム」あるいは「ギグ・エコノミー」と呼ばれるグローバル経済の、まさに最先端に位置する不安定な労働者たちと明確に関連していた。第二に、米国、ブラジル、オーストラリア、ナイジェリア、コスタリカ、ケニア、英国、その他の国でのストライキが報告されたように、まさにグローバルなものであった。これは、これまでは見られなかったトランスナショナルな協調と連帯を示唆している。第三に、労働者たちは資本との対峙の仕方を理解していた。彼／彼女らのストライキはウーバー社の新規株式公開日に合わせて実行するように調整されており、新規株式公開の不本意な結果の原因となったであろう。[56] 最後に、配車サービス産業の労働者のように最も個別化された労働者でさえ、彼／彼女らの集団的利益を自覚し資本と集団的に対峙することができる――あるいは、できるようになるかもしれない――ことを、行動が示した。

新しいインターナショナル？

私の考えでは、私たちがネオファシスト右翼の猛攻に対峙するのであれば、世界中の左翼が革命的プロジェクトと国家再建の計画を早急に刷新しなければならない。それは、包括的なフォーラムの下で国境横断的に実施されなければならない。そのフォーラムは、人民および労働者階級の諸勢力が団結できる最小限の綱領を推進し、略奪的なグローバル資本主義の脅威に対する反攻を調整するため、国家や地域を横断した闘争を統合するメカニズムを構築するのである。そうしたフォーラムあるいは組織は、グローバルな労働者および人民諸階級による、彼／彼女ら自身のものでなければならず、ＴＣＣやその代理人に開かれたものではない。それは明確にグローバル資本主義に反対し、システムの変化に立脚しており、そしてエコロジカル社会主義のアイデアを取り入れた新たな社会主義のビジョンと最小限の綱領を提示するのである。エコ社会主義は基本的な命題に基づいている。それは、エコロジーの均衡や生命に好ましい環境を実現することは、資本主義の拡張的および破壊的な論理とは相いれないというものである。非エコロジカル社会主義は終焉した。また、非社会主義エコロジーは現在のエコロジーの危機に立ち向かうことはできない[57]。

実際、新たな世界政党あるいはインターナショナルの設立を求める多くの呼びかけが近年公表されている[58]。政治経済学者のサミール・アミンは彼の早すぎる死の1か月前に、「労働者と人びとのインターナショナルの創立総会についての意向表明書」を公表し、グローバルな第五インターナショナルの設立を呼びかけた[59]。20世紀末に反グローバル化闘争が急増したのをきっかけに、２００1年に世界社会フォーラム（World Social Form, 以下、ＷＳＦ）が、「諸運動のなかの運動」として設立された。それは、多様な闘争の経験を共有しネットワークを形成するため、世界中からおそらく数千に上る社会運動を年次会合に集めた。しかし、ＷＳＦは政治的綱領を明確に拒絶し、それが結果として左翼の政治政党や組織と大衆社会運動を分離する一因となった。反攻を成功させるために、私たちは、ファシズムに対抗する統一戦線形成の中心となり得る綱領を作り上げる必要がある。

第一、第二、第三そして第四インターナショナルが、すべて社会主義政党を包括する国際的な組織であったのに対して、ＷＳＦは政治政党の参加を禁じていた。「議論のフォーラム」あるいは「単なる『運動』ではなく、新たな組織を設立する」ことが私たちに必要であることに関して、私はアミンと同意見である。私の考えでは、あらゆる新たなフォーラムは社会運動と左翼の政治組織および政党を包含しなければならない。つまり、新たなインターナショナルは、四つの前身や、単に社会運動のインターナショナルであったＷＳＦとは異なるものとなるであろう。最小限の綱領への関与やそうした綱領において政治政党と協力することは、社会運動にとって受け入れがたいかもしれない。左翼政党の形成あるいは左翼政党との協働でさえも敬遠する人びとが述べるように、20世紀における革命の「前衛主義者」モデルが、下からの社会運動の自律性を圧殺しようとする政党による運動の統制（余談だが、これはレーニンの手法によるものではなく、その手法への崇拝によるものである）を伴っていたこと、そしてまた21世紀においても、政府内外のいくつかの左翼の政治組織が、下からの社会運動に対するそのような統制を求め続けていることは真実である。

新たなインターナショナルがいかなるものであっても、選挙と資本主義国家の問題に取り組まなければならないだろう。たとえ、可能であれば便宜上選挙に参加しなければならないとしても、また、選挙の舞台が闘争の戦略的空間であり得るとしても、人民の課題よりも選挙でのいうことである。これは次に、国家、左翼政党、そして大衆社会運動の三角関係を、再生されることになる国家の構築に向けて、どのように変容させるかという問題が、大衆の自律的な社会運動を支えることができるような社会主義の戦略を設けるのにあたっての問題と化すのである。

国家にトランスナショナルな資本の特権に挑戦する変容を進めるよう強いることができるかと

した下からの大衆動員だけなのである。問題となるのは、下からの自律的な大衆社会運動が、そう

が世界各地の資本主義国家を通して上から及ぼす統制に対して逆方向の力を課せるのは、

左翼であることの証に背くことになるであろう。トランスナショナルな資本やグローバル市場

た、もし「ガバナンス」、現実主義、選挙戦略などの名の下に人民の要求を抑えるのであれば、ま

大衆動員や下からの自律的な社会運動の統制を試みたり歯止めをかけたりしようとすれば、

からの完全な自律性を発揮できる革命的闘争のモデルを推し進めるべきである。もし左翼が、

明らかに、新たなインターナショナルは、下からの社会運動が政治政党や政党が牛耳る国家

である。

により、左翼勢力を権力の座へと押し上げた人民諸階級や社会運動と政府の関係が悪化するの

再生産のためのトランスナショナルな資本への依存の擁護に追い込まれることも学んだ。それ

勝ち取ると、資本主義国家の運営とその危機への対応の責務を負い、国家の擁護、およびその

権力と同じではない。国家権力はトランスナショナルな資本によって構造的に与えられるものである）を

界各地で発足した社会民主主義政権の近年の経験から、いったん左翼勢力が政権（これは国家

ギリシアの左翼政党シリザやラテンアメリカ諸国のピンク・タイド政権、および20世紀末に世

勝利を優先することは、敗北へのお膳立てに過ぎないと私たちは学んだ。しかしまた私たちは、

る左翼のあらゆる計画の一部として再考することを要する。私たちは、再燃する大衆社会運動と制度化され党派の論理に埋没した左翼の乖離を埋める一助となり得るグローバルな組織的枠組みを必要としているのである。

私は本書で、グローバル資本主義のシステムと、このシステムが現在経験している変容の過程についての理論的解釈を提供することに努めてきた。エルボームが思い起こさせるように、新たな社会主義左翼がグローバル資本主義に関する研究の知的最先端に立たないのであれば、同時にグローバルな反攻の政治的最前線に立つことはできない。[60] 繰り返すと、人民の反乱がいたる所で発生する中で、私たちはグローバル資本主義とその危機に対するマルクス主義的批判を再生し提示しなければならない。それは、21世紀型ファシズムの社会基盤になろうとする人びとの心を掴むことができ、そして反攻における労働者階級のヘゲモニーを確立する、解放のための労働者階級政治の指針として提示されるのである。システムの亀裂はどのようなものか。権力構造はどのようなものか。支配層はどのように世界規模で組織化されているか。この新たな時代はシステムの変革に向けた下からの闘争のどのような実行可能なひな形を用意するか。そして、批判的に言えば、革命的なエコロジカル社会主義運動が、グローバルな反攻における決定的な役割をどのように果たすことができるのか。

私たちは、トランスナショナルな資本による独裁が受動的であることを忘れてはならない。グローバル警察国家の登場をＴＣＣに促したのは、グローバル資本主義のヘゲモニーの瓦解である。次に大きな経済的破綻が襲った時、左翼と下からの抵抗勢力は主導権を握りグローバル警察国家に対抗する立場にいなければならない。資本は戦術的攻勢に出るかもしれないが、自らが解決できない危機に対応している限り、現時点では戦略的防衛にある。私たちは、資本の戦略的防衛を、私たちの戦略的攻勢に変えることができるであろうか。

解題　ウィリアム・I・ロビンソン「理論」の発展とその精神

松下　冽

ウィリアム・I・ロビンソンは「グローバル資本主義学派」の理論的な最先端を切り拓いており、多面的な論争を提起している。現在は、カリフォルニア大学、サンタ・バーバラ校の社会学教授である。彼の執筆活動は、精力的に現代的課題に鋭く切り込み、多岐にわたる理論的領域の再構築のみならず実践的課題にも独自の視座を示している。

以下、単著だけをあげてみる。

Promoting Polyarchy : Globalization, U.S. Intervention, and Hegemony（1996）.

Transnational Conflicts : Central America, Globalization, and Social Change（2003）.

A Theory of Global Capitalism : Production, Class, and State in Transnational World（2004）.

Latin America and Global Capitalism（2008）.

Global Capitalism and the Crisis of Humanity（2014）.

Into The Tempest: Essays on The New Global Capitalism（2018）.

The Global Police State（2020）.

私たちは、この最後の著書を本書で翻訳した。彼はアカデミックなジャーナルに約50の論文を公表してきた。例えば、*Sociological Forum, Theory and Society, International Studies Review,*

International Sociology, Cambridge Review of International Affairs. Global Society, Globalizations, Race and Class, New Political Economy, Third World Quarterly, Radical Philosophy など。その他、数百のエッセイ、記事がある（William I. Robinson: Speeches, Interviews, and Mass Media Articles (ucsb.edu)）。

以上のように、ロビンソンは世界的にも注目されている著名な理論家であり、その理論の現代的重要性にもかかわらず、わが国では、名前もアカデミックな活動も一部の研究者を除いては知られていない。その意味でも、*The Global Police State* の翻訳が、展望の見えない混迷する世界と日本の今日状況に対する分析枠組みと世界認識の視座を私たちに提示している。そこで、本書がわが国における最初の翻訳書であることを考慮し、ロビンソンの「理論」活動の一端を紹介しておきたい。

彼の理論的発展・展開、その根底に流れる「精神」や「姿勢」を知る上で、まず参考になるのが、"Interview —— William I. Robinson", *E-INTERNATIONAL RELATIONS*, SEP 16, 2017 (Interview-William I. Robinson (e-ir.info)) である。※1

インタヴューアの氏名は分からないが、インタビューの適切な質問と内容、それに対するロビンソンの返答は刺激的であり、彼の理論的発展、批判的意見とそれに対する回答、グローバル資本主義の現状と課題を幅広く開示しているので、今後、ロビンソンの書物に接する契機として有意義である。

Ⅰ　ロビンソンが語る「グローバル資本主義の危機」の現在

（1）ロビンソンの最重要な研究課題と論争領域（2017年のインタビュー時点）

ロビンソンが、現在最も関心を持つ研究課題は「グローバル資本主義の危機」である。現代の社会的激変と政治的崩壊の時代を反映して、この危機に関連する批判的研究と論争の広がりがあった。研究にとって決定的なことは、「伝統的研究領域を超えて進むこと」である、と彼は強調する。

それゆえ、ロビンソンはグローバル・システムの危機とこの危機に関連したグローバル世界の変容に関する研究に向かった。すなわち、主要な具体的論点は次のようなテーマに関わってくる。

①「軍事問題の革命」や「第四世代の戦争」と関連して戦争と紛争がどのように変化しているのか。

②「第四の産業革命」による大規模なグローバル経済の再構築の理解。

③「新世代の都市研究やラディカル地理学」成果。これは、メガシティの台頭やそのネットワーク、空間の再構築、トランスナショナルな社会統制の新たなシステム（監視国家、グロー

※1　このインタビューは、Robinson（2018）の APPENDIX に再録されている。

バルな「国土安全保障」産業の発生、新たな都市型軍事主義など）を理解し、議論するのに不可欠である。

④最近のグローバルな発展に関連するトランスナショナルな諸関係に関する議論。これには中国やＢＲＩＣＳ、新たなデジタル資本主義、トランスナショナルな資本家階級（ＴＣＣ）、攻撃的なナショナリズムの復活、グローバルな反乱の再生などの議論が含まれる。

⑤近代世界史の質的に新たな契機としてグローバル資本主義を分析し、理論化する視点と説明。そのためには、第二次大戦後のパラダイム――例えば、ＩＲ理論のトライアッド、すなわち自由主義、リアリズム、伝統的マルクス主義――では不十分である（コンストラクティビズムも不十分である）と強調する。

（この時点では、まだ本格的なグローバル警察国家の研究を体系的に論じていない）

（2）ロビンソンの思想変遷と決定的転換

ロビンソンの思想的発展は、世界の変革をめざす戦後世代の青年たちと大きな違いはない。「10代後半に、政治的、知的に東アフリカの学生として成長した。当時の反植民地闘争や反植民地闘争に参加したアフリカ・マルクス主義者を通じてマルクス主義に達した。これが帝国主義、低開発、従属・世界システムの諸理論に至った私のルートである」、このように振り返っている。しかし、１９８０年代のニカラグア革命とその後の１９９０年代の参加を経て、「第三世界の解放と開発のラディカルな理論」から離れ、「グローバル資本主義理論」へと向かった。こうして、ロビンソンの思想上の変化は1990年代に起こった。

新自由主義の台頭という世界の政治経済の深い転換に直面して、「マルクスの政治経済学の再読と再考」にも向かい、「世界資本主義の質的に新しい段階」（グローバル資本主義）を深く考え始める。同時に、一次的な分析単位やカテゴリーとして、国民-国家や国家間システムを考える有効性や妥当性について再考するようになる。これらの考察は、ロビンソンの最初の主要な理論的著書 *Promoting Polyarchy*（1996）で明らかにされた。さらに、*A Theory of Global Capitalism*（2004）で一層発展させられた。

（3）トランスナショナルなグローバル資本主義理論に対する批判・誤解への反論

〈国民-国家の評価〉

ロビンソンに対する批判・誤解には共通して、その根底に国民-国家の評価をめぐる論点がある。例えば、ロビンソンのトランスナショナル国家（TNS）理論は、国民-国家を「迂回」しており、「国家を真剣に考えない」との批判がある。すなわち、「トランスナショナル化に向かうローカルなプロセスを無視してきた」という批判である。この批判や告発は、トランスナショナル化とローカル化の関係に連動する。だが、これに対して、ロビンソンは *Latin America and Global Capitalism*（2008）のような経験的研究や事例研究で反論する。さらに、*Global*

Capitalism and the Crisis of Humanity（2014）のＴＮＳの理論でも明確に反論する。

〈国家の正当性の危機〉

ロビンソンの議論の「ギャップと弱点」を指摘し、彼の主張の修正を要求する「好意的な」批評もある。例えば、ロビンソンの理論では、国家間（トランスナショナルとは異なる）の緊張の継続、攻撃的なナショナリズムの復活、軍事的諸制度の相対的自律性を認識する理論の困難さが指摘された。これらの批評に応えて、ロビンソンは最近、「国家の正当性の危機」に焦点を当ててきた。この危機は「グローバル経済と国民–国家を基盤とした政治的権威システムの間の分裂によって生み出された矛盾」から部分的には導かれている、と判断している。

〈不均等発展や連携的発展や中枢–周辺分割を無視〉

ロビンソンが「不均等発展や連携的発展」を、さらに「中枢–周辺分割」を無視しているとの告発・批判である。これらの概念は、一時、アジアの「開発」や「奇跡」をめぐって注目された分析概念である。「グローバル資本主義における空間や不均等で連携した蓄積をどのように考えるのか」、この問題は *Global Capitalism and the Crisis of Humanity*（2014）で緻密に考察されている。これがロビンソンの反論である。ここでの要点としては、「中枢–周辺分割がない」と主張するのではなく、「国民–国家のパラダイムで21世紀のこの分割を理解できない」、としている点である。

ロサンゼルスには低開発で周辺的な社会グループが存在するし、メキシコシティやムンバイには中枢の社会グループが存在する。しかし、この現実は、国民-国家の分析単位では説明できない、と主張する。

〈グローバル資本主義は通時的な理論である〉

21世紀型のグローバル社会を時代遅れのパラダイムに基づいて説明するのは不合理である。歴史的運動は進行中であり、「グローバル資本主義は通時的な理論」である。「共時的な理論」ではない。「教条的なマルクス主義者はまるで世界資本主義が20世紀の形態で凍ったままであるかのように活動している」、とロビンソンは批判する。

(4) ボリバル革命の評価

ロビンソンは、ベネズエラのボリバル革命の対抗へゲモニーと反資本主義の潜在力に対する、一定の希望を抱いていた。そして、ベネズエラ政府は新自由主義型グローバル資本主義に対する「地域的、国際的対抗力」を発展させようとしてきた。この「戦略は全く正しかった」が、ボリバル革命の推移が多くの課題と問題を私たちに再確認させている、と彼は言う。その点に関わり、ロビンソンは次のように強調する。

第一に、革命の容易な段階は石油価格高騰の崩壊とともに終わった。政府は石油への依存を克服するための対応を事実上何もしてこなかった。結局、21世紀のどの国も「グローバル金融市場の権力を含め、グローバル資本主義から逃れられない」のである。

第二に、腐敗が革命の社会的基盤の一部を阻害してきたことは確かである。二重交換レートのような政府の政策は、革命を掘り崩してきた。これらの政策は、革命的ブロックと「愛国的」ブルジョアジー（「ボリーブルジョアジー」）との同盟に反映し、基本的階級と所有諸関係に挑戦できなかった。

第三に、結局、下からのナショナルな闘争はトランスナショナルな闘争と連携し、共振されなければならない。

このような批判的判断のもとに、ボリバル革命の問題点の再確認をするが、「ベネズエラ革命が内包するあらゆる問題にもかかわらず、私たちは革命を守る必要がある」。これがロビンソンの立場である。

(5) 最近の資本主義の危機の特徴

資本主義の危機や資本主義システムの終焉に関する主張や議論は、歴史的にも、発生しては消滅していくのが常である。それでは、最近の危機の特徴は何か。ロビンソンは以下のように応えている。

グローバルな危機は、単に構造的というよりシステムの危機である。この危機はシステムの破棄ないし交替によってのみ解決される。なぜなら、まずグローバル資本主義がその再生産の生態学的限界に達しており、また、それが「外延的・集中的拡大の限界」に直面しているからである。「資本主義システムは自転車に乗るようなもので、ペダルを踏まなければ倒れる」。加えて、国民–国家は過去におけるように、資本主義に慢性的な過剰蓄積問題を相殺する能力を持っていない。「グローバルなケインズ主義」は唯一の可能な選択であるが、ＴＮＳはこれを実施する能力はない。ロビンソンが恐れているのは、むしろ危機によって生み出された緊張が、新たなグローバルな軍事的大火に導くことである。「戦争はしばしば資本主義危機にとっての除細動器であった」、と彼は振り返る。

ここで簡単に言及されている「最近の資本主義の危機」の問題を発展させる考察は、本書で翻訳した『グローバル警察国家』で詳細されることになる。

(6) 世界秩序におけるＢＲＩＣＳの役割

グローバル・サウスから浮上してきた新たなブロックとしてＢＲＩＣＳの台頭に注目し、賞賛する傾向が論壇であった。そこでは、非同盟運動やその新国際経済秩序の要求以来、途上国からの世界経済における西側優位への挑戦と強調された。ボンドはＢＲＩＣＳを「サブ帝国主義的」と概念化してきた。しかし、ロビンソンは全く異なる評価をＢＲＩＣＳに与えている。そして、Patric Bond & Ana Garcia(eds.) *BRICS: An Anti-Capitalist Critique*（2015）の論文集を取り上げる。

こうしたボンドらの見解に対し、ロビンソンは、「ＢＲＩＣＳ諸国内の資本家階級と国家や制度的エリートの大多数が、撤退ではなく、グローバル資本主義内部での大きな統合とトランスナショナル資本との連携の拡大を追求している」と言う。ボンドが意味するサブ帝国主義は、トランスナショナルな資本のジュニア・パートナーとして近隣諸国への資本輸出のための市場とはけ口を求めている、このように主張している。

ＢＲＩＣＳの評価は、グローバル資本主義秩序内部での変容と動態を検討するうえで重要であろう。ロビンソンの批判的見解は次の点である。ボンドの分析枠組みは、ほぼフランクの古典的従属論アプローチに等しい。ＢＲＩＣＳの政治は、「西欧の支配」（しかし、グローバル資本主義でない）に対する挑戦を代表している。そして、ある程度、これらの努力はＧ７と衝突するが、ＢＲＩＣＳの提案はグローバル資本主義の安定化に貢献する影響を持つであろう、と。

(7) 知的植民地主義の告発と「グローバル市民社会」の役割

新自由主義的発想と政策の広がりや深化の背景に、知識人を中心とした「思想界」やテクノクラート、マスコミ、宗教界、政治家など幅広い分野が先導的な役割を果たしたことは、今や知られている。その結果、「新自由主義は言説様式として支配的なものとなった」のであり、「私たちの多くが世界を解釈し生活し理解する常識《コモンセンス》に一体化してしまうほど、思考様式に深く浸透」（ハーヴェイ『新自由主義』、2005: 11）しているのである。

周知のように、ＴＮＣ資本に結びついたシンクタンクや財団は、研究アジェンダや概念的枠組みを支配するようになった。そして、それらはラテンアメリカや旧第三世界の研究や大学のカリキュラムを形づけてきた。

一方で、「知的植民地主義」への告発や「グローバル市民社会」の動きに対する戦略も検討されている。ロビンソンは警告する。「トランスナショナル・エリートは単なる国家統制を超えて、グローバル資本主義のヘゲモニー再構築のカギとして、市民社会の征服を考えるようになった」と。

この戦略は、「大衆的社会運動の要求をシステムの論理から逸脱しない制度的領域に導くことで、市民社会内でのヘゲモニーをトランスナショナル・エリートが確保するのに役立った」。「知的な傭兵」を望まないのであれば、ロビンソンの警告は極めて厳しく受け止められなければならない。すなわち、「多くは故意であれ、そうでないにしろ、グローバル資本主義の論理を逸脱することなしに、システムの維持と更新のための知的生産に吸収される」と。

このインタビューの最後に、ロビンソンは統一的な史的社会科学へのウォーラスティンの呼びかけに共鳴する。そして、社会学や政治経済学や国際関係学の若い学者にアドバイスしている。「社会科学者は『価値自由（value free）』であるべきと言うことはナンセンスである。なぜなら、す・べ・ての社会科学は価値を積み重ねている。それ以外ではありえない」と（強調はロビンソン、以下同様）。

Ⅱ　グローバル警察国家「理論」に向けた認識と分析の発展

「ロビンソンは今までにグローバル資本主義に関する知識の並外れた組み合わせを蓄積しています。世界の非常に多様な地域で働いてきた彼は、それに一種の知恵をもたらし、読者は今日の世界におけるグローバルな広い事例を把握することができます」

サスキア・サッセンによる *Into The Tempest: Essays on The New Global Capitalism*（2018）の書評の言葉である。確かに、ロビンソンのグローバル資本主義に関する研究活動は広範囲にわたっているのみならず、現実を見る批判的視点は一貫している。前章に紹介したインタビュー（2017年）以降に刊行された著書では、今日のグローバル資本主義が生み出している極端な不平等と不正を告発し、現状に対する危機意識から問題群を改めて提示し、分析を深めている。本節では、最近のこの著書、*Into The Tempest* と本書 *The Global Police State*（2020）を対象にして、主に以下の課題のポイントを紹介したい。「新自由主義革命」、「移民と産–軍–刑務所複合体」、「グローバル警察国家」、「21世紀型ファシズム」である。

（1）「新自由主義革命」

新自由主義に関するロビンソンの考察は、言うまでもなく早くから取り組まれた。*Global*

Capitalism and the Crisis of Humanity（2014）では、新自由主義を特徴づける重要な一側面について論じている。すなわち新自由主義は、「古典的自由主義と個人主義を極端に進めた一つのイデオロギーであり、哲学的な世界観」であり、「社会的相互性や社会的生産物の集合的再配分の終焉」である。

グローバルな新自由主義は、実践的に二つの次元を含んでいる。一つは、世界規模での市場の自由化とグローバル経済にとっての新たな法的・規制的上部構造の構築である。もう一つは、それぞれのナショナルな経済の国内的な再構築とグローバルな統合である。

「新自由主義革命」は、フォーディズム型–ケインズ主義型の蓄積構造から野蛮なグローバル資本主義への移行を画した。それは、第一に、「グローバル化を通じての労働の再規律化、柔軟化、高水準の失業、半失業、そして福祉システムの解体」があり、そして第二に、「刑務所産業複合体とトランスナショナルな移民労働の供給・統制システムを含む新たな広範な社会統制システムの発展」（2014: 95）がある。この指摘には、「移民と産–軍–刑務所複合体」と「グローバル警察国家」へ、さらに「21世紀型ファシズム」へと理論的発展の要素が含まれていた。

（2）移民と産–軍–刑務所複合体

〈移民問題へのアプローチ〉

ロビンソンは、「移民問題」を「トランスナショナル資本の蓄積源泉としての移民の視点」

から考察している（2020: 95）。

移民人口はグローバル資本主義に十分奉仕している。それはグローバル経済にとってほぼ無尽蔵の労働者余剰を提供している。トランスナショナルな労働流動性は、トランスナショナル資本家階級（ＴＣＣ）が世界中の労働市場を組織し、市民権を剥奪された短期滞在労働力をリクルートし、容易に統制することを可能にした。移民人口に対する抑圧的な国家統制と非市民労働者の犯罪化は、グローバルな労働者階級のこのセクターへの超搾取と過度の監視を可能にしている。結局、この抑圧自体はトランスナショナル資本の重要な蓄積の源泉になっている。

それは二重の意味で蓄積の源泉である。第一に、移民との戦争の全局面は利潤創出の源泉である。すなわち、健康管理、食料、電話システムのような公的拘留センター内部におけるサービスの提供や私的な利潤追求の拘留センターから、追放レジームに付属する別の諸活動（追放者を帰国させる民間チャーター機の政府契約や国境機関の軍配備）にまで及ぶ。米国では、国土安全保障省は国境と移民規制サービスのため34万4０００以上の契約をし、２００６～２０１８年までに８００億５０００万ドルを払っている。第二に、もしこの移民との戦争が余剰の新たな大量のはけ口を開くとすれば、それは搾取を強め、インフォーマルな市場賃金を引き下げ、より一般的な賃金への圧力を下げるための機会を資本に提供している（2020: 95）。

〈「移民改革」をめぐる論争〉

「移民改革」の背後にある長い歴史には、資本主義のグローバル化とグローバル経済に労働者を供給するシステムの世界規模での再構築がある。農村から追放され、グローバル資本主義にしばしば暴力的に統合され、新たに搾取された労働者の広大なプールに放逐される移民は世界的規模で再編されているのである。

米国における「移民改革」論争について、ロビンソンは若干の視点を提示している。この論争を理解するためには、新たなグローバル資本主義システムにおける移民が果たす役割を、大きな構図から見る必要がある。この戦いは「地上の悲惨な人びと」に対する支配パターンの変化を反映している。国家は資本主義経済のために労働者の流れを調節するゲートキーパーの機能（回転ドア）を確保する。さらに、国境の開放と国境の強化の政策や「移民改革」は、グローバルな労働者階級を市民と移民に分割することにより、世界的規模での新たな不平等を生み出す主軸となっている。

〈軍事–産業–安全保障企業所複合体〉

世界中の戦争や紛争、統制と抑圧は、政府による軍事化を通じて、民間資本の蓄積機会拡大を促進している。私的蓄積と国家的軍事化の融合である。それは、軍事–産業–安全保障企業によるグローバルな兵器販売を推進することである。軍事–産業–安全保障企業所複合体の形成と確立である。

このプロセスには、移民の排斥・犯罪化、刑務所の民営化を急速に進めた、政治的動きも並行している。民間の移民逮捕複合体は一つのブーム産業である。不法移民は米国の刑務所人口で最も増加する部門を構成している。彼／彼女らは民間の拘留センターに拘留され、あるいは追放された。２０１０年現在で、２７０の移民拘留センターがあり、３万以上の移民が拘留された。拘留施設や追放業務は民間企業が請け負わされているので、資本は移民の犯罪化と移民に対する統制に既得権益を持っている（2018: 135）。

一方、ヨーロッパでは、難民危機と「国境を守る」ＥＵのプログラムが、国境軍事力や監視システム、ＩＴインフラの備品を提供し、軍事・安全保障企業に思いかけないぼろ儲けをもたらしてきた。米国と同様に、これらの企業はいわゆる「安全保障化」の拡大を後押ししてきた。２００７年、ヨーロッパの軍‐産‐安全保障複合体の主導的な企業は、欧州安全保障機構を設立し、国境の軍事化と包括的な安全保障化プログラムを実施するため政府に働きかけた。同時に、これらの企業はヨーロッパにおける数十億ドルの国境安全保障契約から利益を受けていた時、２００５年から２０１４年までに、１０００億ドル近くの武器を中東と北アフリカ地域（ＭＥＮＡ）諸国に売却するライセンスをＥＵ加盟諸国から与えられていた。ＭＥＮＡ体制は、２０１１年のアラブの春の間、民衆蜂起を弾圧するため武器販売市場の高まりを利用した。

(3) グローバル警察国家

警察国家化する世界、すなわちグローバルな警察国家は、本書（*The Global Police State*）の主題である。ロビンソンがグローバル資本主義の展開過程に向き合い、考察し分析してきた一つの理論的帰結である。

グローバルな警察国家は、三つの関連する動向の発展に関連している。第一に、本稿の第Ⅱ節で論じたように、停滞に直面した資本蓄積の手段としての軍事的蓄積に関係する。第二に、被抑圧階級を抑え込むための大規模な社会的支配と抑圧システムに役立っている。そして第三に、「21世紀型ファシズム」として、あるいは全体主義と特徴づけられる政治システムに向けた動きの拡大に関係する。

２０２１年現在、世界中の政府はパンデミックへの対応に集中し、緊急事態を宣言している。ここで共通にみられる集中的な措置は、医療の危機と緊急性に対応する必要性であった。だが、こうした権威主義的資本主義国家における緊急的諸権力の集中は、ウイルスが抑え込まれた後に、不満を取り込み、監視を強化し、抑圧的な社会的統制に使われるであろう。すなわち、グローバルな警察国家の拡大である。ロビンソンが本書の「日本語版序文」でも警告している。

(4) 21世紀型ファシズム

グローバル資本主義の下での抑圧的・暴力的な「全面的な安全保障化」の危険な帰結は、ファシズム的方向に帰結する。１９２０～30年代のファシズムとは異なる、ロビンソンが警告する「21世紀型ファシズム」である。ファシズムに関する議論は、一般的には奇異に、あるいは極端に思われるかもしれない。その多くは20世紀のナチズムやファシズムのイメージから生じている。しかし、２０２１年1月6日のトランプ支持者による国会議事堂乱入・襲撃事件は、ファシズム化の動きや特徴を無視できず、ファシズムに関する議論を高めた。

すでに、２０２０年5月25日にジョージ・フロイド殺人事件によって引き起こされた民衆の大規模な抗議行動をきっかけに、ファシズム的動きが本格化した。同年10月８日には国内のテロリスト民兵組織が、ミシガン州議会議事堂を襲撃してミシガン州の民主党知事や他の当局者を殺害する陰謀を企てている。こうした一連の危険な動きにより、ファシズムがグローバル資本主義の危機の重要な側面として現実にクローズアップされてきた。本書では、「21世紀型ファシズムの社会的基盤」(pp. 208-218) と「21世紀型ファシズムのインターナショナル?」(pp. 218-225) で考察し重要な指摘をしている。

ロビンソンの21世紀型ファシズム論は、これまで触れてきた諸問題、すなわちグローバル資本主義の危機が生み出した政治・経済・社会に蓄積された諸矛盾の帰結である。つまり、新自由主義の影響、「移民と産–軍–刑務所複合体」、「グローバル警察国家」、そして今日のパンデミックなどの諸要素の複合的帰結である。

21世紀型ファシズムとグローバル警察国家との関連性についてロビンソンは強調している。これは、「国家の反動的政治権力やトランスナショナルな企業資本と結びついた市民社会内の、極右勢力、権威主義勢力、ネオファシスト勢力とトランスナショナルな企業資本」の三者の相互関係を含んでいる。

「現在のグローバルな軍事化の本質を議論する際、グローバル警察国家がより大きな分析上の利点を持つ確固たる概念である」(p. 217)。

ロビンソンは、こうした視点を踏まえ、別の論考で「ファシスト的企ての形態学」について、以下のように議論を展開する(以下、Fascism: A Failed Response to Capitalist Crisis, *Truthout*, October 27, 2020による)。

まず、「現在のグローバル資本主義の危機は構造的でも政治的でもある」。政治的には、資本主義国家は新自由主義によって引き起こされた数十年にわたる苦難と社会的崩壊の後、正当性のスパイラル危機に直面し、現在、これらの国家が医療緊急事態と経済崩壊を管理できないことによって悪化している。構造的には、世界経済は、パンデミックによって一層悪化した過剰蓄積、または慢性的な停滞の危機に陥っている。トランスナショナル資本主義階級は蓄積した数兆ドルを「処分」する出口を見つけることができない。

ファシズムは、この有機的な危機から資本主義を救おうとしている。すなわち、資本の蓄積を急速に回復し、国家の正当性の新しい形態を確立するため下からの脅威を抑圧する。それは「反動ナショナリズムと人種差別の激しく有毒なミックス」である。その控えめなイデオロギー的なレパートリーには、極端なナショナリズムと国家再生の約束、排外主義、人種/文化至上主義の教義、暴力的な人種差別的動員、好戦的な男らしさ、市民と政治生活の軍事化、そして戦争、社会的暴力、支配の正常化さえも含む。

強制排除のメカニズムには、上述の大量投獄と刑務所産業複合体の普及が含まれる。具体的には、反移民の法律と強制送還体制、ゲーテッド・コミュニティとゲットーに対する民間の警備員と技術的に高度な監視システム、そして、グローバル資本主義の犠牲者を危険視し、堕落させ、文化的退化へと非人間化するための文化産業と国家イデオロギー装置の動員、こうした諸装置と手段が象徴的に積極的に使われる。なかでも民族的または宗教的少数派、とりわけ移民や難民がスケープゴートとして標的にされる。

これらの諸条件の人種差別的／ファシスト的解釈は、政治的代理人や国家機関によって仲介される必要があるが、トランプ主義はそのような調停を代表しているのである。ロビンソンは強く主張している。「ファシズムの脅威を打ち負かすためには、大衆に基盤を置く抵抗勢力が、ファシズムの社会的基盤に勝てる労働者階級の政治に基づいて提起された社会正義の議題を含む危機に対する代替的な解釈を出さなければならない」と。

Ⅲ　ロビンソンと批判的グローバル化研究

(1) 批判的グローバル化研究

「歴史の終焉」テーゼは、歴史の終わりではなく批判的思考の終わりである。ロビンソンはこの主張を *Into The Tempest*（2018）や他の著作で論証している。グローバル資本主義システムは、過剰蓄積による構造的危機と正当性の危機の拡大に直面している。そこで、批判的グローバル化研究を実践的に展開する必要性を訴えている。以下、この著書から批判的グローバル化研究の意味と意図やその実践的を考えてみる（2018: 42-47）。

批判的グローバル化研究は「すべてを疑い、すべてを脱構築し、知識へのすべての主張に問いかけ、そして私たちが脱構築したことを再構築し、代替的将来の構築のために貢献すること」を意味する。批判的グローバル化研究の実践は「社会科学者の知的労働――私たちの理論的仕事と体系的研究――を人類の危機に向けさせることを意味する。大学やシンクタンク、NGOは、21世紀のグローバル秩序に対する批判の要塞に、批判的思考の培養環境に、そして議論や対抗へゲモニーの代替的思考の宝庫とならなければならない」。

こうして、批判的グローバル化研究は、「理論と実践を統合し、ローカルをグローバルに結びつけるプログラムの、希望を与える解放の行動のプログラムの発展に貢献できなければならない」。各国と各地域の社会諸力の編成は歴史的に発展してきた。それはグローバル化の下で、ナショナルでリージョナルな異なる経験をした。さらに、これらの社会的諸力はナショナルおよびリージョナルな諸制度を通じて展開している。鍵はグローバルなこととローカルなこととの弁証法となる。

批判的グローバル化研究は、「可能性の芸術」で満足されるのではない。その仕事は可能性の限界を超えて、私たちを動かせることを目的にしている。

批判的グローバル化研究の実践には、一定の「基本的原則」がある。それは、学際性、全体性、弁証的アプローチである。その結果、研究対象の多様な社会的現実に横たわる体系的連携に焦点を当てている。批判的グローバル化研究は、非批判的グローバル研究と区別されなければならない。「現状との関係で反省的・批判的なグローバル・パースペクティブ、その思想の破壊的性格、そして理論的に基づく実践としてのプラクティスである」。（2018: 43-44）

（2）理論的刷新の必要性

人類は岐路に立っている。私たちは間違いなく人類の危機に直面している。これまで、多くの人びとは抑圧と取り込みに呻吟していたが、特に、２００８年のグローバルな金融崩壊以降、抵抗の波の広がりが見られた。こした基礎的認識のもとに、ロビンソンは *Into The Tempest*（2018）で「ラディカルな実践に向けての理論」、「理論的刷新の必要性」を考察している。以下で、この課題についての彼の主張を紹介しておきたい。

Into The Tempest（2018）の「序章」（2018: 1-24）でこの本の目的を明確に語っている。

「私たちが、新たなグローバル資本主義に対抗する闘争に効果的に関与するための批判的前提条件として、この資本主義の特徴を理解する理論的枠組みと分析的情報を提供すること」（p.2）

「グローバル資本主義は文化体系や社会的諸関係にかつて以上に深く浸透するにつれて、私たちの意識の『生活世界』そのものを植民地化し、そのシステムの論理の外側からこのシステムを批判的に考え、それに挑戦する能力を麻痺させている」（p.3）

ここには、グローバル資本主義に対するロビンソンの危機感とそれに対抗する基本的姿勢が表れている。言うまでもなく、この著書のタイトルは、シェイクスピアの戯曲 the Tempest からの引用であり、これにより「人類が直面している空前の危機」を暗示している。

ロビンソンの研究過程の基本的な領域は、当初からグローバル資本主義の考察と分析に関わってきたが、本書第1章はその中間総括的意味がある。「私たちの時代の主要な輪郭」を9項目にわたり再検討し、グローバル化の「森」の「全体的なスナップ写真」を以下のように提示している。

第一に、この過程の本質は、近代世界資本主義システムにおいて初めて、前（非）資本主義・生産関係のあらゆる残留物を地球の全域で資本主義生産関係に置き換えることである。

国民-国家はもはや適切な分析単位ではない。グローバル化は単一の資本主義様式に統合された世界を生み出している。それは性格上、ナショナルあるいはインターナショナル（international）であるよりトランスナショナルな変化である。それは諸階級のトランスナショナル化とあらゆる人類の二つの独自な階級、グローバルな資本とグローバルな労働への加速度的分割を伴っている（p.11）。

商品化は、公的空間と家族や文化領域のようなそれまでの非資本主義的私的空間の、資本への移転を含んでいる。教育体系や保健システムから警察権力、刑務所、公共施設、インフラ、輸送体系に至る世界中のすべてが民営化され商品化されている。交換価値のジャガノートは共同体や家族や文化の親密な私的空間にも襲いかかっている（p.12）。

第二に、新しい「社会的蓄積構造」が現れている。それは歴史上初めてグローバルである。グローバル経済のエージェントは、トランスナショナル資本である。すなわちIMFや三極委員会、G7、WEFなどであり、それらは世界資本主義の中枢に基盤を置く階級意識を持つトランスナショナル・エリートにより運営されている。

文化的／イデオロギー的構成要素は、消費主義と非情な個人主義である。グローバル資本主義の文化とイデオロギーは、人びとの活動を個人の消費と生存の追求への執着に向けることで、社会的変化を目指す社会的行動を脱政治化し、集団的行動を私物化する（pp. 12-14）。

第三に、このトランスナショナル・アジェンダは、民族ブルジョアジーのトランスナショナル化したヘゲモニー的分派の指導の下で世界中の各国で発達してきた。

南–北の非対称構造の中で、第三世界のトランスナショナル分派は「ジュニア」パートナーである。

第四に、観察者は、グローバルな「覇権国」を探し、ヨーロッパ、米国、アジアの経済的ブロックの三極世界を仮定している。しかし、資本主義の古い国民‐国家段階は資本主義のトランスナショナルな段階により取って代わられている。

国民‐国家とそれまでのナショナル基盤の階級との歴史的関係、階級権力と国家権力の歴史的関係は修正されてきたし、再定義を必要としている。

トランスナショナル・ブルジョアジーは二つのチャンネルを通じてその階級権力を行使しようとする。一つは、スプラナショナルな諸制度と諸関係の濃密なネットワークである。それらは、形式的な諸国家をますます迂回しており、いかなる集権化した制度上の形態をも獲得していない姿を現すTNSがすでに形成されている。

もう一つは、領土的に拘束された法律的単位としての国民政府の利用（国家間システム）である。それは伝動ベルトやトランスナショナルなアジェンダの要求の濾過装置に転換されている。トランスナショナル資本は、国民‐国家が三つの機能を実施することを要請する。すなわち、

（a）財政と貨幣政策の採用。これはマクロ経済的安定を保証する。

（b）グローバルな経済活動に必要な基本的インフラの提供（ハイウェー、テレコミュニケーション・システム、グローバルな労働者を訓練する教育制度、等々）。

（c）社会的統制、秩序、安定の提供。

しかし、グローバルな危機が深まるにつれて、これは変化する。簡単に言えば、私たちは現在「国民‐国家の死」を目撃しているのではなく、「新自由主義国家への転換」を見ている（pp.

15-16)。

第五に、グローバル資本主義の「すばらしい新世界」は、全く反民主的である。

ポリアーキーは政治システムのレベルでは独裁でも民主制でもない。それは実際、少数集団が資本のために支配する一システムである。多数による意思決定への参加は、厳しく統制された選挙過程における相争うエリート間の選出に制約されている。この「低強度民主主義」は合意による支配の一形態である。社会的統制と支配は、グラムシ的意味ではヘゲモニー的である。それは完全な抑圧ではなく、グローバル資本主義の構造的支配と「拒否権」によって可能にされた「多様な形態のイデオロギー的取り込みと政治的な力の剥奪」に基づいている（p.19）。

第六に、「豊かさの中の貧困」、世界のほぼすべての国と地域における人類の貧困と社会経済的不平等のグローバル化の下での劇的な成長、これはトランスナショナル資本の限りない展開の結果である（pp. 20-22）。

第七に、グローバルな貧困と不平等のこの拡大は深まり、人種やエスニック、ジェンダーの諸次元で編み込まれてきた（p. 23）。

第八に、新たな世界社会における矛盾の深まりは、人類の生存そのものを不安定にしている。ましてや、グローバル資本主義の中長期的な安定と実現性を不確かにしている。そして、長期にわたる社会的対立の前兆になっている（pp. 24-26）。

グローバル化は今や（世界的レベルで）少数の金持ちと大多数の貧民との分極化をもたらして

いる。世界的な支配階級として、トランスナショナルなブルジョアジーは人類を文明の危機に追いやってきた。グローバル資本主義の下での社会生活はますます人間性を奪い、倫理的な中味を取り去っている。私たちは人類の危機に直面している（過剰蓄積、過少消費、停滞の傾向、エコロジカルなホロコースト）。

第九に、極めて単純化した言葉で述べると、残された世界の大部分は二つの陣営に分裂している（pp. 26-29）。

一つのグループは、グローバル資本主義の権力に打ちのめされているので、可能な最上の取引を通じての参加に代わるいかなる代替案もない。この陣営は新たな世界秩序において効果的になりうる再分配正義と社会民主主義の多様な変種を追求している。それゆえ、それは資本主義自体の論理に挑戦しない、多様な種類のグローバル・ケインズ主義を提案し、政治的プラグマティズムに向かう傾向がある。

もう一つのグループは、グローバル資本主義とそのコスト——私たちの人類の破壊に向かう傾向自体を含め——が容認できないほど高いので、事実上、それは抵抗され拒否されなければならない。しかし、それは、資本主義のトランスナショナルな段階に代わる一貫した社会主義的代案とはなってこなかった。

右に要約・抜粋したグローバル化の「全体的なスナップ写真」を踏まえ、ロビンソンはグローバル資本主義の変革をどのように構想するのか。次のこの問題についての彼の見解を見たい。

Ⅳ　グローバル社会の民主化と展望

（1）トランスナショナルな民衆的プロジェクト

これまでグローバル資本主義に対するロビンソンの基本的なスケッチの一部を見てきた。それはあくまでも「この資本主義の特徴を理解する理論的枠組み」の素描であった。その目的は「グローバル資本主義に対抗する闘争に効果的に関与するための批判的前提条件」であった。その結果、「グローバル資本主義が飼い馴らされ、民主化されるというような幻想を私たちは抱くべきではない」というのが彼の見解である。

だが、これは、資本主義内での改革を否定しているわけではない。あらゆる闘争は、「資本主義に反対する革命に向けての広範な戦略とプログラムのなかに包含される」という。

「最も緊急な課題は、初期に国民‐国家を通じて押し付けられた束縛から自由になり、野蛮な資本主義のもとにある人類の苦境の解決を発展させることである。それゆえ、グローバル資本主義の代案は、トランス・・・・・・・ナショナルな民衆的プロジェクトでなければならない」（2018: 27）

「底辺への競争」は、トランスナショナルな社会運動と政治的プロジェクトのための創造的な客観的諸条件を生み出している。コミュニケーション革命はグローバルなエリートのコミュニケーションを促進してきた。同時に、人民諸階級の内部のグローバルな調整を支援している。サパティスタの運動、アラブの春、ウォールストリートの占拠運動、2001年の世界社会フォーラムの結成は、これらはナショナルおよびリージョナルな闘争のトランスナショナルな協調の点で一つの転換点を画した。

ロビンソンは「下からのグローバル化」による対抗ヘゲモニーのプログラムと実践を主張する。それはジェンダー平等のアプローチであり、人民諸組織内部（組合、社会運動など）の代替型の民主的実践である。対抗ヘゲモニー・ブロック内部の新たな社会的・政治的実践においては、ボトムアップからの権威と意思決定の流れが不可欠であり、トップダウンからのそれではない。民衆諸階級内部のトランスナショナルな政治的主役は、大衆的で草の根的なレベルでのトランスナショナルな主役の発展を意味している。それは政治的主導者や官僚の古い「国際主義」を超えており、南と北の「連帯」という温情的な形態をも超えている。

そこで議論されるべきは、「私たち人類の生存そのものである。民衆的デモクラシーに基づく民主的社会主義」は、人類のたぶん、唯一の希望であろう、とロビンソンは語る。

(2) 転換型・解放型プロジェクト

ロビンソンは、本書『グローバル警察国家』の序論で「世界中の解放型プロジェクト再生に向けた見通し」について触れている（第4章も参照）。「幅広い社会的正義に向けていかに前進できるか、この点が最も切迫した問題」となる、と述べる。しかし、この問題について、ロビンソンは「答えをもっていない」と控えている。そして、「集団的闘争自身を通じて獲得されなければない」と述べるにとどまる。それゆえ、「私の貢献は、目を見張るような経験的説明に結びつけられた分析的・理論的洞察を通じて、グローバル警察国家の野獣性を暴露すること」だと述べる。

とはいえ、彼は一定の方向性を様々な論考で示唆している。例えば、危機に直面している人類だが、「最近の空白期間」は転換型・解放型プロジェクトに向けた大きな機会を提供している、とその社会経済的背景を指摘している。

第一に、新自由主義政策を深化させているグローバル資本主義システムはその正当性を失ってきた。第二に、新自由主義は物質的・イデオロギー的枯渇に達している。それゆえ、第三に、世界的規模で支配層は分割され、その統一的・全体的戦略を再構築するのは不可能である。第四に、第一世界の「第三世界化」は、北と南を横断して有機的同盟のため、ラディカルなグローバル化政策のための新たな機会を開いている。

こうした認識を示して、ロビンソンは、転換型・解放型プロジェクトに向けた闘争には三つの戦線の連携が含まれると判断している。すなわち、生産の点での労働闘争、再生産の点でのコミュニティ闘争、政治社会での政治闘争である。こうした連携にとって重要なのは、社会運動型ユニオニズムである（2014: 235）。同時に、「反資本主義的、普遍的闘争の軸は新たなグローバルな労働者である」と確認している。「グローバルな労働者階級のエンパワーメントは、労働者の組織化やユニオンの全く新しい概念を含む。すなわち、組織されたインフォーマル部門労働者、失業者、移民労働者、パートタイム労働者、契約労働者などを含む」と想定している。

Ⅴ　社会科学の理論的再構築の試み

本稿「解題」の範囲で、ロビンソンの広範囲に及ぶ議論や主張、新しい独自の構想や視点などを紹介することは困難である。そこで、最後に、これまで言及できなかったが、ロビンソンが提起した様々な課題や論点を、理論的再構築への貢献という視点から基本的な二つの領域に絞り取り上げたい。

（1）「国家」をめぐる問題とグローバルな支配階級

ロビンソンの理論構築にとっての転機は、彼の多くの文献でも取り上げられているが、1970年代以降の資本主義システムの重要な基本的変化によって特徴づけられる。すなわち、第一に、真にトランスナショナルな資本の登場と新たなグローバルな生産と金融システムへのすべての国の統合である。

第二に、新たなトランスナショナル資本家階級（TCC）の出現である。それは新たなグローバル市場と蓄積循環に基盤を置く階級集団である。世界中の国で、ナショナルなエリートの一部がこの新たなトランスナショナル志向のエリートに統合された。グローバルな階級編成は新たなグローバルな労働者階級の〝登場〟をも含んでいる。

第三に、TNSの登場。ナショナルな国家はより大きなトランスナショナル国家の構成要素になる傾向がある。

第四に、この資本主義システムの基本的転換はグローバル社会における新たな不平等な諸関係の出現である（2018: 33-35）。

上述の三つの概念、「真にトランスナショナルな資本の登場」、「TCC」、そして「TNS」は、ロビンソンの「理論」構築にとって最も重要なキー概念である。ここでは、「グローバルな支配階級」について述べておきたい。

TCCは世界の主要な生産的資源の所有者たちである。グローバル経済の代理人として、トランスナショナルな資本は世界規模で資本のヘゲモニー分派になった。この資本のヘゲモニー分派は、世界的に生産の全般的方向と性格を押し付け、資本主義社会の社会的・政治的・文化的性格を条件づけている。

ＴＣＣは階級意識をもつトランスナショナル・エリートによって代表されるが、それはトランスナショナルな資本家のインナー・サークルから形成されている。このサークルにはトランスナショナルなマネージャー、官僚、技術者、ＴＣＣに仕える指導的なイデオローグや知識人が協力している（ＷＥＦが象徴的な典型）。ＴＣＣは新たなグローバル支配階級であり、１９８０年代以降、ＴＣＣは資本主義的グローバル化の階級的企てを追求してきた（2018: 68-69）。

ＴＮＳに関しては、次のように洞察している。

ロビンソンは国家パラダイムを拒絶し、「グローバル資本主義の階級関係は、現在、すべての国民‐国家の中で非常に深く内在化されているので、外部支配の関係としての帝国主義の古典的なイメージは時代遅れである」。

国家は資本と資本主義にとって外在的ではない。重要なことは、ナショナルな国家の役割が、ローカルな蓄積過程に対するグローバル資本の利益を促進するように転換したことである。ＴＮＳは資本主義的グローバル化とその再生産の至上命題が働く、緩やかに統一された諸制度のネットワーク、あるいは「制度的複合体」と考えられる。ＴＮＳは領域それ自体を統制しようとせずに、あらゆる領域内で、また領域を横断して、自由に資本が蓄積できる条件を確保する（2014: 68）。

ＴＮＳの諸制度は、理論的にはＴＮＳ権力の容器ではない。むしろそれらは、構造的チャンネルを通じてＴＣＣとその政治的代理人が彼／彼女らの階級権力を行使しようとするそのチャンネルを提供するネットワークを構築していると考えなければならない。トランスナショナルな階級編成について、「グローバル化の下で新たな階級分派化あるいは階級枢軸（axis）が、ナショナルな階級分派とトランスナショナルな階級分派の間で発生しているという考えが、トランスナショナルな階級編成に関する私のテーゼの中心である」。トランスナショナル権力構造が各国内で具体的な社会諸勢力によってローカル化されるのである。

（2）トランスナショナルな社会的ヘゲモニー

ヘゲモニーをめぐる言説は、グラムシ以降、様々に展開されてきた。ロビンソンの立場は、トランスナショナルな社会的ヘゲモニー（*transnational social* hegemony）である。これは、必ずしも特定の一つの国民–国家に結びつかないヘゲモニーを認識することを可能にしている。ロビンソンは彼のヘゲモニー論について述べる。

「国家主義的ヘゲモニー概念——国家主義——から完全に離れる必要がある。そして、具体的国家ではなく社会的集団や諸階級によって行使される一つの社会的支配形態としてのヘゲモニー観に立ち戻る必要がある。これは今や形式的な国家諸制度を超えた自己のヘゲモニーを構築しようとしているグローバルなシステムにおける社会的諸集団を私たちが認識することを可能にしている」（2004: 55）。

現存する枠組みにおける国民-国家主義や「国家崇拝」に対するロビンソンの批判から、「一国家のヘゲモニーについて語ることができない。ヘゲモニーは社会的諸集団により、諸階級や諸階級分派により、これらの諸分派からなる特定の社会的編成により行使されている」。新たな時代における階級関係や集団関係の場は国民-国家ではなくグローバル・システムである(2004: 57)。

ロビンソンは「ネオ・グラムシ学派」(例えば、ロバート・W・コックスやスティーブン・ギルなど)を発展させることを意図している。生産諸関係の変化が、諸国家内であるいは諸国家を超えて、それゆえ特定の世界秩序内で、権力の基盤となる社会的諸力をいかに生じさせているかを考察することが可能である(コックス)。

TCCは世界的規模で新しい支配階級である。ネオ・グラムシ派は世界秩序の深い変化を認識しているが、彼/彼女らの具体的分析における国民-国家や国家間システムの枠組みを持ち続けている。対照的に、指揮棒は新興のトランスナショナルなヘゲモニー型配置に移りつつある、とロビンソンは主張する。継起的「ヘゲモン」の歴史的パターンは終わった。パックス・アメリカは、旧来の国民-国家システムとそこにあるヘゲモンの「最後のフロンティア」であった。代わって、指揮棒は21世紀にはトランスナショナル編成に、グローバルな資本主義的歴史ブロックに移っている(2004: 61)。

（3） 未来をめぐる闘争

本書『グローバル警察国家』の最後の章で、ロビンソンは21世紀型ファシズムの動きに注意を向け、それを踏まえて解放のプロジェクトの新たな可能性を論じている。資本主義へゲモニーとシステムが全面的な危機に近づいている中で、「多種多様の病的症状が現れている」（グラムシ）が、それでは「グローバルな改革主義」（pp. 225-236）や「左翼の再生」（pp. 234-244）、「新しいインターナショナル」（pp. 244-249）の現状と可能性をどう考えるか、この問題は、当然多くの人びとにも関心が強いであろう。

紙幅の関係で、ここで詳細に紹介できないが、これらの様々な運動に対するロビンソンの判断基準は、「下からの自律的な大衆社会運動が、国家にトランスナショナルな資本の特権に挑戦する変容を進めるよう国家に強いることができるか」ということ、そして「21世紀型ファシズムの社会基盤になろうとする人びとの心を掴むこと」（p. 248）である。

そこで、若干の具体的な疑問を呈すると、WSFをどう考えるかである。WSFは2001年に「諸運動のなかの運動」として設立された。それは、多様な闘争の経験を共有しネットワークを形成するため、世界中からおそらく何千に上る社会運動を年次会合に集めた。しかし、「WSFは政治的綱領を明確に拒絶し、それが結果として左翼の政治政党や組織と大衆社会運動を分離する一因となった。反攻を成功させるために、私たちは、ファシズムに対抗する統一戦線形成の中心となり得る綱領を作り上げる必要がある」（pp. 245-246）と、ロビンソンは主張するが、政治組織と大衆社会運動との関係の調整は容易ではない（Santos, 2006, 松下、2019: 197-203 参照）。

結びに：本書「グローバル警察国家」は何を私たちに語っているか

「抑圧自体が蓄積の本質的なエンジンに発展してきた」

マイク・デイヴィス

彼は21世紀の「グローバル警察国家」の出現に関心を払っている。不平等の拡大や気候崩壊、収奪された人びとによる激しくなる移民の移動、こうしたことの当然の結果として、「グローバル警察国家」は発展してきた。ロビンソンが警告しているように、大規模な剥奪とともに激しい抑圧や警備活動、潜在的な戦争がやってくる。ロビンソンは公正な世界を求める動きに関心を持つ広範な読者に明確かつ緊急性をもって執筆している。

キーアンガ・ヤマッタ・テイラー

このデイヴィスとテイラーの文章は、本書への評価である。ロビンソンは、グローバル資本主義の危機と人類の展望について、理論的にも実証的にも実に多くの問題を語り、私たちに課題を投げかけてきた。「グローバル警察国家」の出現と発展、そしてその行方は私たちと人類の運命がかかっている。このことを彼は説得的かつ明瞭に論じている。

参考文献　※本稿のはじめに掲げた単著は除く

William I. Robinson "From State Hegemonies to Transnational Hegemony: A Global Capitalism Approach", Thomas Ehrlich Reifer (ed.). *Globalization, Hegemony & Power. Antisystemic Movements & the Global System*, Paradigm Publishers, 2004. pp. 54-73.

—— "New Global Capitalism and the War on Immigrations", *Truthout* , September 13, 2013.

—— "The transnational state and the BRICS: a global capitalism perspectives," *Third World Quarterly*, 2015, Vol. 36, No.1, pp. 1-21.

—— "Davos Man Comes to the Third World; The Transnational State and the BRICS", in *INTO THE TEMPEST; ESSAY ON THE NEW GLOBAL CAPITALISM*, Haymarket Books, Chicago, Illinois, 2018, pp.163-182.

—— "Beyond the Economic Chaos of Coronavirus Is a Global War Economy", *Truthout*, March 23, 2020.

—— "Fascism: A Failed Response to Capitalist Crisis", *Truthout*, October 27, 2020.

Santos, Boaventura de Sousa, *The rise of the global left: The World Social Forum and beyond*, Zed Books, 2006.

松下冽『ラテンアメリカ研究入門：〈抵抗するグローバル・サウス〉のアジェンダ』法律文化社、２０１９年。

監訳者あとがき

本書は、William I. Robinson, *The Global Police State*, PLUTO PRESS, 2020 の全訳である。著者の経歴と主要著書および論文については、「訳者解題」で紹介した。彼の精力的な研究活動や講演活動は William I. Robinson: Speeches, Interviews, and Mass Media Articles（ucsb.edu）で知ることができるが、驚異的である。

本書『グローバル警察国家』は、新自由主義型グローバル資本主義のトランスナショナルな展開過程と帰結を、詳細な資料を駆使して描いている。ある意味で、それは私たちの時代のグローバル化の暗い危険な「森」に迷い込まないための「全体的なスナップ写真」のようである。新自由主義型資本主義のポスト冷戦段階は、明らかに固有の特徴を持った新たな段階である。それは、一方で、グローバルかつナショナルに、富の激しい集中と、超富裕層と大多数の人びととの格差の拡大である。他方、ローカルからの異議申し立てがある。それは、新自由主義型グローバル化の下で搾取、疎外、周辺化の共通した経験を有するすべての人びと、グループ、諸階級、そして諸民族を包含する。

さらに、他方で、人類的・生態的な深刻な危機も明らかになってきた。地球環境の累積的な悪化は一刻の猶予も許されない。多くの国際組織はグローバル規模の貧困と格差拡大を警告している。危険を冒して祖国を離れる移民・難民の増大は、想像を絶する現象である。今日、有史以来、人類の歩みの基盤となっていた自然との「共生」関係を軽視し、その許容範囲を踏みにじってきた末に、私たちはコロナウイルス（COVID-19）・パンデミックの拡大に直面している。このパンデミックはグローバル資本主義と新自由主義の危険性を誰の目にも明らかにした。

私たちは何を目指し、どこに向かっているのか。将来への社会的不安は鋭くなっている。その羅針盤もないし、予測不可能であろう。しかし、ポスト国民‐国家とグローバル化は不可避な前提となる。そこでの私たちの「問い」は、「現代」をいかに捉え、生きていくのか、この問題意識である。そのための前提として、現状認識＝時代認識の枠組みの共通性が必要である。ロビンソンは、この私たちの「問い」に一つの、だが根本的な考察と分析、そして見通しを示している。

ポスト新自由主義への構想と新たな社会と世界の構築に向けて、本書『グローバル警察国家』は多くの問題と課題を提起している。例えば、情報・通信革命の急速な発展が急速に発展してきたが、その危険性にも注意が必要であろう。管理社会化、警察国家化、全体国家化、監視社会化は民主主義と自由にとって最大の問題である。私たちは、市民の生活を破壊し、市民社会を萎縮させ、民主主義を空洞化・無力化する監視社会に囚われつつある。

人類の積極的な歴史を無視し、自然との共生を目指すことに関心を示さず、科学的装いの下に、その英知を「宇宙開発」や情報産業に置き、資本の利益拡大と結びつける企てがある。それとは正反対の方向である自然との「共生」、「国益」のみに縛られないトランスナショナルな「連帯」を展望した、重層的な国際的協力と取り組みが不可欠であろう。

結局、私たちは地球規模・人類的規模の危機に向き合っており、ロビンソンが控えめに言う「全体的なスナップ写真」を受け止め、トランスナショナルな底辺からプロジェクトを構想しなければならないであろう。

この度、訳者の一人である松下の呼びかけで翻訳が進められることになった。ロビンソンの著作にはかなり前から注目してきたが、正直、翻訳をする意図は生まれなかった。次から次へと発表する彼のアカデミックな成果を追いかけるだけでもかなりハードな仕事であった。

本年2月中旬に、花伝社との話し合いで本書翻訳が急遽決まった。翻訳の完成は花伝社の大澤茉実さんの熱意と鋭い感性に大きく負っている。同じく、3人の共訳者によるスムーズな作業にも助けられた。各章の担当者以下の通りであるが、各人の担当する章を超えた相互チェックを行った。その意味で、本書は全訳者と大澤茉実さんを含めた共訳と言える。

日本語版序文・序論・第3章：松下 冽
第1章：岩佐卓也

第2章：太田和宏
第4章：山根健至

テクニカルタームの訳語の選定については、以下の通り。「trancenational」は「トランスナショナル」、「racism」は人種差別主義、「racist」は人種差別主義者、「social control」は「社会統制」ないし「社会的統制」、「legitimacy」は「正当性」、「surplus humanity」は「余剰人類」、「They」は「彼／彼女ら」、「globarization」は「グローバル化」、「America」は（一般名詞を除いて）「米国」。その他、基本的に定訳として定着しているものを採用している。

なお、本書において重要な概念の一つである〝security〟には「安全保障」と「治安」という訳があり得る。著者は下記の用語を用いているが、相互の差異や関係について特に説明はない。本書では原語に対応して訳し分ける。

民間軍事安全保障企業 private military and security firms/ companies
民間軍事企業 private military firms（ＰＭＦ）
民間軍事請負企業 private military contractors
軍–民企業 military-civilian companies

ロビンソン氏の本書への貢献についても触れたい。ロビンソン氏とは直接の面識はなかったが、日本語版序文をお願いした。そのタイトル「コロナウイルス・パンデミックとグローバル警察国家」は、まさに現実に切り込む彼の研究姿勢が表れている。同時に、本書では触れられていなかった新たな人類の危機、コロナウイルス・パンデミックをグローバル警察国家の脈絡で論じた極めてタイムリーな論考である。

最後に、本書の重要性を理解され、日本の読者向けの翻訳を積極的に推薦されて花伝社を紹介していただいた立命館大学の君島東彦教授にお礼を申し上げたい。競争や市場、自己責任、民営化等々といった新自由主義言説の「常識」に包摂されている人びと、とりわけこれからの時代を担う人びとが、本書を通じてわが国を取り巻く現状と将来をラディカルに、すなわち根本的に考えることを期待する。

2021年7月31日

訳者を代表して

松下 冽

【監訳者】

松下冽（まつした・きよし）

立命館大学名誉教授。1947年生まれ。早稲田大学卒業。明治大学大学院政治経済学研究科、和歌山大学教育学部教授、立命館大学国際関係学部教授を歴任。博士（国際関係学）。

著書に、『現代メキシコの国家と政治：グローバル化と市民社会の交差から』（御茶の水書房、2010年）、『グローバル・サウスにおける重層的ガヴァナンス構築：参加・民主主義・社会運動』（ミネルヴァ書房、2012年）、『ラテンアメリカ研究入門：〈抵抗するグローバル・サウス〉のアジェンダ』（法律文化社、2019年）など。訳書に、グレッグ・グランディン『アメリカ帝国のワークショップ：米国のラテンアメリカ・中東政策と新自由主義の深層』（監訳、明石書店、2008年）、ジェームズ・ミッテルマン『グローバル化シンドローム―変容と抵抗―』（共訳、法政大学出版局、2002年）など。

【訳者】

太田和宏（おおた・かずひろ）

神戸大学大学院人間発達環境学研究科教授。1963年生まれ。一橋大学大学院社会学研究科博士課程単位取得退学。博士（社会学）。専門は途上国研究、開発学、フィリピン地域研究。

著書に、『貧困の社会構造分析：なぜフィリピンは貧困を克服できないのか』（法律文化社、2018年）、『日本の国際協力　アジア編』（共編著、ミネルヴァ書房、2021年）、『地域研究へのアプローチ：グローバル・サウスから読み解く世界情勢』（共著、ミネルヴァ書房、2021年）など。

岩佐卓也（いわさ・たくや）

神戸大学大学院人間発達環境学研究科准教授。1970年生まれ。一橋大学大学院社会学研究科博士課程単位取得退学。博士（社会学）。専門は労使関係論、社会政策。

著書に、『現代ドイツの労働協約』（法律文化社、2015年）、『新自由主義批判の再構築』（共著、法律文化社、2010年）など。

山根健至（やまね・たけし）

福岡女子大学国際文理学部准教授。1977年生まれ。立命館大学大学院国際関係研究科博士後期課程修了。博士（国際関係学）。専門は比較政治学、国際関係論、東南アジア研究。

著書に、『フィリピンの国軍と政治：民主化後の文民優位と政治介入』（法律文化社、2014年）、『セキュリティ・ガヴァナンス論の脱西欧化と再構築』（共著、ミネルヴァ書房、2018年）など。

索　引

あ行

あ

アイデンティティ主義政治 239, 240, 241
アウトソーシング 29, 69, 72, 73, 84, 144
赤字 63, 64, 103, 139, 140
アカデミック・プレカリアート 109
アグリビジネス 88, 89, 114, 116, 141, 145, 188, 225, 237
アップル社 74, 75, 76, 112, 155
アフガニスタン 106, 143, 144
雨傘革命 197
アマゾン社 76, 107, 112, 154, 155, 157, 179, 180, 225
アミン , サミール 245
アメリカ矯正公社（CCA）6, 133
アリババ 72, 75, 194
アルゴリズム 108, 161, 194,(34)
アルゼンチン 186
アンダーソン , ベネディクト 211,(43)

い

ｅコマース 30, 70, 71, 72
イスラエル 120, 122, 128, 135, 144, 145, 189, 190, 191, 192, 203, 210, 217,(40)
イスラム教徒 209, 210, 212, 219
イスラム教徒　スケープゴート 209-210, 211-212
イタリア 124, 201, 203, 207, 213, 216, 224,(43)
１% 13, 34, 57, 81, 82
イデオロギー 17, 18, 19, 37, 49, 106, 124, 135, 159, 160, 161, 201, 202, 203, 205, 207, 210, 211, 213, 214, 215, 217, 223, 263, 269, 270, 274, 276, 280
移民 1, 6, 10, 11, 18, 50, 89, 90, 97, 101, 103, 114, 115, 121, 126, 127, 132, 133, 134, 209, 166, 170, 171, 172, 173, 174, 175, 176, 177, 178, 179, 180, 182, 210, 212, 219, 236, 262, 263, 264, 265, 266, 268, 270, 281,(37),(38)
　対――戦争 171-182, 210-211
イラク 118, 139, 143, 146, 154, 197,(30),(32)
インド 42, 45, 55, 66, 72, 87, 88, 89, 106, 120, 128, 144, 151, 161, 163, 181, 203, 210, 212, 217, 236,(23),(28)
インドシナ 113, 151, 163, 183,(28)
インフォーマル部門 72

う

ウーバー社 76, 91, 120, 155, 243, 244

え

英国 27, 39, 52, 82, 88, 121, 136, 149, 150, 151, 165, 203, 220, 227, 236, 244
エクアドル 165, 187
エコ社会主義 233, 235, 245

『エコノミスト』71, (21),(44)
エジプト 106, 197, 236
エリート →トランスナショナル資本家階級（TCC）
エンゲルス , フリードリヒ 68, 226,(45)

お
汚職 235
汚染 228
オバマ政権 228

か行

か
階級意識 37, 95, 97, 107, 108, 243, 274, 283
　トランスナショナルな資本家階級の—— 37
　労働者の—— 107-108, 242-243
　資本家による—— 53-54, 64-65
下位の政治 239
開発 6, 28, 57, 60, 66, 72, 77, 90, 102, 123, 135, 151, 153, 154, 173, 182, 190, 191, 192, 193, 204, 229, 230, 237, 254, 255, 256, 291
カエサル主義 220
顔認証 193
架空の資本 61, 62, 66
学生ローン 60, 62, 65, 109, 168
囲い込み 39, 88, 120
　囲い込み →収奪、本源的蓄積
過少雇用 50
過剰生産 51
過剰蓄積 19, 50, 51, 52, 53, 57, 58, 62, 64, 65, 67, 69, 75, 78, 82, 93, 100, 103, 128, 132, 134, 221, 231, 259, 269, 270, 277
株価 59, 133, 136, 172
株式市場 56, 59, 66, 169, 180, 181,(21)
株式総額 134
環境上のカタストロフィ 41
監視 8, 9, 12, 16, 17, 20, 43, 108, 117, 118, 119, 121, 122, 126, 128, 132, 133, 146, 148, 151, 152, 153, 154, 155, 156, 158, 161, 162, 163, 164, 165, 167, 168, 169, 173, 174, 178, 179, 180, 182, 185, 186, 188, 191, 192, 193, 194, 215, 253, 264, 266, 267, 270, 290,(20),(34),(35)
関税 6, 45, 57, 172, 178, 214, 222,(45)

き
危機 2, 4, 7, 8, 9, 11, 18, 19, 21, 22, 23, 25, 26, 27, 39, 40, 41, 42, 43, 44, 46, 48, 49, 50, 52, 53, 54, 58, 60, 62, 64, 65, 67, 68, 69, 75, 76, 77, 78, 80, 82, 93, 99, 100, 109, 110, 114, 116, 125, 138, 140, 169, 170, 171, 180, 181, 182, 197, 198, 200, 201, 202, 203, 206, 207, 209, 218, 220, 221, 223, 224, 225, 226, 227, 228, 229, 230, 231, 232, 233, 234, 235, 238, 239, 241, 245, 247, 248, 249, 253, 256, 258, 259, 262, 266, 267, 268, 269, 270, 271, 272, 273, 275, 276, 277, 280, 286, 287, 293,(14),(15),(16),(22),(27),(39),(43),(45),(48)
　危機 →金融危機（2008 年）
企業への補助金 139
ギグ・ワーカー 243
気候アパルトヘイト 115
規制緩和 44, 45, 54, 59, 62, 86, 225
規制撤廃 213, 214
9・11 125, 190

教育 42, 103, 109, 116, 166, 192, 214, 229, 230, 236, 274, 275
『共産党宣言』 68, 226
強制的排除 19
強制力による支配 206
強制力による排除 204
競争 17, 21, 26, 30, 37, 44, 46, 50, 56, 73, 92, 93, 114, 137, 191, 202, 208, 209, 214, 279, 293,(16)
——の外観 46
——的資本主義 25-26
共和党 173, 218, 219, 222
極端な男権主義化 210
ギリシア 203, 247,(43)
銀行 8, 36, 59, 60, 62, 67, 82, 88, 100, 101, 116, 137, 184, 195, 227, 228, 229,(16),(18),(35),(46)
銀行　救済 59-61, 63-64, 137-138
緊縮 44, 55, 63, 103, 104, 124, 139, 140, 195, 225, 229, 236
金融危機 58, 62, 109, 206, 238
金融危機(2008 年) 62, 109, 206, 238
金融蓄積の循環 61
金融部門 195

く

クラウド・コンピュータ・プラットフォーム 154
グラムシ, アントニオ 124, 201, 202, 203, 204, 205, 206, 216, 220, 226, 276, 284, 285, 286,(45)
グリーン・ゾーン 115, 118, 119, 120, 121, 122, 123
グリーン・ゾーンとグレイ・ゾーン 115, 122, 123
グレイ・ゾーン 115, 121, 122, 123, 124
クレジットカード債務 65, 66,(19)
グローバル化 1, 19, 26, 29, 33, 39, 40, 44, 45, 46, 47, 48, 52, 54, 55, 56, 57, 60, 62, 68, 70, 71, 82, 83, 84, 85, 86, 88, 93, 98, 104, 119, 170, 174, 176, 184, 185, 197, 204, 205, 211, 212, 213, 220, 221, 222, 223, 224, 235, 240, 241, 242, 263, 264, 270, 271, 272, 273, 276, 277, 279, 280, 283, 284, 289, 290, 292,(14),(26),(39)
——に対する反動 221-222
グローバル経済 7, 16, 28, 29, 30, 31, 32, 33, 34, 35, 38, 55, 58, 60, 61, 65, 67, 68, 69, 70, 71, 72, 76, 82, 84, 88, 89, 91, 111, 132, 136, 140, 141, 153, 158, 167, 171, 184, 197, 230, 231, 243, 253, 256, 263, 264, 274, 282,(14),(19),(24)
グローバル警察国家 1, 2, 4, 7, 8, 9, 11, 15, 18, 19, 20, 21, 25, 31, 32, 33, 34, 38, 39, 42, 43, 46, 50, 63, 64, 68, 74, 78, 82, 99, 103, 115, 117, 118, 121, 122, 124, 125, 136, 140, 141, 152, 153, 155, 189, 190, 196, 201, 203, 204, 205, 208, 215, 216, 217, 221, 222, 231, 232, 233, 241, 248, 249, 254, 259, 262, 263, 266, 268, 269, 280, 286, 287, 289, 290, 293,(32),(34)
グローバル債券市場 55, 63, 66
グローバル資本主義 1, 2, 7, 8, 9, 11, 14, 15, 18, 19, 20, 21, 23, 26, 29, 30, 31, 32, 33, 38, 40, 41, 44, 46, 47, 55, 60, 64, 67, 68, 70, 71, 76, 81, 82, 88, 92, 93, 95, 96, 102, 104, 116, 124, 131, 132, 137, 143, 151, 154, 158, 159, 171, 174, 183, 184, 198, 201, 202, 203, 205, 206, 215, 220, 222, 223, 225, 227,

229, 232, 233, 234, 235, 238, 240, 241, 244, 245, 248, 251, 252, 253, 254, 255, 256, 257, 258, 260, 261, 262, 263, 264, 265, 266, 267, 268, 269, 270, 272, 273, 274, 276, 277, 278, 280, 283, 287, 289, 290,(14),(16),(18),(19),(22),(23),(31),(36),(42),(45),(47)
グローバルな反乱 236, 248, 254
軍産複合体 35, 131, 147, 157, 192
軍事支出 131, 134, 136, 139, 140, 141,(30),(40)
軍事的ケインズ主義 131, 132, 142
軍事的蓄積 3, 16, 20, 132, 133, 134, 135, 138, 139, 140, 141, 153, 156, 157, 160, 163, 164, 165, 167, 182, 183, 184, 189, 197, 198, 201, 230,(29)

け
警察 →民間刑務所企業、監視
刑罰制度 126
刑務所 99, 121, 122, 126, 133, 146, 149, 163, 164, 165, 166, 167, 168, 169, 172, 175, 176, 177, 262, 263, 265, 269, 270
ケインズ , ジョン・メイナード 52
ケインズ主義 40, 52, 53, 54, 131, 132, 142, 259, 263, 277,(17)
　ケインズ主義 →フォード主義・ケインズ主義
ゲーテッド・コミュニティ 149
ゲットー 127, 270
権威主義 8, 9, 15, 17, 125, 128, 186, 202, 203, 208, 216, 217, 220, 235, 236, 267, 217
　——と議会／憲法 220
　ネオファシズム対—— 216-217
　権威主義 →独裁、ネオファシズム
権威の危機 201
憲法 47, 49, 173, 186, 215
　——の停止地域 173

こ
鉱業 55, 141, 145, 174, 185, 237
拘留センター 166, 171, 172, 176, 177, 264, 266
国際関係 49, 261
国土安全保障産業 190
国民-国家 26, 30, 33, 44, 46, 47, 48, 49, 53, 54, 55, 57, 207, 213, 220, 223, 255, 257, 273, 275,(16)
古典的資本主義 26
子ども 172, 176
　——の拘留 172
コミュニティ獄舎 166
コロンビア 144, 145, 184, 185, 187, 189, 192, 203, 217
コンピュータ・情報テクノロジー（CIT） 6

さ行

さ
サービス、トランスナショナル化 71-73
採取産業 141
財政赤字 63
再分配 40, 53, 56, 57, 62, 225, 227, 229, 231, 232, 237, 238, 277
　——を志向する国民-国家の資本主義 53
債務 55, 56, 58, 60, 61, 62, 63, 64, 65, 66, 67, 99, 100, 101, 103, 104, 109, 128, 138, 139, 140, 141, 167, 168, 169,(18),(19)

——の商品化 103, 167
債務国家 100, 167-168
サパティスタ 145, 279
サパティスタ蜂起 145
左翼 20, 140, 206, 207, 208, 234, 236, 237, 238, 239, 240, 244, 245, 246, 247, 248, 249, 286,(43)

し
「自営」労働者 91
ジェントリフィケーション 119, 121
資産担保証券 6, 60
時代区分化（世界資本主義）18, 25, 26, 31, 42, 52, 69, 88, 93, 96, 104, 207, 209, 210, 255, 257, 273, 274
失業 7, 50, 53, 85, 91, 94, 96, 97, 101, 106, 109, 110, 111, 116, 123, 127, 228, 167,168, 192, 229, 263,(24),(25)
自動化 14, 91, 108, 111, 113, 114,(27),(28)
資本主義 1, 2, 4, 7, 8, 9, 10, 11, 14, 15, 17, 18, 19, 20, 21, 25, 26, 27, 29, 30, 31, 32, 33, 38, 39, 40, 41, 42, 43, 44, 46, 47, 48, 49, 50, 51, 52, 53, 54, 55, 56, 60, 61, 63, 64, 67, 68, 69, 70, 71, 73, 75, 76, 77, 78, 81, 82, 83, 84, 85, 86, 87, 88, 92, 93, 94, 95, 96, 98, 102, 104, 105, 110, 113, 114, 116, 124, 125, 131, 132, 135, 136, 137, 139, 142, 143, 151, 154, 155, 158, 159, 161, 170, 171, 174, 176, 182, 183, 184, 185, 197, 198, 201, 202, 203, 204, 205, 206, 207, 208, 209, 210, 211, 212, 213, 215, 218, 220, 221, 222, 223, 224, 225, 226, 227, 228, 229, 230, 231, 232, 233, 234, 235, 236, 238, 239, 240, 241, 242, 244, 245, 246, 247, 248, 249, 251, 252, 253, 254, 255, 256, 257, 258, 259, 260, 261, 262, 263, 264, 265, 266, 267, 268, 269, 270, 272, 273, 274, 275, 276, 277, 278, 280, 281, 282, 283, 285, 286, 287, 289, 290,(14),(15),(16),(18),(19),(20),(22),(23),(27),(30),(31),(35),(36),(39),(42),(45),(46),(47)
——国家との相互依存 31-34
軍事化と—— 131
——の拡大の限界 42-43, 50-58
不法行為と—— 183-184
資本主義　→蓄積、危機、グローバル資本主義
資本家 →トランスナショナル資本家階級（TCC)
資本蓄積の循環 28, 95
資本の有機的構成 93, 110, 111
資本–労働関係 83, 84, 85, 86, 99, 105, (22)
社会主義 7, 15, 20, 25, 42, 53, 55, 201, 205, 208, 213, 225, 233, 234, 235, 236, 241, 245, 246, 248, 277, 279,(30)
社会信用システム 193
社会的アパルトヘイト 114-128
社会的再生産 50, 64, 85, 98, 99, 139, 204, 206
社会的浄化 125
社会的保護 55
社会統制 2, 9, 43, 65, 74, 79, 82, 115, 117, 118, 132, 133, 134, 140, 141, 151, 192, 215, 253, 263, 292,(21)
社会流動性（下方）208-214
重商主義 26
収奪 1, 11, 87, 206, 232, 287,(28)
集中 1, 9, 13, 16, 19, 34, 35, 36, 38, 52, 57, 62, 67, 69, 87, 118, 158, 173, 174,

258, 267, 289,(15)
軍産複合体における―― 137-138, 146-148
権力の―― 9, 19, 62, 267
消費の―― 55-56
富の―― 52
トランスナショナルな金融資本の―― 67-68
柔軟蓄積 84, 85
自由貿易協定 55, 89
準軍事主義 219
循環の形成 99-102
証券化 60, 61
象徴資本 222
消費 29, 51, 52, 55, 56, 65, 66, 100, 106, 123, 124, 128, 169, 215, 274, 277,(20),(46)
商品化 12, 41, 42, 43, 61, 103, 104, 134, 155, 167, 274
剰余価値 51, 75, 76, 77, 87
植民地主義 25, 27, 39, 40, 96, 189, 260, 261
シンガー, ピーター 144, 145, 150,(31)
人工知能（ＡＩ）72, 110, 194
新自由主義 39, 44, 45, 54, 88, 106, 138, 184, 206, 213, 221, 222, 227, 228, 229, 237, 239, 255, 257, 260, 262, 263, 268, 269, 275, 280, 289, 290, 293,(19)
人種差別主義 42, 50, 211, 212, 219, 224, 236, 292,(43)
信用主導の蓄積 101
人類の危機 21, 39, 231, 271, 272, 277, 293

す

ストライキ 10, 91, 116, 167, 228, 242, 243, 244
スラム 1, 89, 90, 97, 98
スルニチェク, ニック 73, 239

せ

生産性 51, 71, 77, 91, 93, 110
生産の循環 75-76
政治犯 186
正当性 7, 34, 41, 44, 46, 125, 138, 198, 201, 208, 211, 220, 230, 256, 269, 270, 280, 292,(16)
世界経済とトランスナショナルな経済 26-29
世界経済フォーラム（ＷＥＦ）II, 6, 36, 45, 47, 113, 214, 274, 283,(20)
世界社会フォーラム（ＷＳＦ）6, 245, 246, 279, 286
石油・ガス企業 195
選挙 32, 80, 133, 172, 175, 180, 186, 211, 215, 219, 224, 237, 238, 246, 247, 276,(43),(45)
戦場 20, 64, 117, 122,196,(32)

そ

「創造的破壊」135
ソーシャルメディア 71, 242
疎外 21, 106, 289

た行

た

大恐慌 7, 9, 40, 52, 53, 82
第五インターナショナル 245
大衆文化 124
対テロ戦争 125-126, 134-135
第二の搾取 99, 100

大不況 57, 58, 64, 67, 74
　大不況（2008 年）→金融危機
第四次産業革命 68,(20)
大量投獄 103, 168, 270,(36),(39)
「脱グローバル化」45
「脱グローバル化」レトリック 45-46, 211-213
ダボス 45, 47, 214,(20)
単純作業化 77

ち
蓄積 1, 12, 16, 19, 20, 25, 26, 28, 29, 30, 32, 34, 39, 41, 44, 47, 49, 50, 51, 52, 53, 54, 55, 57, 58, 61, 62, 63, 64, 65, 67, 69, 74, 75, 76, 77, 78, 82, 84, 85, 86, 87, 88, 90, 93, 94, 95, 96, 98, 100, 101, 102, 103, 104, 105, 108, 117, 128, 131, 132, 133, 134, 135, 138, 139, 140, 141, 142, 143, 145, 152, 153, 155, 156, 157, 160, 161, 162, 163, 164, 167, 171, 172, 182, 184, 185, 189, 195, 196, 197, 198, 201, 214, 218, 220, 221, 230, 231, 232, 238, 256, 259, 262, 263, 264, 265, 267, 268, 269, 270, 274, 277, 282, 283,(19),(22) ,(23),(29),(40)
　終わりなき―― 25, 231-232
　架空の資本―― 61-62, 66-67
　クレジット主導の―― 65
　国家の支援による―― 33-34, 44-47, 64-65, 138-139, 142-144, 163
　信用主導―― 100
　――の循環 28, 29, 30, 61, 95, 134, 160
　本源的―― 26, 39, 86, 87, 88, 90, 105
　抑圧による―― 3, 16, 20, 65, 129, 132, 172, 197, 198, 230
　余剰人類と―― 19-20, 91-98
　蓄積　→軍事的蓄積、過剰蓄積
知識労働 104, 105, 107, 108, 110, 120
知識労働者 104, 106, 107, 120
知的財産 75
チャド 106
中央情報局 CIA 6, 91, 148, 154, 156, 157, 158, 182
中間層 81, 107, 119, 123, 209
中東での紛争 133-135, 138-140, 143-144, 146, 181-182, 189-192
諜報–産業複合体 148
賃金 44, 52, 53, 56, 63, 64, 76, 77, 85, 92, 100, 101, 109, 112, 126, 159, 172, 213, 243, 264, (17),(22),(46)
　――の代替、搾取のための―― 98-104

つ
通貨スワップ 66
通貨投機 59, 67

て
帝国主義 25, 26, 39, 40, 96, 196, 207, 219, 254, 259, 260, 283
ディストピア 12, 21
データマイニング 74, 194
デジタル化 16, 19, 29, 41, 60, 68, 69, 70, 71, 72, 75, 76, 77, 86, 90, 91, 93, 95, 104, 105, 110, 111, 113, 117, 118, 127, 152, 154, 155, 161, 178, 231, 242,(34)
鉄鋼産業 222
デリバティブ 59, 61, 66, 67,(18),(20)
電子監視 118, 152
デンマーク 127, 203

と
ドイツ、ナチズム 267
統一戦線（対ネオファシズム統一戦線） 233, 245, 286
同意による支配、合意に基づく支配 124, 203-205
投機 59, 60, 61, 62, 63, 64, 66, 67, 74, 103, 138, 153, 227,(18),(28)
投資 31, 32, 35, 44, 45, 46, 51, 52, 55, 56, 57, 58, 59, 60, 61, 63, 64, 74, 77, 88, 89, 100, 104, 110, 132, 137, 138, 139, 145, 147, 153, 156, 157, 158, 165, 176, 177, 180, 184, 185, 188, 194, 214, 225, 227, 230, 231, 238,(16),(21)
闘争 3, 10, 11, 17, 21, 41, 50, 53, 54, 82, 84, 85, 93, 98, 161, 162, 192, 193, 197, 199, 200, 202, 218, 232, 233, 234, 236, 238, 239, 240, 241, 242, 243, 245, 246, 247, 254, 258, 272, 278, 279, 280, 281, 286,(25),(42)
独裁 11, 19, 162, 163, 186, 187, 207, 221, 248, 249, 276
独裁 →権威主義
都市部 117, 119, 182, 219
ドラッグ 88, 145, 163,183, 184, 185,(39)
トランスナショナル化 28, 30, 70, 71, 207, 255, 273, 274
トランスナショナル金融資本 34, 35, 56, 59, 60, 62, 63, 64, 65, 67, 139, 147, 194
トランスナショナル資本 6, 19, 20, 56, 110, 139, 144, 158, 162, 171, 173, 174, 230, 260, 263, 264, 269, 274, 275, 276, 282
トランスナショナル資本家階級（TCC） II, 6, 19, 20, 30, 31, 32, 33, 34, 35, 36, 37, 38, 46, 47, 48, 49, 54, 55, 56, 57, 58, 59, 60, 63, 67, 68, 77, 78, 81, 82, 85, 98, 99, 103, 104, 116, 117, 136, 137, 139, 141, 143, 145, 146, 158, 159, 171, 184, 185, 187, 188, 189, 190, 201, 205, 206, 207, 208, 215, 221, 222, 223, 224, 225, 231, 233, 234, 237, 238, 245, 248, 249, 254, 264, 282, 283
トランスナショナルな金融資本 102
トランスナショナルな国家機構 30, 205
トランスナショナルな資本 8, 27, 30, 31, 32, 33, 39, 44, 45, 46, 49, 53, 55, 56, 64, 137, 142, 185, 207, 214, 215, 220, 221, 229, 237, 247, 248, 254, 260, 282, 283, 286
トランスナショナルな資本家階級 8, 30, 254
トランプ , ドナルド 17, 45, 80, 133, 134, 144, 172, 173, 176, 202, 203, 210, 211, 212, 213, 214, 218, 219, 220, 221, 222, 223, 224, 225, 234, 235, 268, 173,(15),(16),(42),(43),(44),(45)
取り立て機関 167, 168

な行

な
ナショナリズム 11, 45, 211, 212, 213, 221, 223, 224, 254, 256, 269,(43),(45)
南部貧困法律センター 219

に
ニカラグア 182, 254
『21 世紀の資本』 226,(17),(45)
ニューディール 40, 230, 232
人間クラウド 106

ね
ネオファシズム 17, 175, 176, 177, 195, 202, 203, 211, 212, 214, 215, 216, 217, 223, 233, 235,(42),(43)
対――統一戦線 233, 246, 286

の
農業労働者 114,(43)

は行

は
排除 10, 14, 19, 20, 50, 55, 91, 92, 95, 96, 98, 115, 117, 118, 119, 120, 121, 123, 124, 126, 139, 185, 204, 206, 215, 231, 242, 243, 270,(25)
強制（的）――19, 270, 203-206
本源的蓄積と―― 98-104
グリーン・ゾーンからの―― 118-128
労働市場からの―― 110-115
破産法 100
パノプティコン的 43, 162, 215
パノプティコン的監視 162, 215
パノプティシズム（全展望監視システム） 162
パレスチナ 122, 135, 190, 191, 192, 210
犯罪化 65, 141, 163, 165, 167, 168, 169, 171, 176, 208, 225, 264, 265, 266
移民の―― 176, 266
債務者の―― 100-102, 168
――三振法 174
余剰人類の―― 20
犯罪化 →大量投獄
反テロ法 125-126
反乱 8, 9, 16, 17, 19, 47, 50, 117, 134, 145, 153, 185, 186, 195, 196, 197, 201, 202, 208, 218, 228, 236, 237, 241, 248, 254,(40),(41)

ひ
東ティモール 106
ピケティ , トマ 226,(17),(45)
ビッグ・データ 12, 108, 156, 161, 179
非物質的労働 104
ピンク・タイド 237, 238, 247
貧困 44, 48, 50, 56, 57, 64, 65, 81, 94, 98, 99, 100, 101, 102, 103, 106, 115, 116, 119, 120, 121, 122, 123, 124, 125, 126, 127, 168, 169, 208, 219, 228, 229, 232, 236, 238, 276, 289, (17),(28),(46)
貧困 →不平等、不安定労働
貧困産業 101

ふ
ファシスト集団 223
ファシズム 1, 15, 17,(42),(43)
ファノン , フランツ 96,(25)
不安定労働 84, 90, 97, 103, 105, 109, 111, 112,(22)
フィリップス , ピーター 5, 35, 36, 38, 138, 146, 159,(15),(31),(33),(35)
フィリピン 113, 128, 163, 203, 210, 217,(28)
フェイスブック社 72, 76, 113, 154, 155, 157, 158
フォーク政治 239, 240
フォード・ケインズ主義 52, 53, 54
フォード主義、ケインズ主義 40
プチ・ブルジョアジー 208, 209
不平等 1, 2, 8, 16, 19, 20, 38, 44, 49, 51, 52, 55, 56, 57, 77, 79, 81, 82, 93, 94, 116, 117, 127, 132, 150, 159, 190, 192,

211, 225, 226, 227, 228, 229, 231, 238, 262, 265, 276, 282, 287,(21),(22) ,(45)
不変資本 77
ブラジル 66, 89, 163, 165, 186, 187, 189, 192, 203, 210, 217, 224, 225, 244,(24)
プラットフォーム 70, 71, 73, 75, 91, 111, 114, 148, 154, 156, 180, 194, 242, 243,(21)
プロパガンダ 154, 159, 160,(34)
プロレタリア化 86, 104, 209

へ

兵器の売却 143-144, 180-182, 189-191
　兵器の売却 →軍事支出
米国 10, 17, 18, 26, 29, 43, 45, 52, 53, 56, 58, 59, 60, 65, 67, 74, 89, 91, 92, 96, 100, 101, 109, 110, 112, 113, 116, 118, 121, 126, 128, 131, 133, 135, 136, 137, 138, 139, 140, 143, 144, 145, 146, 148, 149, 153, 154, 163, 164, 165, 166, 167, 168, 171, 172, 173, 174, 176, 178, 180, 182, 183, 184, 185, 186, 191, 193, 195, 202, 207, 208, 209, 210, 212, 213, 214, 217, 218, 219, 220, 221, 222, 223, 224, 225, 227, 230, 232, 234, 235, 236, 237, 244, 264, 265, 266, 274,(15),(16) ,(26),(27),(30),(31),(32),(36),(39),(40) ,(41),(42),(45)
ヘゲモニー 7, 30, 34, 62, 124, 125, 128, 136, 159, 160, 198, 201, 202, 203, 204, 205, 206, 207, 216, 218, 219, 220, 223, 229, 230, 233, 248, 249, 257, 261, 271, 274, 276, 279, 282, 284, 285
ベゾス , ジェフ 112, 157
ペルー 122, 165, 188, 189

ほ

防衛費 →軍事支出
暴力 10, 16, 17, 18, 39, 43, 50, 65, 82, 86, 87, 88, 89, 103, 104, 115, 117, 118, 119, 124, 125, 132, 142, 145, 151, 170, 172, 183, 184, 186, 187, 188, 190, 196, 206, 210, 219, 265, 267, 269,(39)
　暴力 →強制的排除
保護主義 45, 221
抗議する人びと 10
保釈金産業 168, 169
ポストモダンの物語 240
施し主義 237
ホブズボーム , エリック 27, 200,(14),(42)
ボリビア 187, 188, 228, 229
ボルソナロ , ジャイール 210, 224, 225
本源的蓄積 26, 39, 86, 87, 88, 90, 105
香港、デモ、雨傘革命 197

ま行

ま

マイクロファイナンス 101, 102
マスメディア 158, 160, 205, 214
マルクス , カール 1, 26, 28, 40, 51, 68, 77, 83, 86, 92, 93, 95, 97, 98, 101, 105, 110, 196, 226, 240, 241, 248, 254, 255, 257,(16),(17) ,(22),(25) ,(26),(45)

み

緑の資本主義 226, 230, 231,(46),(47)
南アフリカ 66, 89, 101, 102, 128, 144, 145, 149, 165, 210, 236
ミレニアル世代 105, 234
民営化 17, 20, 30, 132, 140, 142, 143, 144, 149, 153, 166, 178, 213, 225, 230,

236, 265, 274, 293,(34)
民間軍事企業 6, 136, 144, 146,(32)
民間警備保障 149, 150
民間刑務所企業 175
民兵 189, 218, 219, 220, 268

め
メガシティ 16, 20, 89, 97, 122, 253
メキシコ 58, 89, 101, 120, 144, 145, 163, 173, 174, 181, 183, 184, 186, 187, 188, 189, 218, 219, 228, 256,(14)

や行

よ
傭兵 96, 132, 143, 195, 261,(32)
傭兵 →民間軍事企業
抑圧による蓄積 (29)
余剰人口 16, 40, 94, 115, 117

ら
ラテンアメリカ 128, 182, 184, 186, 187, 216, 217, 237, 238, 247, 261, 288

り
利潤 20, 25, 28, 32, 49, 50, 51, 52, 54, 55, 58, 67, 69, 75, 76, 77, 78, 83, 93, 99, 132, 133, 138, 141, 142, 156, 165, 166, 169, 171, 172, 204, 214, 226, 227, 264,(15),(17),(22)
略奪 15, 33, 39, 42, 53, 57, 58, 59, 63, 64, 65, 66, 67, 87, 99, 101, 103, 130, 131, 132, 136, 137, 186, 187, 188, 206, 232, 234, 235, 244, (19)
略奪 →本源的蓄積

る
ルンペンプロレタリアート 95, 96, 97, 121,(25)

れ
歴史的ブロック 205, 220

ろ
労働の実質的包摂 104, 105
労働の分断化 107-108
労働者階級 16, 18, 28, 44, 52, 53, 54, 56, 57, 63, 64, 65, 69, 83, 85, 86, 91, 92, 94, 97, 100, 103, 104, 105, 107, 110, 111, 134, 167, 168, 171, 172, 201, 208, 209, 211, 212, 218, 222, 232, 233, 241, 242, 243, 244, 245, 248, 264, 265, 270, 281, 282,(22),(23)
――から離れた再分配 56-58, 59-60, 61-62, 98-104, 231
ロシア 136, 140, 144, 150, 163, 165, 229
ロビー活動 32

わ
分け前 52, 75
ワシントン・コンセンサス 54

英字

A
ＡＢＳ 6, 61, 62, 64

C
ＣＩＴ 6, 28, 39, 55, 62, 68, 69, 70, 104, 108, 118, 151, 153, 159

E
ＥＵ 116, 140, 144, 165, 180, 181, 266

N
ＮＡＦＴＡ 89
ＮＳＡ 6, 43, 153

O
ＯＥＣＤ 6, 66, 227

注

序論　ジョージ・オーウェルは誤解していた

1. Liza Elliott, *Everything is Known* (Birmingham, AL: Red Camel Press, 2018), pp. 9-10, 20-21.
2. Nick Srnicek and Alex Williams, *Inventing the Future: Postcapitalism and a World Without Work* (London: Verso, 2016, revised edition), pp. 1-2

第１章　グローバル資本主義とその危機

1. ここで述べていることは、資本主義のグローバル化を特殊で新しい特徴をもった時代として捉えた、私の多くの著作の簡単な要約である。他の著作を含めて、以下参照。William I. Robinson, *A Theory of Global Capitalism: Production, Class, and State in a Transnational World* (Baltimore, MD: Johns Hopkins University Press, 2004); Robinson, *Global Capitalism and the Crisis of Humanity* (New York: Cambridge University Press, 2014); Robinson, *Into the Tempest: Essays on the New Global Capitalism* (Chicago, IL: Haymarket, 2018).
2. Eric Hobsbawm, *The Age of Extremes* (New York: Vintage Books, 1994), p. 277; 強調は原文。〔エリック・ホブズボーム『20世紀の歴史』上、大井由紀訳、ちくま学芸文庫、2018年〕
3. グローバル経済について、特にグローバル生産システムについての最良にして唯一の業績は依然として以下のものである。Peter Dicken, *Global Shift: Mapping the Changing Contours of the World Economy* (New York: Gilford, 2015, seventh edition).〔P.ディッケン『グローバル・シフト：変容する世界経済地図』上・下、今尾雅博、鹿嶋洋、富樫幸一訳、古今書院、1998年〕
4. TCCについては本章注1に挙げたロビンソン〔著者〕の業績を参照。この概念の発展の簡潔な要約と研究状況のレビューについては以下参照 William I. Robinson and Jeb Sprague, "The Transnational Capitalist Class," in Mark Juergensmeyer, Saskia Sassen, and Manfred Steger (eds.), *Oxford Handbook of Global Studies* (New York: Oxford University Press, 2018).
5. この点に関する詳細な議論とデータにいてはRobinson, *Into the Tempest.* の各章を参照。最も重要とまではいえないが興味深いデータがある。2017年の世界の億万長者2158人のうち、631人が北米（メキシコを含む)、475人が中華圏、414人が西ヨーロッパ、295人が東南アジア、163人が東ヨーロッパ、84人が中南米、52人が中東とアフリカ、43人がオセアニアからであった。以下参照。Rupert Neate, "World's Billionaires Became 20% Richer in 2017, Report Reveals," *The Guardian*, 26 October 2018, accessed on 9 April 2019 at www.theguardian.com/news/2018/oct/26/worlds-billionaires-became-20-richer-in-2017-report-reveals.
6. Stefania Vitali, James B. Glattfelder, and Stefano Battiston, 2011. "The Network of Global Corporate Control," *PLOS ONE*: 1-36, accessed on 12 March 2019 at www.scribd.com/

doc/70706980/The-Network-of-Global-Corporate-Control-by-Stefania-Vitali-James-B-Glattfelder-and-Stefano-Battiston-2011.

7. Peter Phillips, *Giants: The Global Power Elite* (New York: Seven Stories Press, 2018), p. 35.〔ピーター・フィリップス『巨大企業（ジャイアンツ）17社とグローバル・パワー・エリート：資本主義最強の389人のリスト』田中恵理香訳、パンローリング、2020年〕

8. こうしたグローバルな規模での資本の極端な集積と集中は、資本主義の歴史において前例はない。その進行スピードについても前例はない。1998年から2018年まで、TNCは44兆ドルを買収に費やしていた。米国では企業利潤は1978年ではGDPの1.9%であったが2018年には4.5%に上昇した。以下参照。Patrick Foulis, "An Age of Giants," *The Economist*, 17 November 2018, special report insert, pp. 4-5.

9. Phillips, *Giants*, p. 153.

10. Phillips, *Giants*, p. 162.

11. ここでは文献のレビューは行わないが、議論や参考文献の概略については特に以下参照。Robinson, *Global Capitalism and the Crisis of Humanity*, Chapter 4; Andrew Kliman, *The Failure of Capitalist Production: Underlying Causes of the Great Recession* (London: Pluto, 2011); および "Radical Perspectives on the Crisis," a website of dozens of articles on Marxist crisis theory and the contemporary crisis. Available at: https://sites.google.com/site/radicalperspectivesonthecrisis/finance-crisis. Michael Roberts, Marx 200 (London: Lulu, 2009).

12. グローバルなエコロジー危機については、膨大な、急速に増加している文献がある。特に以下参照。: John Bellamy Foster, Richard York, and Brett Clark, *The Ecological Rift: Capitalism's War on the Earth* (New York: Monthly Review Press, 2011); Jason W. Moore, *Capitalism in the Web of Life: Ecology and the Accumulation of Capital* (London: Verso, 2015); Naomi Klein, *This Changes Everything: Capitalism vs. the Climate* (New York: Simon & Schuster, 2015);〔ナオミ・クライン『これがすべてを変える：資本主義vs.気候変動』幾島幸子、荒井雅子訳、岩波書店、2017年〕Elizabeth Kolbert, *The Sixth Extinction: An Unnatural History* (New York: Picador, 2015).〔エリザベス・コルバート『6度目の大絶滅』鍛原多惠子訳、ＮＨＫ出版、2015年〕

13. この脅威については以下参照。Marek Hrubec, "Threat of Limited Nuclear War," *Critical Sociology*, 19 September 2018, online edition, accessed on 15 March 2019 at https://journals.sagepub.com/eprint/R48PdvKxqIVIQTvnbveb/full.

14. Joah Bierman, "A Sales Pitch for Davos Globalists," *Los Angeles Times*, 26 January 2018, p. A3.

15. アルセロール・ミッタル社の幹部の一人は「私たちは米国で強い影響力を持っている」「私たちは貿易措置の純受益者である」と述べた。Jeff Stein, "Trump Cozies Up to Steel," *Los Angeles Times*, 8 October 2018, p. A12. トランプのレトリックは「外国」の自動車輸入に反対して「米国車」を選好しているが、実際は、米国の自動車産業は工場、サプライチェーン、国際市場のグローバルな網（web）と複雑に結びついている。資本は各自動車TNCを横断して綿密に絡み合っているため、ナショナルな自動車会社同士が

インターナショナルに競争しているかのように理解することはできない。ホンダはゼネラルモーターズよりも多くの自動車を米国で製造し、販売している。ゼネラルモーターズは自動車の大半を米国の外で製造し販売している。詳細については以下参照。Thomas Suh Lauder, "Can Trump's Plans Rev Up the U.S. Auto Industry?," *Los Angeles Times*, 20 February 2017, p. A8.

16. ほとんどの観察者は国家中心主義と国民–国家／国家間という分析枠組みに視野を固定し、グローバルな政治のダイナミクスを国民–国家間の資本家同士の競争に還元している。そのため、正当性の危機によって形成される政治的矛盾がどのように経済にフィードバックするのかを捉え損なっている。それは、*The Economist* 26 January 2019が「スローバリゼーション」〔グローバリゼーションの後退〕とレポートしていることに見ることができる。米国に本拠を置くTNCが中国に拠点を置く企業との取締役の交換を躊躇したのは、企業間の競争のためではなく、ドナルド・トランプ大統領の中国に対する政治的レトリックによって自らが政治的紛争に巻き込まれることを恐れていたためである。このように、政治は想定される以上に規定されている。国家中心のアプローチは、生産様式と階級関係から出発し、国家形態はそこから派生するというマルクス主義の基本的な方法論上の教義に反している。

17. ここで詳しく説明することはできないが、グローバル資本主義についての私の理論や、地政学やトランプ主義などについての私の見解に対して批判する人々は――多くは教条的マルクス主義者であるが――三つの誤謬を犯している（すなわち、彼／彼女らは批判的社会科学研究の三つのルールに違反している）。第一に、彼／彼女らは表面的な外観と根底にある本質を区別する必要を理解していない。すなわち、彼／彼女らは表面的な外観を額面どおりに受け取る。第二に、彼／彼女らは、私がここで議論したような矛盾を、私の議論の誤りを示す変則と見なし、矛盾を現実の本質的な側面として見ない。第三に、彼／彼女らは私の主張を裏付けるために提出したデータに言及せずに、また多くの場合何ら反証を示すことなく、私の議論を批判する。この三つの誤謬の一例を挙げてみよう。米中の競争は米国と中国の資本家グループの間の競争が関係しているように見える。しかし、通俗的にいわれる「米国」企業と「中国」企業が、トランスナショナルに統合されていること示す、幅広い、増加し続ける、有無を言わせない証拠がある。ここでは、中国の国営企業（SOE）でさえ世界中のTCCグループと相互に投資していることを指摘しておけば十分であろう。上海A株市場に上場している国有企業の86%において、国家の保有比率は20%未満であり、世界中の企業投資家がこれらの国有企業に多額の投資を行っている（例えば以下のレポートを参照。Daniel H. Rosen, Wendy Leutert, and Shan Guo, "Missing Link: Corporate Governance in China's State Sector," Asia Society/Rhodium Group, November 2018, accessed on 7 May 2019 at https://asiasociety.org/sites/default/files/inline-files/ASNC_Rhodium_SOEReport.pdf）。またジェリー・ハリスが示すように、ブラックロック社、JPモルガン社、バークレイズ社、UBS社などの巨大なグローバル金融機関や、欧州投資銀行や世界銀行の国際金融公社などの世界中の公的および民間の投資銀行は、すべて中国の国営・民間の銀行に多額の投資を行っている。以下参照。"Who Leads Global

Capitalism?: The Unlikely Rises of China," *Class, Race and Corporate Power*, 6(1), 2018, accessed on 7 May 2019 at https://digitalcommons.fiu.edu/cgi/viewcontent.cgi?referer=https://www.google.com/&httpsredir=1&article=1119&context=classracecorporatepower).

18. Klaus Schwab, "Global Corporate Citizenship: Working with Governments and Civil Society," *Foreign Affairs*, January-February 2008, pp. 108-109.

19. Karl Marx, "*Wage Labor and Capital*," in Robert C. Tucker (ed.), The Marx-Engels Reader (New York: W.W. Norton, 1978), p. 214.〔カール・マルクス『賃労働と資本／賃金・価格・利潤』森田成也訳、2014 年、光文社古典新訳文庫〕

20. フォード主義とケインズ主義については優れた文献が多くある。David Harvey, *The Condition of Post-Modernity* (Cambridge, MA: Blackwell, 1990),〔デヴィッド・ハーヴェイ『ポストモダニティの条件』吉原直樹監訳、青木書店、1999 年〕は若干古いが依然としてこのテーマについての重要な報告書である。以下も参照。Ash Amin (ed.), *Post-Fordism: A Reader* (Cambridge, MA: Blackwell, 1994), Robert W. Cox, *Production, Power, and World Order: Social Forces in the Making of History* (New York: Columbia University Press, 1987); William I. Robinson, *Global Capitalism and the Crisis of Humanity* (New York: Cambridge University Press, 2014).

21. トマ・ピケティは以下の著作でこうした利潤率の振幅を描いている。*Capital in the Twenty-First Century* (Cambridge, MA: Harvard University Press, 2014), figure 6.8, p. 227.〔トマ・ピケティ『21 世紀の資本』山形浩生、守岡桜訳、みすず書房、2014 年〕2019 年の第一四半期だけで世界中の企業収益の絶対量は 2 兆ドルに達し、10 年前の金額のほぼ 2 倍となった。以下参照。"Corporate Earnings: Earnings Reprieve," *The Economist*, 20 July 2019, p. 52.

22. Greg Sargent, "'There's Been Class Warfare for the Last 20 Years, and My Class has Won'" *Washington Post*, 30 September 2011, accessed on 15 March 2019 at www.washingtonpost.com/blogs/plum-line/post/theres-been-class-warfare-for-the-last-20-years-and-my-class-has-won/2011/03/03/gIQApaFbAL_blog.html?utm_term=.486c085504e7.

23. この昂進する貧困化の一つの報告として以下参照。Gary Leech, *Capitalism: A Structural Genocide* (London: Zed, 2012).

24. Martin Ford, *The Rise of the Robots* (New York: Basic Books, 2015), p. 198.〔マーティン・フォード『ロボットの脅威：人の仕事がなくなる日』松本剛史訳、日本経済新聞出版社、2015 年〕

25. Robert Cox and Eliza Rosenbaum, "The Beneficiaries of the Downturn," *New York Times*, 28 December 2008, accessed on 9 April 2019 at www.nytimes.com/2008/12/29/business/29views.html.

26. 以下参照。Greg Jensen, Atul Narayan, Daniel Crowley, and Sam Green, "Peak Profit Margins? A Global Perspective," *Bridgewater Associates*, 27 March 2019, accessed on 24 April 2019 at www.bridgewater.com/research-library/daily-observations/peak-profit-margins-a-global-perspective/?fbclid=IwAR0fnkRcMxDcG3oUaDCgRUz5UlE44vhHrfqy3011zNXYQvMJMDFlNKyTRXo.

27. Oxfam (London), *Wealth: Having It All and Wanting More*, online report accessed on 4

March 2018 at the Oxfam website: http://policy-practice.oxfam.org.uk/publications/wealth-having-it-all-and-wanting-more-338125.

28. *The Economist*, "The Problem with Profits," 26 March 2016, accessed on 2 February 2018 at www.economist.com/news/leaders/21695392-big-firms-united-states-have-never-had-it-so-good-time-more-competition-problem.

29. Anaele Pelisson and Graham Rapier, "This Chart Shows the 17 US Companies with the Biggest Piles of Cash," *Business Insider*, 4 December 2017, accessed on 2 February 2018 at www.businessinsider.com/chart-us-companies-with-largest-cash-reserves-2017-8.

30. *Nikkei Asian Review*, "Asia's Multinationals are Hoarding Cash Like Never Before," 28 September 2017, accessed on 15 April 2019 at https://asia.nikkei.com/Economy/Asia-s-multinationals-are-hoarding-cash-like-never-before2.

31. William I. Robinson, "Accumulation Crisis and Global Police State," *Critical Sociology*, March 2018, online edition available here: http://journals.sagepub.com/doi/abs/10.1177/0896920518757054.

32. U.S. General Accounting Office (GAO), "Federal Reserve System: Opportunities Exist to Strengthen Policies and Processes for Managing Emergency Assistance" (Washington, DC: GAO-11-696, July 2011).

33. 新しい金融システムとその「諸制度」の実情については以下に詳しい。William K. Tabb, *The Restructuring of Capitalism in Our Time* (NewYork: Columbia University Press, 2012).

34. ここでは詳しく説明できないが、このコメントは抑制的に解釈される必要がある。ある意味では、信用は新しい富の生成に貢献する。例えば銀行は顧客が建設会社と契約して家を建てるための資金を調達するために住宅ローンを実行する場合がある。しかし、このシナリオは現在のグローバル・カジノ〔の実態〕から大きく乖離している。そこでは、元の富の創造とは無関係に数兆ドルが移動し、デリバティブへの投機はしばしば二次的なものである。つまり投機に投機されている。

35. Christian Marazzi, *The Violence of Financial Capital* (Bellinzona, Switzerland: Edizioni Casagrande, 2011); 傍点原文。

36. Securities Industry and Financial Markets Association (SIMFA), *Simfa Fact Book* 2018, p. 51, table on "Global Bond Market Outstanding—Value," accessed on 15 April 2019 at www.sifma.org/wp-content/uploads/2017/08/US-Fact-Book-2018-SIFMA.pdf. See also "$100 Trillion Global Bond Bubble Poses 'Systemic Risk' to Financial System," *GoldCore*, 31 March 2015, accessed 17 March 2018 at www.goldcore.com/us/gold-blog/100-trillion-global-bond-bubble-poses-systemic-risk-to-financial-system/. OECDは対GDP比でみたOECD加盟国の中央政府債務の全般的な増大を指摘している。以下参照。Saskia Sassen, *Expulsions: Brutality and Complexity in the Global Economy* (Cambridge, MA: Harvard University Press, 2014), p. 21. 〔サスキア・サッセン『グローバル資本主義と「放逐」の論理：不可視化されゆく人々と空間』伊藤茂訳、明石書店、2017年〕

37. グローバル経済と結びついた新しい金融のプロセスがもたらす略奪に関しては多くの研究がある。特に以下の私の初期の研究を参照。William I. Robinson, *Global Capitalism and the Crisis of Humanity*, Saskia Sassen, *Expulsions: Brutality and Complexity in the Global Economy* (Cambridge, MA: Harvard University Press, 2014).〔サスキア サッセン『グローバル資本主義と「放逐」の論理：不可視化されゆく人々と空間』伊藤茂訳、明石書店、2017 年〕デヴィッド・ハーヴェイは「略奪による蓄積」という概念（これはローザ・ルクセンブルクの議論のアップデートである）を、二つの著作を通じて広めた。*The New Imperialism* (New York: Oxford University Press, 2003)〔デヴィッド・ハーヴェイ『ニュー・インペリアリズム』本橋哲也訳、青木書店、2005 年〕および *A Brief History of Neoliberalism* (New York: Oxford University Press, 2005).〔デヴィッド・ハーヴェイ『新自由主義：その歴史的展開と現在』渡辺治監訳、作品社、2007 年〕

38. Akin Oyedele, "Americans Have $12.58 Trillion in Debt—Here's What it Looks Like," *Business Insider*, 17 February 2017, accessed on 2 February 2018 at www.businessinsider.com/us-household-debt-credit-ny-fed-q4-2016-2017-2.

39. Susan Soederberg, *Debtfare States and the Poverty Industry* (New York: Routledge, 2014).

40. クレジットカード債務1兆円の数値については以下参照。Jennifer Surane, "U.S. Credit-Card Debt Surpasses Record Set at Brink of Crisis," *Bloomberg*, 7 August 2017, accessed 2 February 2018 at www.bloomberg.com/news/articles/2017-08-07/u-s-credit-card-debt-surpasses-record-set-at-brink-of-crisis. 滞納については以下参照。Pedro Nicolaci da Costa, "Americans are Having Trouble Paying Off Their Credit Cards—And it Could Spell Trouble for the Economy," *Business Insider*, 21 November 2017, accessed on 2 February 2018 at www.businessinsider.com/credit-card-delinquencies- a-red-flag-on-consumer-spending-2017-11.

41. 数値については OECD ウェブサイトにある "Household Debt" のチャートを参照。accessed on 2 February 2018 at https://data.oecd.org/hha/household-debt.htm, and for discussion see the recently unclassified OECD report, Christophe André, "Household Debt in OECD Countries: Stylized Facts and Policy Issues," OECD, Economics Department Working Papers No. 1277, 1 February 2016, accessed on 2 February 2018 at www.oecd.org/officialdocuments/publicdisplaydocumentpdf/?cote=ECO/WKP(2016)1&docLanguage=En.

42. Tom Hancock and Wang Xueqlao, "China's Millenials' Love of Credit Cards Raises Debt Fears," *Financial Times*, 5 August 2018, accessed on 12 April 2019 at www.ft.com/content/bb3166ea-8b1f-11e8-b18d-0181731a0340. 2010 年代には中国の家計は世界最大のクレジットカードのユーザーとなった。この国では 70 億枚以上のクレジットカードが発行された。以下参照。Leanne Whalen and Gerry Shih, "Beijing's Blockade of U.S. Credit Card Companies May Finally End—Now That Chinese Companies Dominate," *Washington Post*, 21 January 2019, accessed on 12 April 2019 at www.washingtonpost.com/business/economy/beijings-blockade-of-us-credit-card-companies-may-finally-end--now-that-chinese-companies-dominate/2019/01/20/d52d8ad4-1354-11e9-803c-4ef28312c8b9_story.html?utm_term=.a0b9593ab0a9.

43. Sameer Bhardwaj, "Indian Households' Debt Doubles in FY17-18," *Economic Times*, 28

January 2019, https://economictimes.indiatimes.com/wealth/borrow/indian-households-debt-doubles-in-fy17-18-what-are-we-borrowing-for-and-how-much/articleshow/67700374.cms?from=mdr.

44. David Scutt, "Global Debt Has Hit an Eye-Watering $215 Trillion," *Business Insider*, 4 April 2017, accessed on 2 February 2018 at www.businessinsider.com/global-debt-staggering-trillions-2017-4?&platform=bi-androidapp.

45. Doug Henwood, *Wall Street* (London: Verso, 1998), p. 36.

46. これは（実際のではなく）想定される値である（さらに大多数のデリバティブは発生する出来事に対する「賭け」であり、これに対応する発生しない出来事に対するデリバティブの「賭け」によって相殺されるため、互いに「勘定から消えている」)。

47. World Bank, World Development Indicators data base, 15 December 2017, p. 1, accessed on 2 February 2018 at http://databank.worldbank.org/data/download/GDP.pdf.

48. Gregory McLeod, "Forex Market Size: A Traders Advantage," *DailyFX*, 23 January 2014, accessed on 2 February 2018 at www.dailyfx.com/forex/education/trading_tips/daily_lesson/2014/01/24/FX_Market_Size.html.

49. J.B. Maverick, "How Big is the Derivatives Market," *Investopedia*, 22 January 2018, accessed on 2 February 2018 at www.investopedia.com/ask/answers/052715/how-big-derivatives-market.asp.

50. Larry Summers, "The Age of Secular Stagnation," *Foreign Affairs*, 15 February 2016, accessed on 2 February 2018 at http://larrysummers.com/2016/02/17/the-age-of-secular-stagnation/.

51. Manuel Castells, *The Rise of the Network Society*, Vol. I (New York: Blackwell, 1996), pp. 101-102.

52. United Nations Conference on Trade and Development (UNCTAD), *Information Economy Report*, 2017 (UNCTAD: Geneva, 2017), p. 17.

53. *The Economist*, "The Global List," 26 January 2019, p. 20.

54. Thomas Marois, "TiSA and the Threat to Public Banks," Transnational Institute (Amsterdam), April 2017, accessed on 2 February 2018 at www.tni.org/files/publication-downloads/tisa_and_the_threat_to_public_banks.pdf.

55. *The Economist*, "The Global List," 26 January 2019, p. 21.

56. 第四次産業革命についての文献は多く、また急速に増えている。特に以下参照。: Klaus Schwab, *The Fourth Industrial Revolution* (Geneva: World Economic Forum, 2016)〔クラウス・シュワブ『第四次産業革命：ダボス会議が予測する未来』世界経済フォーラム訳、日本経済新聞出版社、2016 年〕; Ford, *The Rise of the Robots*.

57. Patrick Foulis, "An Age of Giants," *The Economist*, 17 November 2018, special report insert, p. 7

58. Nick Srnicek, *Platform Capitalism* (Cambridge: Polity, 2017), p. 6. デジタル資本主義が生産、流通、消費の領域でインターネット（オンライン）監視をどのように生み出したかをめぐる、さらに踏み込んだ理論的な検討については以下参照。Thomas Allmer, *Toward a Critical Theory of Surveillance in Information Capitalism* (Frankfurt: Peter Lang GmbH,

2012).

59. Nick Srnicek, *Platform Capitalism* (Cambridge: Polity, 2017), p. 40.

60. Yasar Levine, *Surveillance Valley: The Secret Military History of the Internet* (New York: Public Affairs, 2018), p. 103.

61. Federal Reserve Bank of St. Louis, "Private Fixed Investment in Information Processing Equipment and Software" (graph compiled from U.S. Bureau of Economic Analysis), 2018, accessed on 15 April 2019 at https://fred.stlouisfed.org/series/A679RC1Q027SBEA.

62. *The Economist*, "Briefing: Business Under Trump," 26 May 2018, p. 24.

63. Pelisson and Rapier, "This Chart Shows the 17 US Companies with the Biggest Piles of Cash."

64. Nikkei Asian Review, "Asia's Multinationals are Hoarding Cash Like Never Before," 28 September 2017, accessed on 15 April 2019 at https://asia.nikkei.com/Economy/Asia-s-multinationals-are-hoarding-cash-like-never-before2.

65. Melissa Parietti, "The Top 10 Technology Companies," *Investopedia*, 8 November 2018, accessed on 15 April 2019 at www.investopedia.com/articles/markets/030816/worlds-top-10-technology-companies-aapl-googl.asp.

66. Kenneth Kiesnoski, *CNBC*, 8 March 2017, accessed on 2 September 2017 at www.cnbc.com/2017/03/08/the-top-10-us-companies-by-market-capitalization.html#slide=10.『エコノミスト』誌はこう述べている。「『巨人企業（titans）』――世界市場を支配する一握りのテック企業――は、市場そのものであり、デジタル経済の多くのインフラ（または『プラットフォーム』）を提供している。これら企業のサービスの多くは無料のように見えるが、ユーザーは自分のデータを差し出すことで料金を『支払っている』。これら企業はすでに強力だが、これらの企業に対する株式市場の非常に高い評価が示唆するものは、投資家が次の十年で規模が2倍または3倍になると見積もっているということである」。*The Economist*, 20 January 2018, "Taming the Titans," p. 11.

67. *The Economist,* "The Global List," 26 January 2019, p. 20.

第2章　野蛮な不平等：社会統制の必要性

1. *Real News Network*, 9 May 2018。https://therealnews.com/stories/the-rich-hae-escape-plan（2018年6月17日閲覧）。

2. Adam Withnall, "Cartier Boss with $7.5 bn Fortune Says Prospect of the Poor Rising Up 'Keeps Him Awake at Night', " *Independent*, 10 June 2015. www.independent.co.uk/news/business/cartier-boss-with-77bn-fortune-says-prospect-poor-rising-up-keeps-him-awaike-at-night-10307485.html（2018年6月12日閲覧）。

3. Oxfam(London), *Wealth: Having It All and Wanting More*. オンライン報告。http:/policy-practice.oxfam.org.uk/publications /wealth-having-it-all-and-wanting-more-338125（2018年3月4日閲覧）。

4. Oxfam, "Billionaire Fortunes Grew by $2.5 Billion a Day Last Year as Poorest Saw their Wealth Fall, Oxfam International, 21 January 2019. https://www.oxfam.org/en/press-releases/

billionaire-fortunes-grew-25-billion-day-last-year-poorest-saw-their-wealth-fall（2019 年 3 月 14 日閲覧）。

5. Michael Savage," Richest 1% on Target to Own Two-Thirds of All Wealth by 2030, "*The Guardian*, 26 October 2018. https://www.theguardian.com/business /2018/apr/07/global-inequality-tipping-point-2030（2019 年 4 月 9 日閲覧）。

6. Rupert Neatre, "World's Billionaires Became 20% Richer in 2017, Report Reveals," *The Guardian*, 26 October 2018. https://www.theguardian.com/news/2018/oct/26/worlds-billionaires-became-20-richer-in-2017-report-reveals（2019 年 4 月 9 日閲覧）。

7. Karl Marx, "Wage Labor and Capital," in Robert C. Tucker (ed.), *The Marx-Engels Reader* (New York: W. W. Norton, 1978), p. 209-210.〔カール・マルクス『賃労働と資本／賃金・価格・利潤』森田成也訳、光文社古典新訳文庫、2014 年〕

8. 資本–労働関係の歴史的規定性に関する次の二つの学派が、資本–労働関係が特定の歴史的環境の中でどのように形成されるのかを理解する上で重要な理論的視点を与えてくれる。すなわち、レギュレーション学派と蓄積に関する社会構造学派である。蓄積に関する社会構造学派の概要に関しては以下参照。David M. Kotz, Terrence McDonough, and Michael Reich, *Social Structures of Accumulatio: The Political Economy of Growth and Crisis* (New York: Cambridge University Press, 1994). レギュラシオン学派については以下参照。Alain Lipietz, *Mirage and Miracles: Crisis in Global Fordism* (London: Verso Book, 1987).〔アラン・リピエッツ『奇跡と幻影：世界的危機と NICS』若森章孝、井上泰夫訳、新評論、1987 年〕。どちらの学派も資本–労働関係が形成される背景として世界経済の拡張と危機の波を強調しているものの、多くは特定の国や地域を対象にして論じている。それに対して私はグローバル資本主義全体を取り上げて論じたい。

9. これらの変化の概要に関しては以下の特に第 1 章参照。William I. Robinson, *A Theory of Global Capitalism: Production, Class, and State in a Transnational World* (Baltimore, MD: Johns Hopkins University Press, 2004) さらなる詳細に関しては以下参照。Peter Dicken, *Global Shift: Mapping the Changing Contours of the World Economy* (New York: Gilford, 2015, seventh edition)〔P. ディッケン『グローバル・シフト：変容する世界経済地図』上・下、今尾雅博、鹿嶋洋、富樫幸一訳、古今書院、1998 年版の訳〕

10. 不安定労働に関する研究は多いが以下参照。Adrián Stole Valencia, *The Future of Work: Super-Exploitation and Social Precariousness in the 21st Century* (Chicago, IL: Haymarket, 2018, reprint edition)

11. Guy Standing, *The Precariat: The New Dangerous Class* (New Yok: Blooms bury, 2011)〔ガイ・スタンディング『プレカリアート：不平等社会が生み出す危険な階級』岡野内正監訳、法律文化社、2016 年〕によってこの用語が広まったが、彼が造語したのではない。スタンディングの社会民主主義的な捉え方は重大な欠点を有する。彼はプレカリアートを「新しい階級」と捉え、労働者階級が他部門に広がることでもたらされる条件に直面する労働者階級の一部であるとは捉えていない。彼はまたこうした条件を資本–労働関係の一段階であるとは認識していない。彼はグローバル・プレカリアートを第一世界／ヨーロッパ中心主義的な視点、つまり私たちが「方法論的西洋主義」というものからしか

見ておらず、階級分析に人種、民族、文化を取り入れることに成功しているようにもみえない。彼の自由主義的発想はプレカリアートの増加要因としての資本関係、市場とそれがもたらす社会条件に対する不適切な規制主体としての国家を批判的に見ていない。論争に関してとりわけ以下を参照。"Roundtable on the Precariat," Great Transition Initiative October 2018. www.greattransition.org/publication/raoundtable-precariat

12. Karl Marx, *Capital*, Volume I, in Robert Tucker(ed.), *The Mar-Engels Reader*（New York: W. W. Norton 1978）pp. 431, 433-343.

13. Richard Freeman, "What Really Ails Europe (and America): The Doubling of the Global Workforce" *The Globalist*（オンライン雑誌）, 5 March 2010. https://www.theglobalist.com/what-really-ails-europe-and-america-the-doubling-of-the-global-workforce/ ILO は 2017 年に世界の労働者階級を 32 億人と報告している。ILO, *World Employment and Social Outlook 2017: Sustainable enterprises and jobs—Formal enterprises and decent work*, (Geneva: ILO, 2017), https://www.ilo.org/wcmsp5/groups/public/---dgreports/---dcomm/---publ/documents/publication/wcms_579893.pdf（2019 年 5 月 29 日閲覧）

14. ILO, "World Employment and Social Outlook : Trends 2019, (Geneva, ILO, 2019) https://www.ilo.org/wcmsp5/groups/public/---dgreports/---dcomm/---publ/documents/publication/wcms_670542.pdf（2019 年 10 月 10 日閲覧）

15. 例えば以下参照。Dawn Paley, *Drug War Capitalism*, Oakland, CA: AK Press, 2014

16. これら世界の資本蓄積の現代的展開に関しては膨大な研究蓄積がある。とりわけ以下を参照。Mike Davis, *Planet of Slums* (London: Verso, 2006); Garry Leech, *Capitalism: A Structural Genocide* (London: Zed, 2012); Jan Breman, Kevn Haris, Ching Kwan Lee, and Marcel van der Linden (eds.), *The Social Question in the Twenty-First Century: A Global View* (Berkley: University of California Press, 2019); Saskia Sassen, *Expulsions: Brutality and Complexity in the Global Economy* (Cambridge, MA: Harvard University Press, 2014)〔サスキア・サッセン『グローバル資本主義と「放逐」の論理：不可視化されゆく人々と空間』伊藤茂訳、明石書店、2017 年〕2 億エーカーの数値はサッセン（p. 80）による。インドにおける農民自殺の事例は Leech による。

17. Mike Davis, *Planet of Slums*, p.1

18. *National Geographics*, "Why the Cities are Leading a Way," February 2018, p.5.

19. Samir Amin, "World Poverty, Pauperization, and Capital Accumulation", *Monthly Review*（オンライン）1 October 2003. https://monthlyreview.org/2003/10/01/world-poverty-pauperization-capital-accumulation/（2019 年 4 月 1 日閲覧）。

20. *World Migration Report 2015* (Ge4neva: IOM.2015) p.2.

21. ILO, *Global Employment Trend 2011: The Challenge of Job Recovery*, (Geneva: ILO 2011)

22. ILO, *World Employment and Social Outlook—Trends 2019* (Geneva: ILO 2019) p.2. https://www.ilo.org/wcmsp5/groups/public/---dgreports/---dcomm/---publ/documents/publication/wcms_670542.pdf（2019 年 10 月 2 日閲覧）

23. ILO, *World Employment Report 1996-97*(Geneva: ILO/United Nations, 1997)

24. Mike Davis, *Planet of Slums*, p. 199.

25. とりわけ以下を参照。Jeremy Rifkin, *The End of Work : The Decline of the Global Labor force and the Dawn of the Post-Market Era* (New York: Putnam, 2004 updated edition)〔ジェレミー・リフキン『大失業時代』（初版抄訳）松浦雅之訳、TBSブリタニカ、1996年〕; Stanley Aronowitz and William DiFazio, *The Jobless Future*: Second Edition (Minneapolis: University of Minnesota Press, 2010); Martin Ford, *Rule of the Robots: How Artificial Intelligence Will Transform Everything*(New York: Basic Books, 2015)〔マーティン・フォード『ロボットの脅威：人の仕事がなくなる日』松本剛史訳、日本経済新聞出版社、2015年〕; Nick Srnicek and Alex Williams, *Inventing the Future: Postcapitalism and a World Without Work* (revised and updated edition) (London: Verso 2016)

26. Russ Mitchell and Tracey Lien, "Ride in Urber Robot Vehicle at Hand," *Los Angeles Times*, 19 August 2016, p. A1.

27. Natalie Kitroeff, "An Acceleration in Automation, "*Los Angeles Times*, 25 September 2016, pp. A1, A14, A15.

28. Tom Huddleston Jr., "Walmart Will Soon Use Hundreds of A.I. Robot Janitors to Scrub the Floor of US Stores, "*CNBC*, 5 December 2018. https://www.cnbc.com/2018/12/05/walmart-will-use-hundreds-of-ai-robot-janitors-to-scrub-store-floors.html（2019年4月19日閲覧）

29. Daron Acemoglu and Pascual Restrepo, "Robots and Jobs: Evidence from US Labor Martkets," *NBER Working Paper Series*, Working Papere 23285, National Bureau of Economic Research, March 2017. www.nber.org/papers/w23285.pdf

30. "A Giant Problem," *The Economist*, 17 September 2016, p. 9.

31. これは誇張ではない。奴隷労働が新たに世界中に広まっているという報告は枚挙にいとまない。例えばブラジルの事例では以下参照 Thais Lazzeri, "Investigation Reveals Slave Labor Conditions in Brazil's Timber Industry," *Mongabay*, 13 March 2017. https://news.mongabay.com/2017/03/investigation-reveals-slave-labor-conditions-in-brazils-timber-industry/（2017年4月16日閲覧）。アジアの水産業に関しては Robin McDowell, Margie Mason, and Martha Mendoza, "Stranded and Enslaved," *Associated Press*（オンライン）25 March 2015. https://interactive.ap.org/2015/seafood-from-slaves/（2017年4月16日閲覧）。以下も参照。Kevin Bales, *Disposable People: New Slavery in the Global Economy* (Berkley: University of California Press, revised edition, 2004)〔ケビン・ベイルズ『グローバル経済と現代奴隷制』大和田英子翻訳、凱風社、2002年〕。世界の性産業に関わる女性人身売買と奴隷化に関しては以下の受賞ドキュメンタリー参照。Benjamin Nolot 監督 *Neferious: Merchant of Souls*。もっとも奴隷状態からの救済が（グローバルな反対運動にではなく）キリスト教にあるという結論に読者は同意しないかもしれない。

32. Karl Marx, *Capital, Volume I*, in Tucker(ed.), *The Mar-Engels Reader*, pp. 423, 425.

33. Karl Marx, *Capital, Volume III* (excerpt), in Tucker(ed.), *The Mar-Engels Reader*.

34. Karl Marx, *Capital,Volume I*, in Tucker(ed.), *The Mar-Engels Reader*, pp. 422, 424, 429-430.（強調は原典）

35. KarlMarx, *The Eighteenth Burmere of Louis Napoleon*, 1952, p. 38. インターネット版。

Marx Internet Archives https://www.marxists.org/archive/marx/works/download/pdf/18th-Brumaire.pdf〔カール・マルクス『ルイ・ボナパルトのブリュメール 18 日』丘沢静也訳、講談社学術文庫、2020年〕

36. Franz Fanon, *The Wretched of the Earth* (New York: Grove Press, 1963).〔フランツ・ファノン『地に呪われたる者』フランツ・ファノン著作集３、鈴木道彦、浦野衣子訳、みすず書房、1969年〕ファノンは言う「それ故、売春幹旋人、ごろつき、失業者、軽犯罪人は屈強な労働者同様に闘争に身を投じる……。売春婦も、月に２ポンドの給金の家政婦も、自殺と狂気の循環に取り込まれたものすべてが、やがてバランスを回復し、もう一度前に歩を進めて、目覚めつつある国の偉大な行進に誇りをもって参加することになるだろう」(130 頁)。

37. Chris Booker, "Lumpenization: A Critical Error of Black Panther," in Charles E. Jones, *The Black Panther Party Reconsidered* (Baltimore MD: Black Classic Press,2005) pp. 337-362.

38. Joff P. N. Bradley and Alex Taek-Gwang Lee, On the Lumpen-Precariat-To-Come, *Triple C*, Vol. 16 No. 2 (2018) pp.639-646. https://triple-c.at/index.php/tripleC/issue/view/38 引用は 641 ページ。

39. 余剰人類やプレカリアート、ルンペンプレカリアートといった分類は可変的なものであることは明記せねばならない。労働が余剰とされる者らは後に正規雇用者になるかもしれないし、逆もありうる。余剰労働とプレカリアート労働を峻別することもできない。長期にわたり資本循環の外側で余剰労働とされるマルクスの停滞的労働概念も同じ問題を抱えている。こうした労働者が座して死を待つのでなければ、正規・非正規だろうが、合法・非合法で何かをして、日々の暮らしを紡がなければならない。こうしたあれこれの行動は厳密な意味では、諸個人を「排除」された状況から逃れさせることになる。ある意味、マルクスはこの問題を（満足できない形だが）ルンペンプロレタリアートという概念で解決しようとした。これらはどれも流動的な概念であり固定的ではない。しかし何にもましてこれらはグローバル資本とグローバル労働の再編を理解するための包括的な概念だと言える。

40. とりわけ以下を参照。Immanuel Ness, *Southern Insurgency: The Coming of the Global Working Class*, (London: Pluto Press, 2016).

41. Aronowitz, *How Class Works*, p.58.

42. ILO, *World Employment and Social Outlook 2017: Sustainable Enterprises and Jobs: Formal Enterprises and Decent Work.*

43. とりわけ以下の議論参照。Alejandro Portes, Manuel Castells, and Lauren A. Benton(eds.), *The Informal Economy: Studies in Advanced and Less Developed Countries*, (Baltimore, MD: Johns Hopkins University Press, 1989)

44. Eva Swidler, Invisible Exploitation: How Capital Extracts Value Beyond Wage Labor, *Monthly Review*, Vol.69 No.10. March 1, 2018. https://monthlyreview.org/2018/03/01/invisible-exploitation/

45. Susanne Soederberg, *Debtfare States and the Poverty Industry: Money, Discipline and the*

Surplus Population (New York: Routledge, 2014) .

46. 例えば以下参照。Rise of the Corporate Landlord: The Institutionalization of the Single-Family Rental Market and Potential Impacts on Renters, Right To The City Alliance, 10 August 2014. https://righttothecity.org/cause/rise-of-the-corporate-landlord/（2019 年 5 月 7 日閲覧）。

47. Soederberg, *Debtfare States*, p. 27.

48. Soederberg, *Debtfare States*, p. 1.

49. Soederberg, *Debtfare States*, p. 78.

50. Soederberg, *Debtfare States*, p. 92.

51. 米国における給料日窓口ローンは 2000 年 1 万件から 2004 年には 2 万 1000 件に増えた。2010 年代までに約 1200 万人の人々が月々のやりくりをするために給料日ローンを利用するまでになった。70%は借りたお金を、公共料金、クレジットカード、家賃、住宅ローンの支払いや食料購入に、他の 15%は予期せぬ出費にあてている。ローン利用者は実質的年間適正借入率（APR）の 3 倍も借りている。詳細は以下参照。Nick Bourke, Alex Horowitz, and Tara Roche, *Payday Lending in America: Who Borrows, Where They Borrow, and Why,* PEW Charitable Trust, 19 July 2012, https://www.pewtrusts.org/-/media/legacy/uploadedfiles/pcs_assets/2012/pewpaydaylendingreportpdf.pdf（2019 年 4 月 15 日閲覧）

52. マルクス。Soederberg, *Debtfare States*, pp. 32-34. からの引用。

53. Soederberg, *Debtfare States*, p. 171.

54. 詳細は以下参照。William I. Robinson, Sadistic Capitalism: Six Urgent Matters for Humanity in Global Crisis, *TRUTHOUT*, 12 April 2016. https://truthout.org/articles/sadistic-capitalism-six-urgent-matters-for-humanity-in-global-crisis/（2019 年 5 月 9 日閲覧）

55.IMF 報告に関する情報は Sassen, *Expulsions*, p. 24 より引用。

56. Robert B. Reich, *The Work of Nations: Preparing Ourselves for 21st-Century Capitalism* (New York: Vintage, 1992)。Michael Hardt and Antonio Negri, *Empire* (Cambridge, MA: Harvard University Press, 2001)〔アントニオ・ネグリ、マイケル・ハート『帝国：グローバル化の世界秩序とマルチチュードの可能性』水嶋一憲他訳、以文社、2003 年〕

57. 複数執筆者による以下の記事参照。Millennials: The Trials of Generation Y, *The Guardian*, March, April 2016 .https://www.theguardian.com/world/series/millennials-the-trials-of-generation-y（2018 年 6 月 17 日閲覧）。世代をアルファベット表示することは混乱を招きやすい。同世代を表現するのにいくつかの文字が使われ、流布している。1995 年以降に生まれたものを「Z 世代」と表現する記事もある。以下参照。Trévon Austin, "New Poll Shows American Youth are Increasingly Supportive of Socialism," 13 March 2019. https://www.wsws.org/en/articles/2019/03/13/yout-m13.html（2019 年 4 月 8 日閲覧）

58. Kristin Lord, "Here Come the Young," *Foreign Policy*, 12 August 2016. https://foreignpolicy.com/2016/08/12/here-comes-the-young-youth-bulge-demographics/（2018 年 6 月 1 6 日閲覧）。

59. 詳細は以下参照。" Digital Labor: The Human Cumulus, "*The Economist*, 26 August 2017, p. 5.

60. " Changing Labor Market," *The Economist*, 6 October 2018, p. 65.

61. Maresi Starzmann, Academic Alienation: Freeing Cognitive Labor From the Grip of Capitalism, *Portside*, 25 June 2018. https://portside.org/2018-06-25/academic-alienation-freeing-cognitive-labor-grip-capitalism

62. Bradly and Tawe-Gwan, "On the Lumpen-Precariat-To-Come," p. 642.

63. Pierre Bourdieu, *Outline of a Theory of Practice* (Cambridge: Cambridge University Press 1977) p. 95.〔ピエール・ブルデュー『実践理性：行動の理論について』加藤晴久訳、藤原書店、2007 年〕。ここでふれられなかったデジタル時代における仕事、社会組織、文化、意識に関する研究はあまたある。とりわけ以下は重要な研究である。Michael Betancourt, *The Critique of Digital Capitalism: An Analysis of the Political Economy of Digital Culture and Technology*(New York: Punctum Book 2016)。Bernard Stiegler and Daniel Ross, *Automatic Society: The Future of Work* (Cambridge: Polity 2017) 。

64. これらの優れた分析として以下を参照。Thomas Allmer, *Critical Theory and Social Media: Between Emancipation and Commodification* (New York: Routledge 2017)。

65. Martin Ford, *The Rise of the Robots: FT and McKinsey Business* (New York: Basic Books, 2015)

66. 関連情報については以下参照。Maresi Starzmann, Academic Alienation: Freeing Cognitive Labor From the Grip of Capitalism, *Portside*, 25 June 2018. https://portside.org/2018-06-25/academic-alienation-freeing-cognitive-labor-grip-capitalism.

67. Zack Friedman, Student Loan Debt Statistics In 2019: A $1.5 Trillion Crisis, *Forbes*, 25 February 2019. https://www.forbes.com/sites/zackfriedman/2019/02/25/student-loan-debt-statistics-2019/?sh=6c110432133f（2019 年 4 月 9 日閲覧）。

68. Tom Petruno, "Corporate Giants Awash in Cash as Economy Picks Up," *Los Angeles Times*, 24 March 2010. pp. A1, A8.

69. Klaus Schwab, *The Fourth Industrial Revolution* (Geneva: World Economic Forum 2016) p.38. シュワブは多くの者がすでに指摘していることを繰り返している。「米国の全雇用の約半分が自動化の危機にさらされ、以前資本主義下の産業・技術革命がもたらしたものよりもはるかに速い速度でより広範囲な職の破壊を引きおこすであろう」

70. Tracy Lien, "Serving Pizzas Made by Robot," *Los Angeles Times*, 6 June 2017. pp. C1, C5.

71. Dave Jamieson, The Life and Death of an Amazon Warehouse Temp, *Huffington Post*, 21 October 2015. https://highline.huffingtonpost.com/articles/en/life-and-death-amazon-temp/（2017 年 9 月 2 日閲覧）。Jim Edwards, Brutal Conditions In Amazon's Warehouses Threaten To Ruin The Company's Image, *Business Insider*, 5 August 2013. https://www.businessinsider.com/brutal-conditions-in-amazons-warehouses-2013-8（2017 年 9 月 2 日閲覧）。

72. Ford, *The Rise of the Robots*, p. 12 から引用。

73. Nick Srnicek, *Platform Capitalism* (Cambridge: Polity, 2017) p. 79.

74. Ford, *The Rise of the Robots*, p. 107.

75. Schwab, *The Fourth Industrial Revolution*, p. 38.

76. Adrian Chen, The Laborers Who Keep Dick Pics and Beheadings Out of Your Facebook

Feed, *Wired*, 23 October 2014. https://www.wired.com/2014/10/content-moderation/（2017 年 9 月 2 日閲覧）。

77. UNCTAD 報告によればデジタル自動化によって、インドネシアとフィリピンの全小売、サービス業雇用の 85%以上が失われる可能性があるという。UNCTAD, *Information Economy Report 2017* (Geneva: UNCTAD 2017) , p. 62.

78. UNCTAD, *Information Economy Report 2017* (Geneva: UNCTAD 2017), p. 62.

79. Ford, *The Rise of the Robots*, p. 62.

80. Geoffrey Mohan, "A New Generation of Farmworkers: Robots," *Los Angeles Times*, 25 July 2017, pp. A1, A10.

81. Christian Parenti, *Tropic of Chaos: Climate Change and the New Geography of Violence* (New York: Nation Books 2012) p. 47.

82. "World faces 'climate apartheid' risk, 120 more million in poverty: UN expert," *UN News*, 25 June 2019. https://news.un.org/en/story/2019/06/1041261（2019 年 6 月 26 日閲覧）。

83. Emmie Martin, "The government shutdown spotlights a bigger issue: 78% of US workers live paycheck to paycheck," *CNBC*, 9 January 2019. https://www.cnbc.com/2019/01/09/shutdown-highlights-that-4-in-5-us-workers-live-paycheck-to-paycheck.html（2019 年 6 月 26 日閲覧）。

84. Eurstat（EU 統計局）, "People at Risk of Poverty or Social Exclusion," January 2019. https://ec.europa.eu/eurostat/statistics-explained/index.php?title=Glossary:At_risk_of_poverty_or_social_exclusion_(AROPE)（2019 年 4 月 29 日閲覧）。

85. 飢餓と食料不安定に関しては国連食糧農業機構（FAO）報告参照。*The State of Food Security and Nutrition in the World 2019,* Rome. http://www.fao.org/3/ca5162en/ca5162en.pdf（2019年6月20日閲覧）。世界の土地収奪に関しては以下参照。Julie de los Reyes and Katie Sandwell, *Flex Crops: A Primer* (Amsterdam: Transnational Institute 2018) https://www.tni.org/en/publication/flex-crops-a-primer（2019 年 4 月 30 日閲覧）。Peter Phillips, *Giants: The Global Power Elite* (New York: Seven Stories Press 2018) pp. 3-32. Sassen, *Expulsion*, 第 2 章 "The New Global Market for Land"。これら三つの情報源から私は数千億ドル、5 億エーカーと見積もっている。土地収奪が土地を投機対象商品としている度合いは、TCC 投機家が買い漁ってきた全国土に対する割を示すデータによって把握できる。最もひどい事例としてフィリピン17.24%、リベリア 5.83%、インドネシア 3.75%、シエラレオーネ 6.88%などがある。世界の飢餓と貧困に関する情報は Phillips 前掲書の各章、UNDP, *Human Development Report* 2014: *Sustaining Human Progress: Reducing Vulnerabilities and Building Resilience,* http://hdr.undp.org/en/content/human-development-report-2014（2019 年 4 月 15 日閲覧）。

86. Alvin Y. So, *Class and Class Conflict in Post-Socialist China* (Singapore: World Scientific 2013) pp. 4-5.

87. Alvin Y. So, *Class and Class Conflict in Post-Socialist China*, p.vii.

88.「総力戦」がないといえども、20 世紀初頭の戦争による全犠牲者のうちほんの 10 ～ 20%が市民であったのに対して、第二次世界大戦でその割合は 50%となり、21 世紀に入ると 80 % にまではねあがった。Jeff Halper, *War Against the People: Israel, the*

Palestinians and Global Pacification (London: Pluto 2015) p. 21.

89. Mike Davis, *Planet of Slums*, p. 119.

90. Cedric G. Johnson, Who's Afraid of Left Populism?: Anti-Policing Struggles and the Frontiers of the American Left, *New Politics*, Vol. XVII, No. 2, Winter 2019 https://newpol.org/issue_post/whos-afraid-of-left-populism/（2019 年 5 月 7 日閲覧）。

91. Michael Quinn, "Silicon Valley Grows Up (Sort of)," *National Geographics*, February 2019,p. 125.

92. Stephen Graham, *Cities Under Siege: The New Military Urbanism* (London: Verso 2011) p. 96.

93. Radley Balko, *Rise of the Warrior Cop: The Militarization of America's Police Forces* (New York: Public Affairs 2013)

94. Halpe, *War against People*, p. 24 より引用。

95. Graham, *Cities Under Siege*, p. xxi.

96. Leigh Campoamor, "Lima Wall(s) of Shame," *NACLA Report on the Americas*, Vol.51 No.1, 2019, p. 30.

97. Sassen, *Expulsion*, p. 36.

98. Antonio Gramsci, *Selection From The Prison Notebooks* (New York: International Publishers 1971) p. 263.

99. Human Rights Watch, Global: 140 Countries Pass Counterterror Laws since 9/11, 29 June 2012 https://www.hrw.org/news/2012/06/29/global-140-countries-pass-counterterror-laws-9/11（2019 年 5 月 9 日閲覧）。

100. Zygmunt Bauman, *Globalization: The Human Consequences* (Cambridge: Polity Press, 1998) pp.111-112.

101. Mark Jay, Cages and Crises: A Marxist Analysis of Mass Incarceration, *Historical Materialism,* 27 (1), 2019. 引用は 17 ページ、また 3 分の 2 の数値は 1 ページ。

102. Mark Jay,Cages and Crises, p. 21.

103. "Denmark Plans Double Punishment for Ghetto Crime," *BBC News*, 27 February 2018. https://www.bbc.com/news/world-europe-43214596（2018 年 6 月 16 日閲覧）。

104. "Statement on Visit to the USA, by Professor Philip Alston, *United Nations Special Rapporteur on Extreme Poverty and Human Rights," Office of the High Commissioner*, 15 December 2017 https://www.ohchr.org/EN/NewsEvents/Pages/DisplayNews.aspx?NewsID=22533（2018 年 1 月 15 日閲覧）。

105. Caitlin Yoshiko Kandil, Anti-Homeless Laws Crop Up in Santa Ana, in Line with a Statewide Trend, *California Health Report*, 25 January 2018. https://www.calhealthreport.org/2018/01/25/anti-homeless-laws-crop-santa-ana-line-statewide-trend/s（2019 年 4 月 19 日閲覧）。

第３章　軍事的蓄積と抑圧による蓄積

1. Jeff Halper, *War Against the People: Israel, the Palestinians and Global Pacification* (London:

Pluto, 2015), p. 231.

2. The executive, Naemeka Achebe, was Shell's general manager in Nigeria, as cited in Daniel Faber, "The Unfair Trade-Off: Globalization and the Export of Ecological Hazards," in Leslie King and Deborah McCarthy (eds.), *Environmental Sociology: From Analysis to Action* (Lanham, MD: Rowman and Littlefield, 2009), p. 186.

3. Paul A. Baran and Paul M. Sweezy, *Monopoly Capitalism: An Essay on the American Economic and Social Order* (New York: Monthly Review Press, 1966), p. 213.〔P. バラン・P. スィージー『独占資本』小原敬士訳、岩波書店、1968 年〕

4. Dwight D. Eisenhower, "Farewell Address—January 17, 1961," retrieved on 19 April 2019 from the database of U.S. presidential speeches, "American History from Revolution to Reconstruction," at www.let.rug.nl/usa/ presidents/dwight-david-eisenhower/farewell-address-january-17-1961. php.

5. Van Le, "Private Prisons Are Making Millions By Helping to Deport Longtime Immigrant-Americans—And They're Positively Gleeful About it," *America's Voice*, 9 August 2017, accessed on October 26, 2017 at https:// americasvoice.org/blog/private-prisons-see-future-profits/

6. David S. Cloud and Noah Bierman, "Lobby Effort Ignited Space Force," *Los Angeles Times*, 19 August 2018, pp. A1, A14-15.

7. Joseph A. Schumpeter, *Capitalism, Socialism and Democracy* (New York: Harper and Row, 1943).〔J.A. シュムペーター『資本主義・社会主義・民主主義』新装版、中山伊知郎・東畑精一訳、東洋経済新報社、1995 年〕

8. 詳細と数字は、以下参照。William I. Robinson, "Global Capitalist Crisis and Trump's War Drive," *Truthout*, 19 April 2017, accessed on 14 April 2019 at www.truth-out.org/opinion/item/40266-globalcapitalist-crisis-and-trump-s-war-drive. 9.11 以後の米国の軍事支出拡大がいかに空前なものであるのかを控えめに言うのは難しい。2010 年に、防衛代替プロジェクト（The Project on Defense Alternatives）は次のように述べている。「専従の軍事要員数で区分すると、国防総省予算局は 1983 ～ 1998 年の 25 年間を通じて極めて安定している。その予算上昇は 1998 年に始まり、イラク戦争の開始とともに急拡大した。2007 ～ 2010 年期に、制服組一人当たり平均 45 万 9000 ドルであった。これはレーガン政権よりも 78%高く、1989 年より 95%高い。そして、ベトナム戦争期のインフレ調整済みピークのほぼ 3 倍である」。次のレポートを参照。"An Undisciplined Defense: Understanding the $2 Trillion Surge in US Defense Spending," Project on Defense Alternatives, 18 January 2010, p. 2.

9. 例えば、*Spies for Hire: The Secret World of Intelligence Outsourcing* (New York: Simon and Schuster, 2008)。ティム・ショロックは米国の 16 の諜報と秘密作戦機関の非公開予算を年間 6000 億ドルとしている。

10. CISION PR Newswire, "Global Homeland Security and Public Safety Market Report 2019—Market is Expected to Grow from $431 Billion in 2018 to $606 Billion in 2014," 6 February 2019, accessed on 2 May 2019 at www.prnewswire.com/news-releases/global-homeland-security--publicsafety-market-report-2019---market-is-expected-to-grow-from-431-billion-in-2018-to-606-billion-in-2024-

at-a-cagr-of-5-8-300790827. html.

11. P.W. Singer, *Corporate Warriors: The Rise of the Privatized Military Industry* (Ithaca, NY: Cornell University Press, 2003), p. 232.〔P.W. シンガー『戦争請負会社』山崎淳訳、NHK 出版、2004 年〕

12. 詳しくは、Robinson, "Global Capitalist Crisis and Trump's War Drive." 参照。

13. Tim O'Connor, "U.S. Has Spent Six Trillion Dollars on Wars that Killed Half a Million People Since 9/11, Report Says," *Newsweek*, 14 November 2018, accessed on 9 April 2019 at www.newsweek.com/us-spent-sixtrillion-wars-killed-half-million-1215588. The *Newsweek* article cites a report released by Brown University's Watson Institute for International Relations and Public Affairs.

14. Nafeez Ahmed, "Unworthy Victims: Western Wars Have Killed Four Million Muslims Since 1990," *Middle East Eye*, 8 April 2015, accessed on 22 April 2019 at https://www.middleeasteye.net/opinion/ unworthy-victims-western-wars-have-killed-four-million-muslims-1990.

15. David Vine, "Where in the World is the U.S. Military ?," *Politico Magazine*, July/August 2015, accessed on 3 February 2018 at www.politico.com/ magazine/story/2015/06/us-military-bases-around-the-world-119321.

16. 特に、第 3 章 "Beyond the Theory of Imperialism," in William I. Robinson, *Global Capitalism and the Crisis of Humanity* (New York: Cambridge University Press, 2014).
この論文の簡約版は、以下参照。Robinson, I*nto the Tempest: Essays on the New Global Capitalism* (Chicago, IL: Haymarket, 2018).

17. Robert D. Blackwill, "Defending Vital U.S. Interests: Policy Prescriptions for Trump," *Foreign Policy*, 25 January 2017, accessed on 17 April 2019 at https://foreignpolicy.com/2017/01/25/defending-vital-u-s-interestspolicy-prescriptions-for-trump/. ブラックウィルは米国大統領、ジョージ・W . ブッシュの国家安全保障問題担当大統領補佐官であったし、外交問題評議会の上級研究員として論文を書いていた。ペンタゴンのアナリストは、グローバル資本主義が妨害なく機能する条件を構築するため世界中で米軍の介入の役割を明確にしている。この点で最も明瞭な報告書の一つは Thomas P.M. Barnett, *The Pentagon's New Map: War and Peace in the Twenty-First Century* (Berkeley, CA: Berkeley Publishers, 2005). バーネットはアメリカ海軍戦争大学の戦略地政学者である。

18. Zi Yang, "Privatizing China's Defense Industry," The Diplomat, 7 June 2017, accessed on 17 April 2019 at https://thediplomat.com/2017/06/ privatizing-chinas-defense-industry/.

19. 詳細は、Peter Phillips, *Giants: The Global Power Elite* (New York: Seven Stories Press, 2018), Chapters 2 and 5. 参照。〔ピーター・M・フィリップス『巨大企業 17 社とグローバル・パワー・エリート：資本主義最強の 389 人のリスト』田中恵理香訳、パンローリング株式会社、2020 年〕

20. Phillips, *Giants: The Global Power Elite*, p. 228.

21. Madeline K. Albright and Stephen J. Hadley, "Middle East Strategy Task Force: Final Report of the Co-Chairs" (New York: Atlantic Council, 2016), p. 5. 本報告書は 2020 ～ 2025 年に向

けて、海外兵力と都市作戦の訓練部隊、部隊集結地域、対ドローン・システムの配置を勧めていた。この報告書は、2014年とそれ以降に向けて、軍隊およびPMFを通じて独立した小規模で機動的な戦闘企業を、同様に、仮想現実、戦場ロボット工学、人工知能による訓練を施されている企業を要求していた。

22. This estimate is from Neta C. Crawford, "The Iraq War: Ten Years in Ten Numbers," *Foreign Policy*, 20 March 2013, accessed on 23 April 2019 at https:// foreignpolicy.com/2013/03/20/the-iraq-war-ten-years-in-ten-numbers/.

23. Frank Slijper, "Guns, Debt and Corruption: Military Spending and the EU Crisis," Transnational Institute (Amsterdam), April 2013, p. 2, accessed on 24 April 2019 at www.tni.org/files/download/eu_milspending_crisis.pdf.

24. Andrew Rettman, "EU Figures Show Crisis-Busting Arms Sales to Greece," *EU Observer*, 7 March 2012, accessed on 14 April 2019 at https://euobserver. com/foreign/115513.

25. "What Percentage of the Global Economy Consists of the Oil and Gas Drilling Sector?," Investopedia, 20 September 2018, accessed on 20 June 2019 at www.investopedia.com/ask/answers/030915/what-percentage-globaleconomy-comprised-oil-gas-drilling-sector.asp.

26. 例えば、私が説明してきたように、近年、石油は米国にとってどれほど決定的であったか、グローバル警察国家にいかに統合されているのか、この点を考えよ。

27. Javier E. David, "US-Saudi Arabia Seal Weapons Deal Worth Nearly $110 Billion Immediately, $350 Billion Over 10 Years," *CNBC*, 22 May 2017, accessed on 14 April 2018 at www.cnbc.com/2017/05/20/us-saudi-arabiaseal-weapons-deal-worth-nearly-110-billion-as-trump-begins-visit.html.

28. すべてのデータは、以下参照。Aude Fleurant, Alexandra Kuimova, Nan Tian, Pieter D. Wezeman, and Seimon T. Wezeman, "The SIPRI Top 100 Arms-Producing and Military Services Companies," 2017 annual report of the Stockholm International Peace Research Institute (SIPRI), p. 1 and compiled from pp. 2-5, Table 1, accessed on 3 February 2018 at www.sipri.org/sites/default/ files/2017-12/fs_arms_industry_2016.pdf. 注意すべきは、これらの100企業のうち26企業の所得に関する情報は利用できない。したがって、実際の数字はより高いし、実質的にもより高いであろう。途上国の武器購入に対する半兆ドルという数字はHalper, *War Against the People*, p. 193. より引用。

29. Jeremy Scahill, *Blackwater: The Rise of the World's Most Powerful Mercenary Army* (New York: Nation Books, 2007). ブラックウォーターは、後に名前をアカデミ（Academi）に変更。〔ジェレミー・スケイヒル『ブラックウォーター：世界最強の傭兵企業』益岡賢、塩山花子訳、作品社、2014年〕

30. Leo Shane III, "Contractors Outnumber U.S. Troops in Afghanistan 3-to-1," *Military Times*, 17 August 2016, accessed on 10 April 2019 at www. militarytimes.com/2016/08/17/report-contractors-outnumber-u-s-troopsin-afghanistan-3-to-1/. イラクでは、18万人の民間軍隊と関連サービス請負会社への低価格見積り［なぜなら、軍事施設を守るために駐留する民間軍事請負会社が含まれていなかった］は、米国の戦闘部隊数を超えていた。この部隊は、2007年に16万兵士

を数えた。T. Christian Miller, "Contractors Outnumber Troops in Iraq," *Los Angeles Times*, 4 July 2007, accessed on 10 April 2019 at www.latimes.com/archives/ la-xpm-2007-jul-04-na-private4-story.html.

31. Mark Landler, Eric Schmitt, and Michael R. Gordon, "Trump Aides Recruited Businessmen to Devise Options for Afghanistan," *New York Times*, 10 July 2017, accessed on 18 April 2019 at www.nytimes. com/2017/07/10/world/asia/trump-afghanistan-policy-erik-princestephen-feinberg.html?module=inline.

32. Singer, *Corporate Warriors*.

33. Singer, *Corporate Warriors*, p. 9.

34. Singer, *Corporate Warriors*, p. 18.

35. Singer, *Corporate Warriors*, pp. 15-16.

36. Moshe Schwartz and Joyprada Swain, "Department of Defense Contractors in Afghanistan and Iraq: Background and Analysis," Congressional Research Service, 13 May 2011, accessed on 10 April 2019 at www.fas.org/sgp/crs/ natsec/R40764.pdf.

37. Shawn Engbrecht, *America's Covert Warriors: Inside the World of Private Military Contractors* (Washington, DC: Potomac Books, 2011), p. 18.

38. Gareth Porter, "America's Permanent-War Complex," *The American Conservative*, 15 November 2018, accessed on 7 May 2019 at www.the americanconservative.com/articles/americas-permanent-war-complex/

39. William Langewiesche, "The Chaos Company," *Vanity Fair*, 18 March 2014, accessed on 10 April 2019 at www. vanityfair.com/news/ business/2014/04/g4s-global-security-company. P.W. Singer, *Corporate Warriors: The Rise of the Privatized Military Industry* (Ithaca, NY: Cornell University Press, 2007).

40. Phillips, *Giants*, p. 260.

41. フィリップスは、これらの結びつきをかなり長く記録している。*Giants*、第 5 章 pp. 228-239. 参照。

42. Porter, "America's Permanent-War Complex" で引用されているように、ペンタゴンと武器請負企業との間のお馴染みの「回転ドア」は、2001 年の攻撃の結果、加速した。ペンタゴンを去った三つ星と四つ星の将軍たちは軍事請負企業の顧問や幹部の仕事を得たが、その割合は 1993 年の 45%から 2005 年までには 80%に増加した。

43. 詳細は、Shorrock, *Spies for Hire*, pp. 12-14, 23. 参照。

44. 詳細は、Tim Shorrock, "5 Corporations Now Dominate Our Privatized Intelligence Industry," *The Nation*, 8 September 2016, accessed on 24 April 2019 at www.thenation.com/article/fivecorporations-now-dominate-our-privatized-intelligence-industry/. 参照。

45. Singer, *Corporate Warriors*, p. 69.

46. IBT Staff Reporter, "The Largest Company You've Never Heard Of: G4S and the London Olympics," *International Business Times*, 8 June 2012, accessed on 17 April 2019 at www.ibtimes.com/largest-company-youvenever-heard-g4s-london-olympics-739232.

47. Niall McCarthy, "Private Security Outnumbers the Police in Most Countries Worldwide," *Forbes*, 31 August 2017, accessed on 10 April 2019 at www. forbes.com/sites/niallmccarthy/2017/08/31/private-security-outnumbers-thepolice-in-most-countries-worldwide-infographic/#46a7d34a210f.

48. "People in Detroit are Hiring Paramilitary Guards Because They've Lost Faith in the Government," *Vice News*, 2 May 2019, accessed on 3 May 2019 at https://news.vice.com/en_ca/article/43jw33/people-in-detroit-are-hiringparamilitary-guards-because-theyve-lost-faith-in-government.

49. 詳細は、とりわけ Graham, Cities Under Siege; Halper, *War Against the People*. 参照。

50. 「フルスペクトルの優位性」原理の台頭は、特に F. William Engdahl, *Full Spectrum Dominance: Totalitarian Democracy in the New World Order* (Boxboro, MA: Third Millennium Press, 2009) で議論されている。

51. National Immigration Project, Immigrant Defense Project, and Mijente による報告書 , "Who's Behind ICE? The Tech and Data Companies Fueling Deportations," October 2018, p. 58, accessed on 22 April 2019 at www. nationalimmigrationproject.org/PDFs/community/2018_23Oct_whosbehind-ice.pdf.

52. Yasar Levine, *Surveillance Valley: The Secret Military History of the Internet* (New York: Public Affairs, 2018).

53. 1960 年代、ラディカル派は、コンピュータの発達とインターネットを含む初期の情報テクノロジーを、監視と社会的統制に関わる 162 企業の道具として、軍部とグローバル警察国家をいかに見ていたのか、この点をレバインは注目している。この産業は、「1980 年代と 1990 年代を通じて、[解放の道具としての企業および軍部支配のコンピュータ・情報テクノロジー] の神話を作り出すであろう。それは 1960 年代の刺激的な対抗文化という言葉に粉飾されて、コンピュータやネットワーク・テクノロジーの軍事的起源をわかりにくくしている。この企業イメージを変える世界において、コンピュータは新しいコミューンであった。すなわち、デジタル・フロンティアであった」それはより良い世界と個人のエンパワーメントの創設の先触れを示すであろう（Levine, p. 113）。レバインは、雑誌 *Wired* によって行われたこのプロパガンダ・キャンペーンの重要な役割をも確認している。それは *Forbes* と *Fortune* が TCC 全体に果たしているのと同じ、台頭するテック部門の企業の道具であった。「雑誌のページで推進されているテクノロジー英雄たちの中に右翼政治家、専門家、テレコムの大物、企業ロビイストがいた。彼らはワシントンの周りを旋回し、民営化した企業支配のインターネットと通信インフラにむけての興奮を駆り立て、強く要求した」（Levine, p. 135）。

54. Levine, *Surveillance Valley*, p. 5.

55. Levine, *Surveillance Valley*, pp. 171-172.

56. 1986 年に世界の情報のわずか 1% がデジタル化されていたに過ぎない。2000 年には、それは 25%になった。ズボフが注目しているが、2012 年までに「デジタル化とデータ化の発展（コンピュータとアルゴリズムが生のデータを加工・分析できるソフトウェアの適用）は、新しい安価なストレージ技術をもち、世界の情報の 98%をデジタル形式に変えてきた」Shoshona Zuboff, *The Age of Surveillance Capitalism: The Fight for a Human Future at*

the New Frontier of Power (New York: Public Affairs, 2019), pp. 187-188.

57. Zuboff, *The Age of Surveillance Capitalism*, pp. 53. ズボフの自由主義的分析は根本的な欠陥を被っている。彼女は、資本主義の発展において先例のないものとして「監視資本主義」を見て何かに気づいている。しかし、監視が「民主的資本主義」と「市場民主制」という幸福な時代を浸食してきた幻想に、彼女は逆戻りしている。彼女は「未加工の監視資本主義」に激しく反対している。なぜなら、それは「資本主義そのものへの脅威」であると考えているからである (p. 194)。この話にある監視資本主義は、初期の時代「民主的資本主義」を掘り崩してきた、ならず者の形態に過ぎない。

58. Andrea Peterson, "Former NSA and CIA Director Says Terrorists Love Using Gmail," *Washington Post*, 15 September 2013, accessed on 18 May 2019 at www.washingtonpost.com/news/the-switch/wp/2013/09/15/ former-nsa-and-cia-director-says-terrorists-love-using-gmail/?utm_term=.e10fe2c6374b.

59. Levine, *Surveillance Valley*, pp. 178, 180.

60. Eugene Kim, "Amazon CEO Jeff Bezos Joins a Group led by ex-Google CEO Eric Schmidt to Advise the Pentagon," *Business Insider,* 1 August 2016, accessed on 27 April 2019 at www.businessinsider.com/amazonceo-jeff-bezos-joins-pentagon-defense-advisory-board-2016-8.

61. Frank Konkel, "The Details About the CIA's Deal with Amazon," *The Atlantic*, 17 July 2014, accessed on 27 April 2019 at www.theatlantic.com/notes 163 technology/archive/2014/07/the-details-about-the-cias-deal-withamazon/374632/.

62. Levine, *Surveillance Valley*, p. 189.

63. Lee Artz, *Global Entertainment Media: A Critical Introduction* (Chichester, UK: Wiley Blackwell, 2015), p. 71.「メディア独占」のフレーズは、メディア研究者ベン・バグディキアンの古典的研究、『メディア独占』(New York: Beacon, 2000, updated edition) によって人気を得た。グローバルな企業合併は、一握りのグローバルなメディア巨人を導き、それは急速に生じるのでグローバルな寡占研究は恒常的な改訂を必要とする。

64. Peter Dreier and Daniel Flaming, "Disneyland's Workers Aren't Paid a Living Wage," *Los Angeles Times*, 1 March 2018, p. A13.

65. この段落の詳細は、Phillips, *Giants*, pp. 266-272 参照。

66. Phillips, *Giants*, p. 263.

67. Phillips, *Giants*, p. 264. フィリップスは主要なグローバル広報企業、それ自体グローバル企業の巨人であるが、これについての詳細を提供している。それは銀行やメディア企業などと完全にクロスインベスト状況にあり、大規模な統合型グローバル資本のもう一つの部門に過ぎないと思われる（pp. 273-300、参照）。

68. Tom Secker and Matthew Alford, "Documents Expose How Hollywood Promotes War on Behalf of the Pentagon, CIA and NSA," *GlobalResearch*, 4 July 2017, accessed on 5 February 2018 at www.globalresearch.ca/ documents-expose-how-hollywood-promotes-war-on-behalf-of-thepentagon-cia-and-nsa/5597891.

69. Ford, *The Rise of the Robots*, p. 93.

70. この点についての私への指摘は、Steve Miller and Rosemary Lee, "Criminalization—A Fascist Tool to Reorganize Society," May 2017, unpublished commentary provided to the authors.

71. Dawn Paley, *Drug War Capitalism* (Oakland, CA: AK Press, 2014), p. 125.

72. Roy Walmsley, "World Prison Population List," 12th edition, Institute for Criminal Policy Research, 2018, accessed on 29 April 2019 at www. prisonstudies.org/sites/default/files/resources/downloads/wppl_12.pdf.

73. Ruth Wilson Gilmore, *Golden Gulag: Prisons, Surplus, Crisis, and Opposition in Globalizing California* (Berkeley, University of California Press, 2007).

74. Wendy Sawyer and Peter Wagner, "Mass Incarceration: The Whole Pie 2019," Prison Policy Initiative, 19 March 2019, accessed on 29 April 2019 at www.prisonpolicy.org/reports/pie2019.html. 900 % の 数 字 は Mark Jay, "Cages and Crises: A Marxist Analysis of Mass Incarceration," *Historical Materialism,* 27(2019): 1-43, see p. 1.

75. Sawyer and Wagner, "Mass Incarceration: The Whole Pie 2019."

76. 詳細は以下参照。Cody Mason, "International Growth Trends in Prison Privatization," The Sentencing Project, August 2013, accessed on 29 April 2019 at https://sentencingproject.org/wp-content/uploads/2015/12/ International-Growth-Trends-in-Prison-Privatization.pdf; Saskia Sassen, *Expulsions: Brutality and Complexity in the Global Economy* (Cambridge, MA: Harvard University Press, 2014), pp. 68-69.〔サスキア・サッセン『グローバル資本主義と「放逐」の論理』伊藤茂訳、明石書店、2017 年〕

77. Samantha Michaels, "Leaked Memo Reveals Trump's Gift to Private Prison Companies," *Mother Jones*, 30 January 2018, accessed on 19 April 2019 at www.motherjones.com/crime-justice/2018/01/leaked-memo-revealstrumps-gift-to-private-prison-companies/.

78. 詳細は以下参照。The Sentencing Project, "Private Prisons in the United States," 2 August 2018, accessed on 29 April 2019 at www.sentencingproject. org/publications/private-prisons-united-states/.

79. 米国における企業と企業融資財団と国家機関がいかに大量投獄に反対する運動を取り込もうとしているのか、これについて重要な議論は以下参照。William I. Robinson and Oscar Fabian Soto, "Passive Revolution and the Movement Against Mass Incarceration: From Prison Abolition to Redemption Script," *Social Justice Blog*, 9 May 2019, accessed on 19 December 2019 at www.socialjusticejournal. org/from-prison-abolition-to-redemption-script/.

80. James Kilgore, "Electronic Monitors: How Companies Dream of Locking Us in Our Homes," In These Times, 23 April 2018, accessed on 29 April 2019 at http://inthesetimes.com/article/21084/electronic-monitors-GEOGroup_CoreCivic-mass-incarceration-prisons-jails. Geo Group は、特に有利な立場にあった。2011 年、グローバルな監獄コングロマリットは、電子モニター装置の最大の供給企業の一つ BI（ビジネス・インテリジェンス）企業を購入した。

81. Carl Takei, "From Mass Incarceration to Mass Control, and Back Again: How Bipartisan Criminal Justice Reform May Lead to a For-Profit Nightmare," *University of Pennsylvania Journal of Law and Social Change*, 20(2) (2017): 125-183, accessed 19 December 2019 at

https://scholarship. law.upenn.edu/jlasc/vol20/iss2/3. に引用。

82. 詳細は以下を参照。Christoph Scherrer and Anil Shah, "The Return of Commercial Prison Labor," *Monthly Review Online*, 18 April 2017, accessed on 22 April 2019 at https://mronline.org/2017/04/18/the-returnof-commercial-prison-labor/.

83. Linda Evans and Eve Goldberg, *The Prison-Industrial Complex and the Global Economy* (San Francisco, CA: PM Press, 2012), p. 13.

84. American Civil Liberties Union, "In For a Penny: The Rise of America's New Debtors' Prison," October 2010, accessed on 19 April 2019 at www. aclu.org/sites/default/files/field_document/InForAPenny_web.pdf.

85. American Civil Liberties Union (ACLU), "A Pound of Flesh: The Criminalization of Private Debt," 2018. I accessed the full report on 12 April 2019, available here: www.aclu.org/sites/default/files/field_document/ 022318-debtreport_0.pdf. A summary is available here: www.aclu.org/ issues/smart-justice/mass-incarceration/criminalization-private-debt.

86. Kayla James, "How the Bail Bond Industry Became a $2 Billion Business," *Global Citizen*, 31 January 2019, accessed on 19 April 2019 at www. globalcitizen.org/en/content/bail-bond-industry-2-billion-poverty/.

87. 例えば、Jazmine Ulloa, 20 November 2018, "Bail Bond Industry Moves to Block Sweeping California Law," Los Angeles Times, online edition, accessed on 19 April 2019 at www.latimes.com/politics/la-pol-ca-bail-referendumsignatures-20181120-story.html.

88. "$elling Off Our Freedom: How Insurance Corporations Have Taken Over Our Bail System," American Civil Liberties Union, May 2017, pp. 3, 6, accessed on 19 April 2019 at www.aclu.org/sites/default/files/field_ document/059_bail_report_2_1.pdf.

89. この節はかなりの部分以下の文献から引用。Robinson, *Into the Tempest*, Chapter 6, "Global Capitalism, Migrant Labor, and the Struggle for Social Justice."

90. International Labor Organization (ILO), data posted at ILO web page and accessed 19 December 2019: www.ilo.org/global/topics/labour-migration/ lang--en/index.htm.

91. 以下の文献を参照。"Figures at a Glance" at the website for the United Nations High Commission on Refugees (UNHCR) from the 2017 report, accessed on 19 April 2019 at www.unhcr.org/ph/figures-at-a-glance. 世界規模での移民と難民に関するこれらの多様な数字は、せいぜい暫定的である。なぜなら報告機関と方法論に従属して変化がある。この点が強調されなければならない。(例えば、UNHCRによって計算された難民が、どのぐらいILOによって労働者として計算されているのか)

92. 例えば、以下参照。Kam Wing Chan, "China: Internal Migration," in Immanuel Ness and Peter Bellwood (eds.), *The Encyclopedia of Global Human Migration* (Hoboken, NJ: Wiley-Blackwell, 2013).

93. Graham, *Cities Under Siege*, p. 132.

94. 以下の文献に引用されている。Reece Jones, "From Violent Borders: Refugees and the Right to Move," *NACLA Report on the Americas*, 51(1), 2019: 37.

95. Michelle Chen, "The US Border Security Industry Could be Worth $740 Billion by 2023," *Truthout*, 6 October 2019, accessed on 10 October 2019 at https://truthout.org/articles/the-us-border-security-industry-could-beworth-740-billion-by-2023/.

96. Chen, "The US Border Security Industry Could be Worth $740 Billion by 2023." 同じく、以下の文献も参照。Todd Miller, "More Than a Wall: Corporate Profiteering and the Militarization of US Borders," *Transnational Institute*, 16 September 2019, accessed on 10 October 2019 at www.tni.org/en/morethanawall.

97. Esther Yu Shi Lee, "Private Prison CEO's 'Pleased' Their Earnings Soared from Keeping Immigrant Kids in Detention," *ThinkProgress*, 10 May 2016, accessed on 5 February 2018 at https://thinkprogress.org/private-prisonceos-pleased-their-earnings-soared-from-keeping-immigrant-kids-indetention-2425dc11532/.

98. Van Le, "Private Prisons Are Making Millions By Helping to Deport Longtime Immigrant-Americans—And They're Positively Gleeful About it," *America's Voice*, 9 August 2017, accessed on October 26, 2017 at https:// americasvoice.org/blog/private-prisons-see-future-profits/.

99. *The Economist*, "Profiting from the Wall," 25 March 2017, p. 59.

100. 詳細は、とりわけ以下の文献参照。Joseph Nevins, *Operation Gatekeeper: The Rise of the "Illegal Alien" and the Making of the U.S.-Mexico Boundary* (New York: Routledge, 2002).

101. American Civil Liberties Union, "The Constitution in the 100-Mile Border Zone," undated post on ACLU webpage, accessed on 19 April 2019 at www. aclu.org/other/constitution-100-mile-border-zone.

102. Juan Manuel Sandoval Palacios, "U.S.-Mexico Border States the U.S. Military-Industrial Complex," *Regions and Cohesion*, 7(1), Spring 2017: 87-121, p. 93. より引用。同じく彼のより詳細なスペイン語版研究を参照。*La Frontera Mexico Estados Unidos* (Mexico City: National Institute of Anthropology and History, 2017).

103. ALECと反移民立法、移民との戦争における企業の既得権益に関する簡潔ですぐれたドキュメンタリーについては "Immigrants for Sale," accessed on 14 July 2017 at www.youtube.com/watch?v=vuGE1 VxVsYo (viewed on 1 January 2013). The documentary was produced by Brave New Foundation (www.bravenewfoundation.org/). See also www. mycuentame.org/immigrantsforsale.

104. 詳細は以下の文献参照。28 October 2010 report by National Public Radio (NPR), and reported at the NPR website, accessed on 14 July 2017, www. npr.org/2010/10/28/130833741/prison-economics-help-drive-arizimmigration-law. Also see Ian Gordon, "The Immigration Hardliner Family Tree," *Mother Jones*, April 2012, accessed on 19 April 2019 at www. motherjones.com/politics/2012/03/john-tanton-anti-immigration-laws.

105. Ian Gordon, "The Immigration Hardliner Family Tree," *Mother Jones*, April 2012, accessed on 19 April 2019 at www.motherjones.com/ politics/2012/03/john-tanton-anti-immigration-laws.

106. とりわけ、以下参照、"Immigrant Detention Map and Statistics," *CIVIC*, accessed on 6 October 2017 at www.endisolation.org/resources/immigrationdetention/.

107. Michelle Alexander, *The New Jim Crow* (New York: The New Press, 2012), p. 231.

108. Alene Tchekmedyian, "Prison Firm Sued by Immigrants," *Los Angeles Times*, 5 March 2017, p. A20.

109. 詳細は、Aviva Shen, "The Corporation that Deports Immigrants Has a Major Stake in Trump's Presidency," *ThinkProgress*, 1 December 2016, accessed on 22 April 2019 at https://thinkprogress.org/ trump-immigration-corporations-3ff5a3de7af/.

110. Report by National Immigration Project, Immigrant Defense Project, and Mijente, "Who's Behind ICE? The Tech and Data Companies Fueling Deportations," October 2018, p. 1, accessed on 22 April 2019 at www. nationalimmigrationproject.org/PDFs/community/2018_23Oct_whosbehind-ice.pdf.

111. Chen, "The US Border Security Industry Could be Worth $740 Billion by 2023."

112. Mark Akkerman, "Border Wars: The Arms Dealers Profiting from Europe's Refugee Tragedy" (Amsterdam: Transnational Institute, 2016), accessed on 23 April 2019 at www.tni.org/files/publication-downloads/border-warsreport-web1207.pdf. この二つの段落の情報はすべて the Executive Summary, pp. 1-2 の注釈 167 を利用し、2019 年 4 月為替レートによりユーロをドルに換算した。だが、このレートは常に揺れているので、数字の算定は変化している。

113. *San Jose Mercury News* のジャーナリスト Gary Webb による調査報道がこのニュースを最初に報道した。後に、2014 年のオリバー・ストーンの映画、Kill the Messenger で記録された。以下参照。Gary Webb and Maxine Waters, *Dark Alliance* (New York: Seven Stories Press, 2014, reprint edition). Peter Dale Scott, Cocaine Politics: *Drugs, Armies, and the CIA in Central America* (Berkeley: University of California Press, 1998).

114. Alexander, *The New Jim Crow.* しかしながら、アレクサンダーの分析はかなり台無しになっている。彼女は明らかに、大量投獄の台頭の分析において、政治経済や階級、資本主義の広範な問題との結びつきを拒否している。そして、全囚人のほぼ半数を占め、ブラックやラティーノの囚人と同じ社会経済的、階級諸条件を共有している白人囚人を、人種的な政治の「巻き添えの被害」として書き飛ばしている。Jay による批判、"Cages and Crises." 参照。

115. 特に以下参照。Michael Woodiwiss, *Gangster Capitalism: The United States and the Globalization of Organized Crime* (New York: Basic Books, 2005).

116. John Gilber, *To Die In Mexico* (San Francisco, CA: City Lights, 2011).

117. Holly Ellyatt, "Global Drugs Trade 'As Strong as Ever' as Fight Fails," *CNBC*, 13 August 2013, accessed on 10 October 2019 at www.cnbc.com/ id/100957882. より詳細なデータと議論は、以下参照。the World Drug Report issued annually by the United Nations Office of Drugs and Crime (UNODC), home page here: https://wdr.unodc.org/wdr2019/index.html.

118. もちろん、暴力的なギャングとドラッグの違法取引、降りかかる社会的暴力の拡大は、危機の割合の問題である。ここでの論点は、これらの諸問題がそれ自体、資本主義的グローバル化の結果であり、この問題自体が利益を生み出す主要な源泉であることにある。

119. 米国におけるドラッグ戦争に関する多くの仕事の中で以下参照。Paley, *Drug War Capitalism*; William Aviles, *The Drug Wars in Latin America* (New York: Routledge, 2018); Jasmin Hristov, *Paramilitarism & Neoliberalism* (London: Pluto, 2014); Gilber, *To Die In Mexico*.

120. Paley, *Drug War Capitalism,* p.16.

121. Paley, *Drug War Capitalism,* p.76.

122. 特に、William I. Robinson, *Global Capitalism and Latin America* (Baltimore, MD: Johns Hopkins University Press, 2008).

123. Christy Thornton, "Ending U.S. Support for Mexican Repression Starts at Home," *NACLA Report on the Americas*, 18(4), 2016: 322-323.

124. Jorge Beinstein, "Las Nuevas Dictaduras Latinoamericanas," *Agencia Latinoamericana de Informacion*,16 March 2018, accessed on 9 April 2018 at www.alainet.org/fr/node/191654.

125. 特に、Charles Hale, Pamela Calla, and Leith Mullings, "Race Matters in Dangerous Times," *NACLA Report on the Americas*, 49(1): 81-89.

126. Andrea Germanos, "US Special Ops Training in Latin America Tripled, Docs Reveal," *Common Dreams*, 31 August 2016, accessed on 14 April 2014 at www.commondreams.org/news/2016/08/31/us-special-ops-training-latinamerica-tripled-docs-reveal.

127. Sarah Kinosian and James Bosworth, "Security for Sale: Challenges and Good Practices in Regulating Private Military and Security Companies in Latin America," report by the Inter-American Dialogue (Washington, DC), March 2018, accessed on 10 April 2019 at www.thedialogue.org/wp-content/ uploads/2018/03/Security-for-Sale-FINAL-ENGLISH.pdf. The 16,000 figure is on p. 3, the "interwoven" quote from p. 2, the Brazil figures from p. 5.

128. Brett J. Kyle and Andrew G. Reiter, "A New Dawn for Latin American Militaries," *NACLA Report on the Americas*, 51(1), 2019: 19.

129. 例えば、中米に関しては William I. Robinson, "The Second Implosion of Central America," *NACLA* blog, 28 January 2019, accessed on 30 April 2019 at https://nacla.org/news/2019/01/28/second-implosion-centralamerica.

130. Kyle and Reiter, "A New Dawn for Latin American Militaries," p. 26.

131. Kinosian and Bosworth, "Security for Sale," pp. 10-11.

132. Halper, *War Against the People*, p. 69.

133. Max M. Mutschler and Marius Bales, "Global Militarization Index 2018," Bonn International Center for Conversion, 2018 annual report, pp. 14, accessed on 2 May 2019 at www.bicc.de/uploads/tx_bicctools/BICC_ GMI_2018_e.pdf. イスラエルは年間の軍事支出は 150 億ドルで、この国の GDP の 6.5 ～ 8.5%である。米国のその割合は約 4.3%である（Halper, *War Against the People*, p. 37）。

134. Halper, *War Against the People* は、イスラエルの武器輸出と軍事アドバイザー、対反乱作戦の基本原則と戦術に関する書誌目録を提供し（pp. 43-44）、この研究蓄積を要約している。

135. 詳細は、Halper, *War Against the People*, pp. 65, 92.

136. Halper, *War Against the People*, p. 4.

137. Halper, *War Against the People*, p. 143.

138. Halper, *War Against the People* の各節を参照。

139. Dennis J. Blasko, "Chinese Special Operations Forces: Not Like 'Back at Braff '," *War on the Rocks*, 1 January 2015, accessed on 18 April 2019 at https://warontherocks.com/2015/01/chinese-special-operations-forcesnot-like-back-at-bragg/.

140. Alvin So, *Class and Class Conflict in Post-Socialist China* (Singapore: World Scientific Printers, 2013), p. 3.

141. Frank Hersey, "China to Have 626 Million Surveillance Cameras Within 3 Years," *Technode*, 22 November 2017, accessed on 4 May 2019 at https:// technode.com/2017/11/22/china-to-have-626-million-surveillancecameras-within-3-years/. この論文によると、中国の顔認識と歩行認識の市場は、世界でも最速に発展しているプログラムである。この市場は 2017 年に 64 億ドルであり、2012 年までに 12%以上の成長率が期待されている。一方、米国での市場は 2.9%の成長率である。

142. 以下参照。Stephen Chen, "China to Build Facial Recognition Database to Identify Any Citizen Within Seconds," *South China Morning Post*, 12 October 2017, accessed on 4 May 2019 at www.scmp.com/news/china/society/notes 169 article/2115094/china-build-giant-facial-recognition-database-identifyany; Hersey, "China to Have 626 Million Surveillance Cameras Within 3 Years."

143. Hersey, "China to Have 626 Million Surveillance Cameras Within 3 Years."

144. Hersey, "China to Have 626 Million Surveillance Cameras Within 3 Years."

145. Ana Swanson and Edward Wong, "Trump Administration Could Blacklist China's Hikvision, a Surveillance Firm," *New York Times*, 21 May 2019, accessed on 22 May 2019 at www.nytimes.com/2019/05/21/us/politics/ hikvision-trump.html.

146. 詳細は以下参照。Alexandra Ma, "China is Building a Vast Civilian Surveillance Network," Business Insider, 29 April 2018, accessed on 4 May 2019 at www.businessinsider.com.au/how-china-is-watching-its-citizensin-a-modern-surveillance-state-2018-4; Anna Mitchell and Larry Diamond, "China's Surveillance State Should Scare Everyone," *The Atlantic*, 2 February 2018, accessed on 4 May 2019 at www.theatlantic.com/ international/archive/2018/02/china-surveillance/552203/; Eamon Barret, "In China, Facial Recognition Tech is Watching You," *Fortune*, 28 October 2018, accessed on 4 May 2019 at http://fortune.com/2018/10/28/ in-china-facial-recognition-tech-is-watching-you/.

147. Alexandra Stevenson and Chris Buckley, "Blackwater Founder's New Company Strikes a Deal in China. He says He Had No Idea," *New York Times*, 1 February 2019, accessed on 18 April 2019 at www.nytimes. com/2019/02/01/business/erik-prince-xinjiang-china-fsg-blackwater.html.

148. *The Intercept* は対反乱作戦を明らかにしている。以下、参照。Alleen Brown, Will Parrish, and Alice Speri, "Leaked Documents Reveal Counterterrorism Tactics Used at Standing Rock to 'Defeat Pipeline Insurgencies'," The Intercept, 27 May 2017.

149. Zoe Carpenter and Tracie Williams, "Since Standing Rock, 56 Bills Have Been Introduced

in 30 States to Restrict Protests," *The Nation*, 16 February 2018, accessed on 30 April 2019 at www.thenation.com/article/ photos-since-standing-rock-56-bills-have-been-introduced-in-30-statesto-restrict-protests/.

150. See, inter alia, Graham, *Cities Under Siege*.

151. Henry Wilkinson, "Political Violence Contagion: A Framework for Understanding the Emergence and Spread of Civil Unrest," *Lloyd's Emerging Risk Report*, 2016, accessed on 18 May 2019 at www.lloyds.com/~/media/ files/news%20and%20insight/risk%20insight/2016/political%20violence%20contagion.pdf. ウィルキンソンは本レポートを準備するためロイズによって委任された。彼は民間コンサルティング企業、リスク・アドバイザリー・グループの取締役である。

152. この段落の詳細は以下の文献で論じられている。The details in this paragraph are discussed by Nafeez Ahmed, "Defence Industry Poised for Billion Dollar Profits from Global Riot 'Contagion'," *Insurgent Intelligence*, 6 May 2016, accessed on 18 May 2019 at https://medium.com/insurge-intelligence/defence-industry-poised-for-billiondollar-profits-from-global-riot-conta

第4章　未来をめぐる闘争

1. Eric Hobsbawm, *The Age of Extremes* (New York: Vintage Books, 1996), pp. 584-585.〔エリック・ホブズボーム『20世紀の歴史』下、大井由紀訳、ちくま学芸文庫、2018年〕

2. グローバル資本主義の全体主義的本質に関する私自身の著書の他に、この特徴に関する議論は以下のものに見ることができる。George Liodakis, *Totalitarian Capitalism and Beyond* (Burlington, VT: Ashgate, 2010); Sheldon S. Wolin, *Democracy Inc.: Managed Democracy and the Specter of Inverted Totalitarianism* (Princeton, NJ: Princeton University Press, 2008).

3. Antonio Gramsci, *Selections from the Prison Notebooks* (New York: International Publishers, 1973), pp. 275-276.

4. 例えば、「ファシズムは復活しているか」という問いに対する、私を含む14名の、学者、研究者、政治思想家、活動家の回答を参照されたい。*State of Nature: Conversations on Social and Political Theory*（「社会理論および政治理論の優れた思想家へのインタビューに特化したブログ」）, 3 December 2017, https://stateofnatureblog.com/one-question-fascism-part-one/ (2018年3月20日アクセス)。

5. 2008年以来、私は21世紀型ファシズムの企ての台頭について書いており、分析の多くは以下のものに要約されている。William I. Robinson, "Global Capitalist Crisis and Twenty-First Century Fascism," *Science and Society*, 83(2): 481-509. 本節はこの論文から多くを引いている。

6. 21世紀のヨーロッパ諸国におけるネオファシズム運動の台頭については、とりわけ以下を参照。Robert O. Paxon, *The Anatomy of Fascism* (New York: Vintage Books, 2004)〔ロバート・パクストン『ファシズムの解剖学』瀬戸岡紘訳、桜井書店、2009年〕2010年代、とりわけ米国でのトランプ大統領の当選と時を同じくして、これらの、そして新しい極右

およびネオファシズム運動が急激に台頭し、しばしば国会で議席を獲得した。これらには、オーストリアの自由党、フランスの国民戦線、ギリシアの黄金の夜明け、ドイツにおけるドイツのための選択肢、ハンガリーのヨビック党（より良いハンガリーのための運動）とオルバーン・ヴィクトル首相のフィデス党、スロヴァキアの人民党我らのスロヴァキア、オランダの自由党、イタリアの新しき力（北部同盟は右翼だが極右やネオファシストと見なすことはできないと考える）などが含まれる。例えば以下を参照。Tancredi Marini, "Neo-Fascist and Far-Right: Conquering Europe," BlogActiv/EU-Logos, 12 April 2017 https://eulogos.blogactiv.eu/2017/12/04/neo-fascists-and-farright-conquering-europe/（2019 年 5 月 21 日アクセス）。非常に有用なのが、Nick Robins-Early and Willa Frej, "A Guide to the Far-Right Power Players Tearing Europe Apart," *Huffington Post,* 25 August 2018, www.huffpost.com/entry/guide-far-right-players-europe_n_5b7bf18ee4b0a5b1febee47a（2019 年 5 月 29 日アクセス）。

7. Gramsci, *Selections from the Prison Notebooks*, p. 182。強調は筆者による。

8. Gramsci, *Selections from the Prison Notebooks*, p. 221.

9. Gramsci, *Selections from the Prison Notebooks,* p. 210.

10. とりわけ以下を参照。Paxon, *The Anatomy of Fascism*、Umberto Eco, "Ur-Fascism," *New York Review of Books*, 22 June 1995, www. nybooks.com/articles/1995/06/22/ur-fascism/（2018 年 5 月 21 日アクセス）。

11. ローゼンガルテンは「ファシズムの訴求力は、不平不満を抱く地方のプチ・ブルジョアジー階級の構成員や不平不満を抱く職人および農業労働者さえも引き付ける能力にかかっている。［ファシズムは］確固たる政治的アイデンティティのない幾千の、没落し敵意を抱く個人の忠誠を勝ち取った。ファシズムはこうした人々に活気を取り戻させ、絶対的な階級属性を超えた新たな被認識感を与えた」と述べる。Frank Rosengarten, *The Revolutionary Marxism of Antonio Gramsci* (Chicago, IL: Haymarket, 2014), p. 55.

12. Umberto Eco, "Ur-Fascism." を参照。

13. Benedict Anderson, *Imagined Communities* (London: Verso, 1983), pp. 15-16.〔ベネディクト・アンダーソン『定本　想像の共同体：ナショナリズムの起源と流行』白石隆、白石さや訳、書籍工房早山、2007 年〕

14. Alex Callinicos, *Race and Class* (London: Bookmarks, 1983), p. 38.

15. 例えば、トランプ主義はそうした仲介の代表である。バーニー・サンダースとドナルド・トランプの双方の 2016 年大統領選挙の選挙キャンペーンが、不満を抱く労働者という同じ社会基盤に、一方が危機の左翼的解釈により、他方が極右ポピュリストおよびあけすけな人種差別主義的解釈によりアピールしていた事実から得るべき多くの洞察がある。ここでこの問題を取り上げることはできないが、白人労働者やプチ・ブルジョアジーの人種差別主義者的動員はトランプの勝利にまつわる話のほんの一部である。この動員の裏側には、広範な投票妨害や人種的に抑圧された共同体の有権者の選挙権のはく奪があった。

16. RSS は Rashtriya Swayamsevak Sangh（民族義勇団）を表す。1925 年にイタリアのムッソリーニやヨーロッパの他のファシズム運動から刺激を受けて設立された右翼ヒン

ドゥー・ナショナリストの準軍事組織である。

17. Joah Bierman, "A Sales Pitch for Davos Globalists," *Los Angeles Times*, 26 January 2018, p. A3.

18. Robinson, "Global Capitalism and 21st Century Fascism." また、注 2 の他の文献を参照。

19. 以下の文献で述べられている。Antonio A. Santucci, *Antonio Gramsci* (New York: Monthly Review Press, 2010), p. 85.

20. 確かにファシスト運動は、1930 年代、および非常に異なる歴史的文脈で、ポスト復興期に黒人に向けられたテロに端を発する。

21. 10 年続いたトランプのリアリティ TV 番組『アプレンティス』や「物事を成し遂げる」成功した実業家といった付随する誤ったイメージが、彼がその後、政治的操縦に影響を受けやすい人々の間でカリスマ的地位を確立する一助となった。この指摘については、編集者でスタイルエディターのジーン・ブレイディに感謝したい。より広い見解は、ファシストの企ては一般的に、抑圧された要求や大きな社会勢力を前にした無力感への失望を具現化すると見なされる、あるいは精神的・社会的な不安を癒すと見なされるカリスマ的人物を必要とする。

22. "Active Antigovernment Groups in the United States," *Southern Poverty Law Center*, 報告書に日付の記載はないが、データから 2018 年初頭に投稿されたものと思われる。www.splcenter.org/active-antigovernment-groups-united-states（2018 年 4 月 14 日アクセス）。

23. American Civil Liberties Union (ACLU), Press Release, New Mexico chapter, 18 April 2019, www.aclu-nm.org/en/press-releases/aclu-new-mexico-asks-governor-and-attorney-generalinvestigate-armed-vigilantes（2019 年 4 月 22 日アクセス）。

24. 反政府集団の数字は ACLU のプレスリリースより。ヘイト集団の数字は次の文献を参照。Heidi Beirich and Susy Buchanan, "2017: The Year in Hate and Extremism," *Southern Poverty Law Center*, 11 February 2018, www.splcenter.org/fightinghate/intelligence-report/2018/2017-year-hate-and-extremism（2018 年 4 月 14 日アクセス）。

25. 2018 年 5 月 26 日発行の『エコノミスト』誌の表紙を逸話として見ていただきたい。*The Economist*: "The Affair: Why Corporate America Loves Donald Trump."

26. とりわけ以下のものを参照。William I. Robinson, "The Battle Against Trumpism and the Specter of 21st Century Fascism, *Telesur*, 21 January 2017, www.telesurtv. net/english/opinion/The-Battle-Against-Trumpism-and-Specter-of-21stCentury-Fascism-20170121-0022; "Trumpism, 21st Century Fascism, and the Dictatorship of the Transnational Capitalist Class," *Social Justice*, 20 January 2017, www.socialjusticejournal.org/trumpism-21st-century-fascismand-the-dictatorship-of-the-transnational-capitalist-class/（2019 年 12 月 19 日 アクセス）。William I. Robinson, "What is Behind the Renegotiation of NAFTA? Trumpism and the New Global Economy," *Truthout*, 24 July 2017 www.truth-out.org/news/item/41365-what-is-behind-the-renegotiation-of-nafta-trumpism-and-thenew-global-economy（2018 年 3 月 9 日アクセス）。

27. Pierre Bourdieu, *Distinction: A Social Critique of the Judgement of Taste* (Cambridge, MA: Harvard University Press, 1984)〔ピエール・ブルデュー『ディスタンクシオン：社会的判断力批

判』石井洋二郎訳、藤原書店〕

28. 米国の市民社会における極右運動に長年にわたり資金提供し、また2016年の大統領選挙でもトランプに資金提供した極右の億万長者コーク兄弟でさえ、関税やトランプの経済ナショナリズム対して数百万ドル規模の反対運動を展開した。以下を参照。Brian Schwartz, "Billionaire Koch Brothers Network Unveils Phase One of Multimillion-Dollar Ad Campaign Against Trump's Tariffs," *CNBC*, 20 June 2018、www.cnbc.com/2018/06/20/koch-brothers-unveil-first-adsfrom-campaign-against-trumps-tariffs.html.（2019年5月20日アクセス）。

29. *Telesur*, "Brazil: Steve Bannon to Advise Bolsonaro Presidential Campaign," 15 August 2018、www.telesurenglish.net/news/Brazil-Steve-Bannon-to-Advise-Bolsonaro-Presidential-Campaign20180815-0003.html.（2018年11月10日アクセス）。

30. *The Guardian*, "Trump Joy over Bolsonaro Suggests New Rightwing Axis in Americas and Beyond," 29 October 2018, www.theguardian.com/world/2018/oct/29/jair-bolsonaro-brazil-trumprightwing-axis.（2018年11月10日アクセス）。

31. Jake Johnson, "After Win by Brazilian Fascist Jair Bolsonaro, World's Capitalists Salivate Over 'New Investment Opportunities'," *Common Dreams*, 29 October 2018, www. commondreams.org/news/2018/10/29/after-win-brazilianfascist-jairbolsonaro-worlds-capitalists-salivate-over-new.（2018年11月10日検索）。

32. Clifton Leaf, "Aetna CEO: 'Doing Nothing in the Current Model of Capitalism, Will Destroy Capitalism'," *Fortune*, 27 October 2017, http://fortune.com/2017/10/27/cvs-aetna-mark-bertolinicapitalism/.（2018年6月15日アクセス）。

33. アントニオ・グラムシ。次の文献で引用されている。Marco Fonseca, *Gramsci's Critique of Civil Society* (New York: Routledge, 2016), pp. 23-24.

34. Karl Marx and Frederick Engels, *The Communist Manifesto*, 1848〔カール・マルクス、フリードリヒ・エンゲルス『共産党宣言』大内兵衛、向坂逸郎訳、岩波文庫、1971年〕、Robert C. Tucker (ed.), *The Marx-Engels Reader* (New York: Norton and Norton, 1978), p. 496.

35. Thomas Piketty, *Capital in the Twenty-First Century* (Cambridge, MA: Harvard University Press, 2014［2013］)〔トマ・ピケティ『21世紀の資本』山形浩生ほか訳、みすず書房、2014年〕

36. 改革者についての私の分析は以下の文献を参照。William I. Robinson, "Capitalism in the Twenty-First Century: Global Inequality, Piketty, and the Transnational Capitalist Class," in Lauren Langman and David A. Smith (eds.), *Piketty, Inequality and 21st Century Capitalism* (Boston, MA: Brill, 2018), pp. 238-254.

37. Organization for Economic Cooperation and Development (OECD), "In It Together: Why Less Inequality Benefits All," *OECD Publishing*, 2015. www.keepeek.com/Digital-Asset-Management/oecd/employment/in-it-together-why-less-inequality-benefitsall_9789264235120-en#page1.（2019年5月22日アクセス）。特に報告書は、正義の問題としてではなく、ジェンダー平等が所得の不平等を是正するとみられることから、より一層のジェンダー平等を要求していた。

38. George Soros, *The Crisis of Global Capitalism* (New York: Public Affairs, 1998)〔ジョージ・ソロス『グローバル資本主義の危機：「開かれた社会」を求めて』大原進訳、日本経済新聞出版、

1999 年〕

39. 当時、メモはマスコミで広く取り上げられ、何百ものウェブサイトに転載された。そのうちの一つにウィキペディアがある。https://en.wikipedia.org/wiki/Summers_memo. このメモに関する議論で特に有用なのがジョン・ベレミー・フォスターの次のものである (John Bellamy Foster "'Let Them Eat Pollution': Capitalism and the World Environment," *Monthly Review*, 44(8), 1993: 10-20)。第二次クリントン政権の財務長官を務めた後、サマーズはハーバード大学の学長に就任したが、生物学的に女性は男性よりも数学を学ぶ能力が劣ると発言し顰蹙をかって辞職した。彼の悪名高い 1991 年のメモについてはさらに思い起こす価値がある。「健康に有害な汚染のコスト測定は、死亡率と罹病率の増加による放棄所得に依拠する。こうした観点から、健康に有害な汚染の一定量は、コストの最も低い国、つまり賃金が最も低い国で行われるべきである。私は、多量の有毒廃棄物を最も賃金の低い国に捨てることの背後にある経済論理には非の打ち所がなく、私たちはこれに正面から向き合うべきであると考える。……美観や健康を理由とするクリーンな環境への要求は、非常に高い所得弾力性を有しているようである。前立腺がんの確率に 100 万分の 1 の変化を生じさせる物質に対する懸念は、5 歳以下の死亡率が 1000 分の 200 の国よりも、国民が前立腺がんになるまで生存する国家の方が明らかにより高くなる。また、大気中の工業排出物への懸念の多くは、有害な微粒子の可視性に関するものである。こうした排出の健康への直接の影響は皆無であるだろう。明らかに、美観汚染の懸念を体現する物品の貿易は福祉を増進し得る。生産に可動性がある一方で、きれいな空気［原文のママ］の消費を取引することはできない。LDCs のさらなる汚染へのすべての提案に反対する主張（特定の商品に対する固有の権利、道徳的理由、社会的懸念、適切な市場の欠如、など）に関する問題は、好転させることができるかもしれないし、自由化へのあらゆる銀行の提案に対して多かれ少なかれ効果的に用いることができるかもしれない」。

40. "Why Isn't Capitalism Working?" *Reuters*, 9 January 2012, http://blogs.reuters.com/lawrencesummers/2012/01/09/why-isnt-capitalism-working/. (2019 年 5 月 22 日アクセス)。

41. 例えば次を参照。Kenneth Lehman, *Bolivia and the United States: A Limited Partnership* (Athens: University of Georgia Press, 1999).

42. 例えば以下を参照。Jeffrey D. Sachs, *The End of Poverty* (London: Penguin, 2005)〔ジェフリー・サックス『貧困の終焉：2025 年までに世界を変える』鈴木主税、野中邦子訳、早川書房、2006 年〕、Joseph Stiglitz, *Globalization and Its Discontents* (New York: W. W. Norton, 2003).〔ジョセフ・スティグリッツ『世界を不幸にしたグローバリズムの正体』鈴木主税訳、徳間書店、2002 年〕

43. Jerry Harris, "The Future of Globalization: Neo-Fascism or the Green New Deal," *Race and Class*, 近刊。

44. 私から見ると、まさに矛盾語法であるからこそ、「緑の資本主義」に疑問を持つ。私は、リチャード・スミスの次の文献における緑の資本主義に関する議論、すなわち、市場主導の環境破壊に対する唯一のオルタナティブは、大規模に計画された公有の経済

であるという点に全面的に同意する。Richard Smith, *Green Capitalism: The God that Failed* (London: College Publications, 2016)。

45. さらに、ソーラーパネルやソーラーバッテリーおよび他の「緑の資本主義」の生産循環は、採掘産業と後ろ向けにつながっており、また、前章で議論した、シリコンバレー–ウォールストリート–軍産安全保障結合体と相互に連結している。

46. Trévon Austin, "New Poll Shows American Youth are Increasingly Supportive of Socialism," World Socialist Website, 13 March 2019, www.wsws.org/en/articles/2019/03/13/yout-m13.html.（2019年4月8日アクセス）。

47. Austin, "New Poll Shows American Youth are Increasingly Supportive of Socialism."

48. *The Guardian*, "Billionaire JP Morgan Chief Attacks Socialism as 'a Disaster'," 4 April 2019, www.theguardian.com/ business/2019/apr/04/jamie-dimon-socialism-jp-morgan-banker-disaster.（2019年4月8日アクセス）。

49. 多くの中で、一読に値すると私が考えるのが以下の3点である。Paul Mason, *Postcapitalism: A Guide to Our Future* (New York: Farrar, Straus and Giroux, 2017)〔ポール・メイソン『ポストキャピタリズム：資本主義以後の世界』佐々とも訳、東洋経済新報社、2017年〕、Bhaskar Sunkara, *The Socialist Manifesto: The Case for Radical Politics in an Era of Extreme Inequality* (New York: Basic Books, 2019), Nick Srnicek and Alex Williams, *Inventing the Future: Postcapitalism and a World Without Work* (London: Verso, 2016).

50. 以下を参照。Samir Amin, "Letter of Intent for an Inaugural Meeting of of the Internationale of Workers and Peoples," *Pambazukca News*, 23 August 2018, www.pambazuka.org/global-south/letter-intent-inaugural-meeting-international-workers-and-peoples.（2020年1月2日アクセス）。

51. グローバル資本主義の文脈におけるピンク・タイドの台頭については以下を参照。William I. Robinson, *Latin America and Global Capitalism* (Baltimore, MD: Johns Hopkins University Press, 2008). ピンク・タイドの衰退については以下を参照。Steven Ellner (ed.), *Latin America's Pink Tide: Breakthroughs and Shortcomings* (Lanham, MD: Rowman and Littlefield, 2019).

52. Adolf Reed, *Class Notes* (New York: The New Press, 2000).

53. Srnicek and Williams, I*nventing the Future*, pp. 3, 10.

54. Ronaldo Munck, "Workers of the World Unite (At Last)," *Great Transition Initiative*, April 2019, p. 3, www.greattransition. org/publication/workers-of-the-world-unite.（2019年5月29日アクセス）。

55. 2億700万という数字はマンクの文献から。Munck, "Workers of the World Unite (At Last)," p. 5. 5000万という数字はインダストリオール のウェブページから。www.industriall-union.org/. 新しいトランスナショナルな労働組合については以下も参照。Peter Evans, "National Labor Movements and Transnational Connections: Global Labor's Evolving Architecture Under Neoliberalism," Institute for Research on Labor and Employment (University of California at Berkeley), IRLE Working Paper #116-14, September 2014, http://irle.berkeley.edu/files/2014/National-Labor-Movements-and-Transnational-Connections. pdf.（2019年5月29日アクセス）。労働組合の再活性化に関する議論については以下を参照。Cristian Ibsen and

Maite Tapia, "Trade Union Revitalization: Where Are We Now? Where to Next?", *Journal of Industrial Relations* 59(1) 2017: 170-191.

56. とりわけ以下を参照。Alexia Fernández Campbell, "The Worldwide Uber Strike is a Key Test for the Gig Economy," *Vox*, 8 May 2019, www.vox.com/2019/5/8/18535367/uber-drivers-strike-2019-cities;（2019年5月25日アクセス）。Sarah Jones, "Global Drivers' Strike Shows Tide May be Shifting for Uber and Lyft," *Intelligencer*, 8 May 2019, http://nymag.com/intelligencer/2019/05/drivers-strike-shows-tide-may-beshifting-for-uber-and-lyft.html.（2019年5月25日アクセス）。

57. Michael Lowy, *Ecosocialism: A Radical Alternative to Capitalism* (Chicago, IL: Haymarket Books, 2015).

58. 例えば以下を参照。Heikki Patomaki, "A World Political Party: The Time Has Come," *Great Transition Initiative*で発行。February 2019, www. greattransition.org/publication/world-political-party,（私のコメントを含む）ラウンドテーブル・ディスカッション。www. greattransition.org/publication/roundtable-world-party,（すべて2019年5月24日アクセス）。グレート・トランジション・イニシアティブは（ウェブサイトによると）「豊かな生活、人々の連帯、強靭な生物圏の未来についてのコンセプト、戦略、ビジョンについて批判的に探究するためのアイデアおよび国際ネットワークのオンラインフォーラムである。社会、経済および環境における危機の収斂に起因する可能性について学術的言説や人々の意識を増進することにより、また、思想家と実践家の広範なネットワークを発展させることにより、グローバルな変容の新たな実践に寄与することを目指している」。ホームページは、https://greattransition.org/about/ aims-and-background.

59. Samir Amin, "Letter of Intent for an Inaugural Meeting of the International of Workers and Peoples," the International Development Economics Associatesにより2018年7月3日にウェブサイト上で発行。www.networkideas.org/ featured-articles/2018/07/it-is-imperative-to-reconstruct-the-internationaleof-workers-and-peoples/,（2019年5月24日アクセス）。

60. Max Elbaum, *Revolution in the Air: Sixties Radicals Turn to Lenin, Mao and Che* (London: Verso, 2002)

ウィリアム・I・ロビンソン（William I. Robinson）
カリフォルニア大学サンタバーバラ校教授。専門は社会学、グローバルスタディーズ、ラテンアメリカ研究。受賞歴のある著書に、*A Theory of Global Capitalism*（2004）、*Latin America and Global Capitalism*（2008）、*Global Capitalism and the Crisis of Humanity*（2014）。2022年、*Global Civil War: Capitalism Post-Pandemic* を刊行予定。
本書 *The Global Police State*（2020）が初の邦訳書となる。

グローバル警察国家——人類的な危機と「21世紀型ファシズム」

2021年10月15日　初版第1刷発行

著者 ——ウィリアム・I・ロビンソン
監訳者 —松下冽
訳者 ——太田和宏／岩佐卓也／山根健至
発行者 —平田　勝
発行 ——花伝社
発売 ——共栄書房
〒101-0065　東京都千代田区西神田2-5-11出版輸送ビル2F
電話　03-3263-3813
FAX　03-3239-8272
E-mail　info@kadensha.net
URL　http://www.kadensha.net
振替 ——00140-6-59661
装幀 ——北田雄一郎
印刷・製本—中央精版印刷株式会社

ISBN978-4-7634-0980-5 C0036